国家社会科学基金项目资助（项目批准号：13CYY057）

上古汉语状语研究

苏 颖 著

中国社会科学出版社

图书在版编目(CIP)数据

上古汉语状语研究 / 苏颖著. —北京：中国社会科学出版社, 2020.7
ISBN 978-7-5203-6884-1

Ⅰ.①上… Ⅱ.①苏… Ⅲ.①古汉语—状语—研究 Ⅳ.①H141

中国版本图书馆 CIP 数据核字(2020)第 134163 号

出 版 人	赵剑英
责任编辑	任　明
责任校对	郝阳洋
责任印制	郝美娜

出　　版	中国社会科学出版社
社　　址	北京鼓楼西大街甲 158 号
邮　　编	100720
网　　址	http：//www.csspw.cn
发 行 部	010-84083685
门 市 部	010-84029450
经　　销	新华书店及其他书店

印刷装订	北京君升印刷有限公司
版　　次	2020 年 7 月第 1 版
印　　次	2020 年 7 月第 1 次印刷

开　　本	710×1000　1/16
印　　张	20.75
插　　页	2
字　　数	344 千字
定　　价	110.00 元

凡购买中国社会科学出版社图书，如有质量问题请与本社营销中心联系调换
电话：010-84083683
版权所有　侵权必究

目 录

第一章 绪论 ·· (1)
  第一节 状语的界定和研究意义 ····························· (1)
  第二节 当前研究综述 ·· (3)
    一 汉语语法史关于状语的研究 ························· (3)
    二 现代汉语关于状语的研究 ···························· (7)
  第三节 拟探讨的主要问题 ·································· (10)
  第四节 研究方案 ·· (11)
    一 研究目标和方法 ·· (11)
    二 重点语料 ··· (12)
  第五节 各章内容概述 ·· (13)

第二章 上古汉语状语概貌 ··································· (15)
  第一节 上古汉语状语的形式类 ···························· (15)
    一 状位典型成员 ··· (16)
    二 状位非典型成员 ·· (22)
    三 有争议的成分 ··· (28)
    四 各形式类的连用 ·· (32)
  第二节 上古汉语状语的语义类 ···························· (33)
  第三节 上古汉语状语的主要特点 ························· (37)

第三章 名词作状语 ·· (39)
  第一节 名词状语的分类 ····································· (39)
  第二节 $N_{状}V$ 结构所受限制 ····························· (43)
    一 A 类 $N_{状}V$ 所受限制 ······························ (44)
    二 B 类 $N_{状}V$ 所受限制 ······························ (51)
  第三节 名词作状语的历时考察 ···························· (54)

一　名词作状语的衰微 …………………………………………（55）
　　　二　N状衰微的原因 ……………………………………………（62）
　第四节　关于现代汉语中的普通名词作状语 …………………（66）
　　　一　现代汉语N状V结构鉴别 …………………………………（66）
　　　二　现代汉语名词作状语的标记性 ……………………………（68）
　第五节　时间词作状语及其演变 …………………………………（70）
　　　一　时间词作状语的分类 ………………………………………（70）
　　　二　时间词作状语的替代形式 …………………………………（72）

第四章　动词作状语 …………………………………………………（74）
　第一节　状位动词的鉴别 …………………………………………（74）
　　　一　状位动词与副词 ……………………………………………（75）
　　　二　状中与连谓 …………………………………………………（76）
　　　三　状中与动宾 …………………………………………………（81）
　第二节　状位动词的定量统计及其标记性分析 …………………（82）
　　　一　状位动词的定量统计 ………………………………………（82）
　　　二　状位动词标记性分析 ………………………………………（83）

第五章　形容词作状语 ………………………………………………（85）
　第一节　汉语形容词的词类地位及上古汉语形容词的范围 ……（85）
　第二节　状位形容词的鉴别 ………………………………………（87）
　　　一　连谓和状中的区分 …………………………………………（88）
　　　二　状位形容词和副词的区分 …………………………………（92）
　第三节　状位形容词的定量统计及其标记性分析 ………………（97）
　　　一　现代汉语形容词作状语的定量统计 ………………………（97）
　　　二　上古汉语形容词作状语的定量统计 ………………………（98）
　　　三　状位形容词标记性分析 ……………………………………（99）
　第四节　状位对形容词的选择 ……………………………………（104）
　　　一　状位对形容词典型性的选择 ………………………………（104）
　　　二　状位对形容词语义属性的选择 ……………………………（108）
　第五节　上古汉语状位形容词的虚化 ……………………………（117）
　　　一　状位形容词的分化条件 ……………………………………（117）
　　　二　状位形容词虚化的鉴别方法 ………………………………（121）
　第六节　状态义形容词作状语 ……………………………………（127）

第六章　介词组作状语 (130)
第一节　介词组作状语的类型 (130)
　　一　介词的确认 (130)
　　二　介词组的语义类型 (131)
第二节　上古汉语介词组的分布及规律 (137)
　　一　"以"词组的分布差异及解释 (137)
　　二　"自"词组的语序演变及分布规律 (150)
　　三　"于"词组的分布 (162)
第三节　小结 (174)

第七章　状语的语义指向 (178)
第一节　上古汉语状语语义指向概述 (178)
　　一　单一语义指向的状语 (179)
　　二　复杂语义指向的状语 (179)
　　三　不易确定语义指向的状语 (181)
第二节　副词语义指向例析（一）："咸""皆""尽""悉" (184)
　　一　"咸""皆""尽""悉"的语义特征及出现的语义环境 (184)
　　二　"咸""皆""尽""悉"的语义指向 (191)
第三节　副词语义指向例析（二）："又"和"复" (210)
　　一　"又""复"的词义基础 (211)
　　二　"又"的用法及语义指向 (212)
　　三　"复"的用法及语义指向 (217)
　　四　"又""复"对谓语中心的选择 (221)
　　五　"又""复"的划类问题 (223)
第四节　名词、形容词、动词状语的语义指向 (224)
　　一　名词作状语的语义指向 (224)
　　二　形容词、动词作状语的语义指向 (227)

第八章　多项状语的共现顺序 (231)
第一节　上古汉语多项状语共现的类型 (231)
　　一　同类形式的状语共现 (231)
　　二　异类形式的状语共现 (233)

第二节　副词在多项状语共现中的位置 …………………… (236)
　　一　总括副词在多项状语中的位置 …………………… (236)
　　二　"又""复"在多项状语共现中的位置 …………… (249)
第三节　介词组在多项状语共现中的位置 ………………… (255)
　　一　"与~"在多项状语共现中的位置 ………………… (255)
　　二　"以~"在多项状语共现中的位置 ………………… (267)
　　三　"为~"在多项状语共现中的位置 ………………… (279)
　　四　表方所的介词组在多项状语共现中的位置 ……… (283)
　　五　表时间的介词组在多项状语共现中的位置 ……… (284)
　　六　其他介词组在多项状语共现中的位置 …………… (286)
　　七　小结 ………………………………………………… (287)
第四节　其他形式类状语在多项状语共现中的位置 ……… (288)
　　一　普通名词、方位词、时间词在多项状语中的位置 ……… (288)
　　二　形容词在多项状语中的位置 ……………………… (297)
　　三　疑问代词、数词、动词在多项状语中的位置 …… (299)
第五节　上古汉语多项状语共现的基本规律 ……………… (301)
结　语 ……………………………………………………………… (306)
　　一　上古汉语状语整体观照 …………………………… (306)
　　二　上古汉语状语专题讨论 …………………………… (307)
　　三　有待继续关注的问题 ……………………………… (309)
引用文献目录 …………………………………………………… (312)
参考文献 ………………………………………………………… (314)
后　记 ……………………………………………………………… (326)

第一章

绪　论

第一节　状语的界定和研究意义

作为一种句法成分，状语的主要作用是表示事件的状态（广义），这里的"状态"是一个很宽泛的概念。Hilde Hasselgård（2010）指出：在语言系统里，状语这一范畴可能被看作一个"大杂烩"（rag-bag），它被消极地定义为小句中不是动词也不具备事件参与者功能的成分。若从积极的角度定义，状语则可以认为是为了对事件或形势的环境加以说明时，附加在小句上的词或词组，这些词或词组用来回答事件"何时""何地""怎么""为什么"发生等一系列问题。①

从 Hilde Hasselgård 对状语的描述中可以看出：首先，状语是小句的附加成分，从事件的论元结构看，状语属于外围论元。其次，状语是一个杂糅的范畴。事实上，在英语中，状语在形式上可以由副词、名词短语、介词短语、定式、不定式、无动词分句等充当，在语义上可以表达空间、时间、方式、范围、程度、情态等。在这两方面，汉语的情况和英语一致。

Hilde Hasselgård 是从功能的角度对状语进行界定的，在汉语学界，学者们更倾向于从句法角度来界定状语。不少语法著作将汉语的状语定义为用来修饰或限制动词或形容词的成分，如刘景农（1994）。但是，这种定义是有问题的：首先，"状语"是句法成分，动词、形容词是词类名称，二者不属于同一范畴；其次，状语是相对中心语而言的，而中心语不

---

①　Hilde Hasselgård, *Adjunct Adverbials in English*, New York: Cambridge University Press, 2010, p. 3.

限于动词和形容词，还可以是名词性成分、数量结构，甚至句子形式。杨伯峻、何乐士（2001）将状语定义为位于谓词前或主谓结构前起修饰作用的成分，该说法也存在对中心词范围设定过窄的问题。这两种界定都属于用中心词来定义状语的方法。朱德熙（1999）针对现代汉语指出："实际上受定语修饰的不限于名词，受状语修饰的不限于动词和形容词。"① 在这一点上，汉语史的情况与现代汉语相同。朱德熙（1984）指出根据中心语的性质区分定语和状语的局限，并提出新的界定方式，根据整个偏正结构的性质确定修饰语的性质，首先区分"谓词性偏正结构"和"名词性偏正结构"，进而将现代汉语状语定义为"真谓词性偏正结构里的修饰语"。"真谓词性结构"是相对"准谓词性结构"而言的，朱文对现代汉语"准谓词性结构"的定义为"处在谓语位置上、以名词为中心语、并且能接受数量词、'很多、不少、许多、好些'、'这、那'等成分修饰的偏正结构"②。以"他也广东人"（引自朱文）为例，作为句子谓语核心的"广东人"是以名词"人"为中心语的谓词性偏正结构，但能受数量词、"很多、不少、许多、好些"、"这、那"等成分修饰，因此是"准谓词性偏正结构"，结构中的修饰语"广东"是定语，不是状语；而加上副词"也"后，"也广东人"不能受以上成分修饰，就成了"真谓词性偏正结构"，副词"也"是状语，不是定语。也就是说，当谓语中心词是体词性成分时，与前面的修饰语构成的不一定是真谓词性结构，结构中的修饰语也就不一定是状语。"真谓词性"和"准谓词性"的区别仅限于以名词为中心语的偏正结构。

验之古代汉语，以名词为谓语中心的判断句和描写句中，名词前的修饰语不一定是状语，如：

（1）不然，而收吾憎，使赞其政，以间吾衅，亦吾患也。（左传·成公十八年）

（2）蟹六跪而二螯，非蛇鳝之穴无可寄托者，用心躁也。（荀子·劝学）

---

① 朱德熙：《定语和状语》，载《朱德熙文集》第1卷，商务印书馆1999年版，第355—391页。

② 朱德熙：《定语和状语的区分与体词和谓词的对立》，载《语言学论丛》第13辑，商务印书馆1984年版，第5—14页。

例（1）中"吾患"是"准谓词性偏正结构"，"吾"不是"患"的状语而是定语。例（2）的"六跪"和"二螯"同。不过，从更高的层次看，"副词+准谓词性偏正结构"就是"真谓词性偏正结构"，作修饰语的副词一定是状语，如例（1）"亦吾患"的"亦"。如果不考虑句首成分的性质，朱德熙对现代汉语状语的定义也适用于古汉语。

如前所述，状语表示事件的状态。事件的状态与事件的参与者不同，可以是多种多样的，所以从理论上讲，一个句子中可以有无限多的状语。可是，因为实际语言中句子的长度总是有限的，所以并不会出现无限多的状语（定语也一样）。汉语从上古到现代，句子的长度在增加，其中一部分就属于状语的增加。与现代汉语相比，上古汉语的状语是什么样子？此外，既然状语是一个杂糅的范畴，那么，从上古汉语到现代汉语，状语范畴内的成员有没有变化？如果有，哪些成分原来可以充当状语，现在则不能？哪些成分充当状语的能力变强（频率增加）或变弱（频率降低）了？上古汉语状语有哪些独特的特点？这些问题，至今还没有人作过系统的研究。因此，对上古汉语的状语进行系统的描写，在汉语语法史研究中是很有意义的。

以往的上古汉语研究，关于词类及其次类的研究比较受重视，关于一些特殊句型的研究也比较受重视，但是对句法成分的研究相当薄弱。状语在句子中是表示事件状态的成分，与句子谓语部分的复杂化有着直接关系，对其进行研究，实际上也是对谓语的构成形式进行研究，而谓语是句子的核心成分，从这一点看，研究状语对于一个时代的语法系统研究是很重要的。

第二节　当前研究综述

汉语学界对状语的已有研究主要包括状语的分类、充当状语的成分、状语的语义指向以及多项状语的共现顺序等。以下我们分历时和共时两部分介绍现有研究成果：

一　汉语语法史关于状语的研究

汉语史上对状语的研究不多，主要散见于一些文言语法著作和专书研究，或欠深入，且不成系统。充当状语的各成分中，副词是只能作状语的词类，所受关注也最多，有讨论单个或一类副词的论著，如何乐士（1994）等，甚或研究某一断代副词全貌的专书，如杨荣祥（2005）、高育花（2007），但始终未见系统研究汉语史上某一时期状语全貌的著述。就我们要研究的上古汉语状语来说，现有主要成果包括以下几个方面。

（一）某类状语的研究

1. 名词作状语

名词作状语是古汉语特有的句法现象，各古汉语教材和文言语法书都有论及，但都是泛泛而谈，限于简单的分类和举例。现在见到的专门研究古汉语名词作状语的论文有王克仲（1988）、汤建军（1990）、孙良明（1994、2005）、何乐士（1997、2000、2007）、袁本良（2004）、程小巧（2005）、李珊珊（2008），等等。

王克仲（1988）《古汉语的"NV"结构》是最早探讨古代汉语名词作状语相关问题的成果之一，该文按名词状语的深层语义结构将其分类（N的语义结构为介宾词组、动宾词组或N的重叠形式），并着重辨析了NV和"N+而+V"结构的歧义，此外文章还观察到状语位置对名词词汇意义的影响，如"手战"和"手刃"比较，前一个"手"保持本义，表示"用手"，是工具格，后一个"手"则强调"亲自"，是方式状语，"手"的词汇意义在状语位置上发生了变化。这些分析为我们探讨名词作状语的历时演变提供了思路。

孙良明（1994）《古代汉语语法变化研究》也是较早涉及古代汉语名词作状语的论著，其最大特色在于将上古传世文献与东汉注释语言相比较，使名词状语的演变轨迹和替代形式得以清晰地展现。

何乐士系列论文可谓是细致、深入地考察汉语史中名词作状语现象的成果。她先后以《左传》《史记》《世说新语》等有代表性的语料为考察对象，比较了汉语史上不同历史阶段名词作状语的情况，描写细致全面，为我们进一步了解和研究名词作状语的历史演变提供了很好的依据。但个别结论仍值得商榷：比如，何文认为表凭借的名词状语与"以"词组作状语的区别在于"名词状语的描绘作用更加明显"，而事实表明，二者的差别并非在于语用表达上的强调。又如，她通过《史记》和《世说新语》的比较，得出《世说新语》中名词作状语现象持续繁荣的结论。根据何乐士先生的统计不难看出，《世说新语》中名词作状语一部分与上古汉语完全相同，除此之外，不排除有文人仿古现象，同时还有很多材料证明，在当时，替代结构作状语已十分成熟，① 汉语中的名词作状语现象到底是持续繁荣还是逐渐衰微值得重新思考。我们认为：从东汉开始，不论是中土文献、注释材料还是汉译佛典，都已反映出名词作状语的衰微趋势，而南北朝的汉译佛典则能证明这一句法现象在当时已失去能产性（详见第三章）。

李珊珊（2008）《史记名词作状语研究》考察了《史记》中的名词作状语，从全新的角度按名词自身的语义对名词状语进行分类，同时注意到名词状语和被修饰中心词间的关系、名词充当状语和介词组作状语的比较分析等前人鲜有论及的方面，但未触及名词作状语的核心问题。

汤建军（1990）《古汉语名词作状语的语义指向问题》和袁本良（2004）《从"N$_{状}$·V·之"看古汉语语义结构分析问题》专门讨论古汉语名词作状语的语义指向，程小巧（2005）《名词作状语表比喻格式的历史变迁》着力探讨名词作状语表比喻的历史演变，这些都是名词作状语的重要问题，很值得我们参考和借鉴。

现代汉语的普通名词到底能不能充当状语也关系到名词状语的兴衰问题。早前学界的看法并不一致，吕叔湘（1982）《中国文法要略》、朱德熙（1999）《定语和状语》、陆俭明（1983）《关于定语和状语的区分》等否认现代汉语普通名词具有直接作状语的功能。李晋荃（1983）《试谈非时地名词充当状语》、喻芳葵（1984）《普通名词能否作状语》是最早两篇专门论证现代汉语少数名词能够作状语的文章，孙德金（1995）《现代汉语名词做状语的考察》比较完整地收集了这类名词，刘慧清（2005）《名词作状语及其相关特征分析》在孙德金（1995）基础上作了补充，同时对名词状语的特点及所受限制作出初步说明。目前关于现代汉语名词作状语的看法正趋于一致：除去存古的、已凝固成词的和一些似是而非的结构，现代汉语真正意义上的名词作状语很少见，并且几乎仅限于表方式的语义类型。

综上，汉语史上乃至现代汉语中的名词作状语现象历来都有人关注，但上古汉语名词作状语究竟有什么特点？名词作状语经历了怎样的历史演

---

① 替代结构包括何文所言"如、若比喻句的增长"和介词组作状语，被她看作状语的"名词+方位词"也是后起替代形式的一种。

变？这些问题仍需作更深入系统的研究。

2. 副词的研究

学界对上古汉语状语研究最多的莫过于副词。最早对副词作全面介绍的是《马氏文通》，马氏将副词与状态义形容词等一起归入"状字"卷。不过《马氏文通》"状字"部分的论述包括对"状字"的界定存在诸多问题，后相继有学者指出，如吕叔湘、王海棻（1986）、刘永耕（1998）、李立（1999）、宋绍年（2004）等。

《马氏文通》之后，学界开始将副词作为一个独立的词类来研究，研究范围包括副词的界定、分类、用法、来源以及部分副词的语义指向等，另有很多专门讨论单个副词或一类副词用法的著述。

副词的分类是全面系统研究副词的基础工作，分类的科学性直接影响到描写不同次类副词的用法、分析副词语义指向和在多项状语中所处位置的准确性。各语法著作在论述副词时，都会对副词内部进行分类，分类的主要依据是语义。各家对副词的分类精粗不一，最少的只有4类，多的有十几类，所分次类中大都有时间、范围、程度、否定几类，其他则多有出入，如表数副词、应对副词、疑问副词等，具体落实到某个副词的归属，各家意见也不尽相同。

至于副词的语义指向，主要散见于各语法书和讨论虚词用法的论著中，研究对象多集中在范围副词和否定副词上，目前尚未见系统论述上古汉语副词语义指向的相关研究成果。对于副词乃至状语语义指向的研究价值，陆俭明（1997）《关于语义指向分析》有很好的论述："单是副词的语义指向问题就可为我们提出许多研究课题。我们既可以从总体上来研究副词的语义指向的问题，说明副词在语义指向上的规律，并根据语义指向的不同给副词分类；我们也可以研究个别副词的语义指向问题……状语的语义指向问题也是非常值得研究的。"[①] 就上古汉语而言，副词乃至状语的语义指向呈现出怎样的面貌？这是有待于进一步深入研究的。

（二）介词组的分布

介词组也是状语的重要组成成员。从先秦起，汉语介词组在小句中的位置经历了从谓语中心之后到谓语中心之前的大迁移，这一语序上的演变

---

① 陆俭明：《关于语义指向分析》，载黄正德编《中国语言学论丛》第一辑，北京语言文化大学出版社1997年版，第34—48页。

使得状语的成员大大增加，因此，研究上古汉语乃至此后介词组的句法分布，是状语研究的重要课题。

目前，聚焦于汉语介词组语序历时演变的主要研究成果有赵大明（1987）、吴可颖（1988）、魏培泉（1993）、洪波（1998）、张赪（2002）、史冬青（2009）等，研究内容包括对汉语史上各时期（某类）介词组分布情况的描写和介词组位置总体前移内在机制的探讨。

也有对某一断代介词组的分布进行研究的，但相对较少，沈培（1991）《殷墟甲骨卜辞语序研究》专门讨论了甲骨卜辞中介词组的语序，鲁国尧（1982）《〈孟子〉"以羊易之"、"易之以羊"两种结构类型的对比研究》、李佐丰（1986）《〈左传〉以宾结构作状语和补语的用法》、何乐士（1989）《〈左传〉虚词研究》则对上古汉语某一固定介词组的分布作了比较分析。

（三）多项状语的顺序

上古汉语有类型多样的多项状语共现现象，但其表现与现代汉语不尽相同。杨伯峻、何乐士（2001）《古汉语语法及其发展（修订本）》和何乐士（2005）《〈史记〉语法特点研究》指出古汉语存在三层以上状语，但未进一步分析多项状语的排列顺序。

杨荣祥（2005）《近代汉语副词研究》在现代汉语副词连用研究的基础上对近代汉语的副词连用做了详尽的调查分析，对副词连用的特点及背后的制约原则进行了归纳和总结，描写全面细致，论证有力。但文章限于近代汉语，且只讨论副词的连用。至于对上古汉语多项状语共现顺序的全面研究，至今还未见到。

二 现代汉语关于状语的研究

相较于汉语史，学界对现代汉语状语的研究要充分得多，还出现了诸多汉语史状语研究未涉猎的领域。粗略地说，相关成果体现在以下几个方面。

（一）特定形式类状语

特定形式类状语的研究依然丰富，除副词外，集中体现在名词、动词、形容词直接修饰谓语中心的讨论上。这几类词到现代汉语中充当状语的能力如何，是学界关注的课题。关于名词作状语的讨论已见于前文，关于动词和形容词作状语，相关论述也颇丰，学者们主要聚焦于现代汉语动词和形容词（特别是形容词）直接充当状语修饰谓语中心的能力，如朱德熙（1956）、贺阳（1996）、孙德金（1997）、李泉（2005）、张国宪（2006）、刘振平（2015）等，也有少数关注形容词状语分类的，如陈一（1993）、王俊毅（2006）等，还有分析动词作状语的来源和发展的，如陈一（1989）、高增霞（2004）等。

（二）状语的语义指向

目前受关注最多的是形容词、副词作状语的语义指向及相关问题，如邵敬敏（1990）、张力军（1990）、董金环（1991）、史金生（2003）、张国宪（2006）、李劲荣（2007）等；也有少数描写介词组语义指向的，如俞咏梅（1993）。

在描写状语语义指向的基础上还出现了更深一步的研究：张国宪（2006）《现代汉语形容词功能与认知研究》探讨了导致形容词状语语义异指的语用动因；李劲荣（2007）《指宾状语句的功能透视》以指宾状语句和定语句的变换条件为切入点，分析了定语句变换为指宾状语句所受的语义句法制约，以及二者在句式语义和篇章功能上的不同；河洪峰（2010）《状态性指宾状语句的语义性质》分析了状态性指宾状语句中状语和谓语动词各自的语义特征。

（三）多项状语的顺序①

这也是当下颇受关注的一个议题，研究对象包括同类词或短语连用的语序和不同类状语之间的语序。研究内容包括对汉语状语内部语序规则的研究和对汉语状语语序的认知解释。

较早涉及多项不同类别状语顺序的有吕叔湘、朱德熙（1979），刘月华（1983），朱德熙（1984），金立鑫（1988），熊文华（1996）等，这些研究初步勾勒出现代汉语状语的次序。其中描写最细致全面的是刘月华（1983）《状语的分类和多项状语的顺序》，她根据状语的语法意义对现代汉语状语进行分类和顺序上的排列，虽然所给出的各类状语的顺序并不全是确定无疑，但有些类别的先后是具有规律性的，比如 M1 在 M2 和 M3 之前②。刘月华的研究是当今汉语状语语序研究中最重要的成果之一，后来的研究多在她的基础上展开。

---

① 对现代汉语状语语序研究的综述可参见李杰（2008）和潘国英（2010）。

② M 为描写性状语，M1 为语义指向主语的，M2 为语义指向谓语动词的，M3 为语义指向宾语的，一般紧挨动词。

金立鑫（1988）《成分的定位和状语的顺序》针对刘月华（1983）尚未解决的问题，在遵循刘文框架模式的基础上进一步研究。文章设立"相对静止点"（S、副词、M1 和 M2），形成"—S—副词—M1—M2—V"的稳定序列，每两个成分之间（及 S 前的位置）都有空位供 FM（非描写性）状语进入，不同的 FM 在不同位置上获得优势语序，从前到后，空位上可进入的 FM 状语的种量呈现由多到少的现象，由此得出汉语越靠近谓语动词结构越紧密，越往前结构越松散的结论。金立鑫的研究方法独特，使得多项状语的排列线索更简化、明了。

潘国英（2010）《汉语状语语序研究及其类型学意义》是专门研究现代汉语状语语序的论著。该书一方面从整体上勾勒现代汉语状语的语义序列总貌，另一方面对不同状语的语序位置及内部排序作细致描写，从宏观和微观两个角度研究现代汉语状语的语序问题，同时结合语法化、类型学等理论对其动因作出认知上的解释，更能保证研究的全面、系统和深入。

在同类状语连用语序的研究中，讨论最充分的是副词的连用，如黄河（1990）、赖先刚（1994）、张谊生（2000）、袁毓林（2002）、史金生（2003）等。也有讨论能愿动词连用（如马庆株，1988）和介词组连用（如周小兵，1995）顺序的。

（四）现代汉语状语专题研究

目前见到的研究成果有青野英美（2005）《现代汉语描写性状语研究》、何洪峰（2006）《汉语方式状语研究》、李杰（2008）《汉语状语的多角度研究》、潘国英（2010）《汉语状语语序研究及其类型学意义》和刘振平（2015）《单音形容词作状语和补语的对比研究》。青野英美（2005）、何洪峰（2006）分别研究现代汉语的描写性状语和方式状语，前者立足现代汉语的共时平面，后者将共时和历时相结合；李杰（2008）将现汉状语分为动态和静态两类，分别讨论了它们在不同层面上的特征；潘国英（2010）侧重在类型学视角下探索现代汉语状语的语序；刘振平（2015）审视了形容词作状语和补语的问题，包括形容词作状语和补语的制约条件、表达功能和认知基础等。这些研究从不同角度丰富和加深了人们对现代汉语状语的认识，并在一定程度上为深入研究汉语史上的状语提供了帮助。

第三节　拟探讨的主要问题

　　从上一节的综述中不难看出，当下对汉语状语的研究呈现出"厚今薄古"的现象，对上古汉语状语，迄今还无人做过系统研究。上古汉语状语的使用情况与后世不尽相同，很多地方仍需深入探讨。

　　1. 名词、动词、形容词作状语的问题

　　名词作状语是上古汉语特有的句法现象，东汉以降，汉语名词的这一句法功能逐渐走向衰微。那么，上古汉语名词作状语呈现出怎样的面貌？名词是否可以自由充当状语，如果不能，在形式和意义上分别受什么限制？如何解释名词状语与介词组作状语的共现？名词状语和中心动词间存在什么样的选择关系？名词状语经历了怎样的演变，替代形式有哪些？演变背后的动因是什么？上古汉语名词作状语与现代汉语名词直接修饰动词有哪些异同？是旧有机制的留存还是新兴现象？这些问题尚无人做详尽深入的探讨，这也是本书的重点研究对象之一。

　　虽然各家对现代汉语动词和形容词充当状语的数据统计多有出入，但大家一致认同的是，现代汉语动词和形容词能直接作状语修饰谓语中心的很少。这样就向我们提出一个问题：动词和形容词在状位的分布特点是历来如此还是如名词作状语一样经历了由盛到衰的过程？这一问题的提出引导我们去观察上古汉语动词和形容词充当状语的情况，由此牵涉一系列相关问题的研究：由于上古汉语没有状语标记，首先要鉴别"形容词/动词+VP"是连谓结构还是状中结构；又因为汉语的副词大多数从形容词和动词虚化而来，故还要判断形容词和动词在状语位置上有没有虚化为副词；上古汉语形容词和动词作状语是否自由，如果不自由，受哪些限制；哪些形容词和动词变成了副词，或者说具有什么特征的形容词和动词容易转化为副词；一个在状语位置上既有原词性用法又有副词用法的形容词或动词，哪些用法保持原词性，哪些用法已变了副词，等等。这些问题目前鲜有人论及，值得细致观察和深入研究。

　　2. 介词组充当修饰语时的语序问题

　　上古汉语，尤其是先秦时期介词组充当修饰语时的语序问题尚有待作系统探索。先秦汉语介词组修饰谓语动词，如"于"词组和"自"词组表方所、"以"词组表凭借，不仅能作状语，还能作补语，其分布并不一定遵循时间顺序原则，这说明上古汉语控制介词组位置的因素不限于认知上的，除时间顺序原则外，还有什么力量制约着它们的语序，有待进一步研究。本书将观察"以"词组、"自"词组和"于"词组在上古汉语的语序表现，在已有研究成果的基础上解释介词组分布背后的规律及其前置的动因。

3. 状语的语义指向

如前所述，研究副词乃至整个状语系统的语义指向无论在现代汉语还是古代汉语中都具有重要意义，相比之下，汉语史的相关研究就薄弱很多。因此，立足于上古汉语语法体系，尝试观察当时各类状语不同的语义指向，对状语成分的语义指向做统一分析显得颇为重要。上古汉语副词的语义指向是否和后世完全相同？形容词和动词作状语是否和现代汉语一样有指向主语的用法？表示比喻和对待的名词状语的语义指向有无特别之处？有没有在固定的语境中同时具备两种语义指向的状语？这些问题本书也将进行讨论。

4. 多项状语的顺序

研究现代汉语多项状语顺序的成果相对较多，近代汉语副词的共现顺序也有专著（杨荣祥，2005）。通过调查发现，先秦汉语已经存在多项状语共现的事实，到西汉《史记》中越发多见，相同和不同形式类状语都能共现，共现状语的数量也从两项发展到三项甚至更多，这从一个侧面反映了汉语状语作为一个重要的句法成分在使用上日趋复杂。但上古汉语充当状语的成分有别于现代汉语，各种成分共现时的排列顺序还不甚明了，因此需要对当时各类状语的共现顺序作详尽描写。至于制约多项状语排序的机制，袁毓林等学者曾对现代汉语的这一现象作出过解释，这些解释是否同样可以用于上古汉语？还需要在详细描写上古汉语多项状语线性序列的基础上来检验。

第四节　研究方案

一　研究目标和方法

本书以《左传》（前八公）、《论语》《孟子》《国语》和《史记》为基本语料，参之上古至中古汉语其他典籍，以状位成分的形式类为纲，以能突出上古汉语特点的状语为考察重点，结合语义指向和多项状语共现顺序等专题，力求通过对上古汉语状语及其所修饰成分的全面考察和分析，实现以下研究目标：

1. 全面细致地描写出上古汉语状语系统的面貌，揭示上古汉语状语的若干重要特点，为汉语史状语的整体研究建立一个共时平面上的框架。汉语各历史时期充当状语的成分不尽相同，到目前为止还没有专门针对上古汉语状语系统的研究，因此有必要对这一时期状语的基本面貌作忠实描写，为研究汉语史状语的历时演变打下基础。这是本书要达到的最基本目标，也是上古汉语状语研究工作的第一步。

2. 在汉语史已有研究基础上，同时借鉴现代汉语的研究成果，进一步探讨上古汉语状语研究中的一些重要问题，如状语的语义指向、介词组修饰谓语中心时的语序、多项状语的共现顺序等。

3. 观察上古汉语普通名词、动词和形容词作状语的表现，并对名词作状语进行共时和历时两方面的考察，总结这一现象的演变趋势，探索背后的机制和动因。

在研究方法上，本书注重以下几个方面：

1. 点面结合，突出重点。在对各专书的状语作系统描写的基础上，对一些能够反映上古汉语特点的状语进行重点描写分析，如名词、动词、形容词作状语等。

2. 比较分析。通过比较，勾勒上古汉语状语的面貌及历时演变。比较包括三方面：一是上古汉语与后世的比较；二是上古汉语不同时段的比较；三是中古汉语传世文献、注释语言和汉译佛典的对比参照。

3. 事实描写与理论解释相结合。借鉴国内外语法理论研究成果，将语言学理论与本书的研究相结合，揭示隐藏在语言现象之下的内在规律，对上古汉语状语研究中存在的一系列问题作出合理的理论解释，如支配介词组分布的规律及其前置的动因、名词作状语与介词组作状语的共存原因、名词状语衰微的机制、状位对形容词和动词的选择机制，等等。

二　重点语料

过去对汉语史的分期有两分、三分和四分的不同，但各家对上古的划分大致同一，即自殷商到汉代（魏培泉，2000）。上古汉语文献众多，限于时间和精力，本书主要选取春秋晚期至西汉的几部重要文献为基本考察

对象,所选语料如下:

《左传》(前八公),《春秋经传集解》本,上海古籍出版社 1997 年版。

《国语》,上海古籍出版社 1988 年版。

《论语》,杨伯峻译注本,中华书局 1980 年版。

《孟子》,杨伯峻译注本,中华书局 2005 年版。

《史记》,中华书局 1982 年版。①

除此之外,在讨论不同问题时,为使材料充实、论证有力,还会根据需要补充其他语料。如:

讨论"自"词组语序时,调查了《尚书》《诗经》《春秋》《左传》《论语》《孟子》《国语》《战国策》《吕氏春秋》《史记》共 10 部文献。

考察总括副词的语义指向时,语料扩大到从周至西汉的 19 部文献,分别是《尚书》《诗经》《仪礼》《周礼》《礼记》《春秋公羊传》《春秋谷梁传》《左传》《国语》《战国策》《论语》《孟子》《墨子》《庄子》《荀子》《韩非子》《吕氏春秋》《史记》《淮南子》。

对上古汉语作状语的形容词进行调查统计时,考察范围进一步扩大到 26 部文献,分别是《尚书》《诗经》《周易》《仪礼》《周礼》《礼记》《春秋公羊传》《春秋谷梁传》《左传》《国语》《战国策》《论语》《孟子》《墨子》《庄子》《荀子》《韩非子》《吕氏春秋》《老子》《商君书》《管子》《晏子》《孙子》《大戴礼记》《史记》《淮南子》。

有时会对某一现象进行专书考察,如分析"以"词组的语序时选取《国语》为考察对象,分析"于"词组的语序时选取《左传》为考察对象,等等。

在讨论某些现象的历时演变时,会涉及西汉以后的语料。

第五节　各章内容概述

本书除绪论外的主体部分共七章。

---

① 宋亚云(2005)将《史记》分为上、下两部分,认为《史记》(下)反映的是西汉时的语言面貌,本书依宋文分法,选取《史记》(下)作为西汉时期的考察对象。关于《史记》(下)的篇章范围,参见宋亚云(2005)。

第二章是上古汉语状语概貌，从构成形式和语义类型两个角度对状语进行分类描写，并在概括上古汉语状语特点的基础上，交代本书在研究对象上的取舍，为下文各个专题的论述作铺垫。

从第三章至第六章，集中对上古汉语充当状语的形式类进行选择性研究。

第三章专门讨论名词作状语，包括如下几个方面：①立足上古汉语，总结名词作状语的类别、名词状语与被修饰成分的结合关系；②观察充当状语的名词在形式和语义上所受的限制、名词状语对被修饰动词的选择，解释其与介词组作状语共存的原因；③描写名词作状语现象在东汉以后的演变，并解释产生这种变化的原因；④在已有成果基础上，对现代汉语名词直接修饰谓语动词现象进行归纳分析，并分析其标记性；⑤简要描写上古汉语时间词作状语的面貌及后世演变。

第四章关注动词作状语，着重讨论上古汉语状位动词的鉴别，包括状位动词与副词的鉴别、状中与连动的鉴别、状中与动宾的鉴别，随后，按照状位动词的鉴别标准，对上古汉语状位动词作定量统计，并简单分析其标记性。

第五章讨论形容词作状语，主要关注以下几个问题：①状位形容词的界定，包括连谓和状中的辨析，形容词与副词的辨析；②状位形容词的定量统计及其标记性分析；③状位对形容词的选择；④状位形容词向副词的转化；⑤状态义形容词作状语。

第六章讨论介词组作修饰语时的语序。本书将以语序变化较大的"以"词组、"自"词组和"于"词组为考察对象，描写它们在上古汉语各阶段的分布面貌、语义类型及历史演变，并探讨其背后的支配原则。

第七章结合上古汉语特点，着重对能反映这一时期状语语义指向特点的几种状语进行研究，包括总括副词、加复副词"又"和"复"、名词、形容词和动词状语的语义指向。

第八章在前贤研究基础上进一步探讨上古汉语多项状语的共现顺序，在详细描写上古汉语多项状语使用情况的基础上，揭示这一历史平面共现状语的顺序，检验现有的对语序的理论解释在上古汉语的适用性，并对上古汉语不同状语的共现语序作出解释。

第二章

上古汉语状语概貌

第一节　上古汉语状语的形式类

朱德熙（1999）认为现代汉语充当状语的成分有副词、形容词、名词（指时间词和方所词）、代词、数量词、介词结构、"……似地"、主谓结构和联合结构，其中，相当一部分双音节形容词、表示物量的数量词以及主谓结构和联合结构都是通过重叠和加状语标记"de"两种手段实现作状语的身份。以下依次列举文中例句：

(1) 花也不很多，圆圆的排成一个圈。（鲁26）
(2) 怎么走？我告诉你，你一层一层地爬上去。（曹250）
(3) 虎姑娘站住了，面对面的对他说……（骆77）
(4) 人不知，鬼不觉的跑出去了。[①]

以上四例中的形容词、数量结构、主谓结构和联合结构都依赖标记"de"才得以充当状语，其中例（1）和例（2）同时还借助了重叠的手段。

上古汉语由于没有状语标记"de"，各类词作状语就没有那么自由，状语的种类也不如现代汉语那么多。总的来说，副词、介词组和疑问代词从古至今都能作状语，尤其是副词和介词组，一直是状位的典型成员；形

---

① 朱德熙：《定语和状语》，载《朱德熙文集》第1卷，商务印书馆1999年版，第355—391页。

容词和动词也是从古到今都能占据状语位置的成分①,但形容词充当状语的能力在上古汉语和现代汉语中有不同表现,动词作状语则一直很少见;上古汉语时间词和方位词作状语,语义类型比现代汉语丰富,上古汉语普通名词作状语也较为常见,东汉以后逐渐走向衰微;另有数词作状语,现代汉语则无。

我们抽样调查统计了《左传·隐公》中的状语,共有各类状语约 300 项,不同类状语所占比重相差悬殊。其中,副词和介词组两项状语约占全部状语的 90%,副词作状语约占 70%,介词组作状语约占 20%;其他形式类状语仅占 10%。下面对上古汉语各类状语分别举例说明(举例不再限于《左传·隐公》)。

一 状位典型成员

(一) 副词

副词是只能充当状语的一类词,因此在所有状语中,副词充当状语所占比例特别高,其中又以否定副词为最。关于副词的分类,时贤多有论及,各家所分类数及各类内部成员不尽相同。杨荣祥(2005)在前人研究基础上,依据与谓语中心词的语义关系、句法功能及语义指向等标准,将近代汉语副词分为 11 类,分别为总括副词、类同副词、限定副词、统计副词、程度副词、时间副词、频率副词、累加副词、情状方式副词、语气副词和否定副词。本书在这一分类基础上进行适当整合,对上古汉语副词作如下分类:

1. 否定副词

上古汉语否定副词包括"不、未、弗、无、非、勿、毋"等。这些否定副词的见频极高,在《隐公》中占全部副词的近 50%。如:

(1) 以母则不食,以妻则食之;以兄之室则弗居,以于陵则居之。(孟子·滕文公下)

(2) 不好犯上,而好作乱者,未之有也。(论语·学而)

(3) 虽在缧绁之中,非其罪也。(论语·公冶长)

---

① 朱德熙否认现代汉语动词有充当状语的功能,现在一般认为现代汉语少数动词可以作状语直接修饰谓语中心词。

(4) 谨守成皋，则汉欲挑战，慎勿与战，毋令得东而已。(史记·项羽本纪)

杨荣祥（2005）将否定副词分为四小类：表示单纯否定、表示对已然的否定、表示对判断的否定和表示禁止。一般来说，"不"和"弗"表示单纯否定，如例（1）；"未"专用于对已然的否定，如例（2）；"非"专用于对判断的否定，如例（3）；"勿"和"毋"对应表示禁止的语法意义，如例（4）。"无"则兼有除了对判断的否定之外的其他三种用法，如：

(5) 无偏无党，王道荡荡。(尚书·洪范)
(6) 硕鼠硕鼠，无食我黍。(诗经·魏风·硕鼠)
(7) 行离理而不外危者，无之有也。(荀子·正名)①

例（5）的"无"表示单纯否定，例（6）表示禁止，例（7）表示对已然的否定。

2. 总括副词

本书讨论的总括副词包括杨著中的总括副词和统计副词，上古汉语常见的总括副词有"皆、悉、尽、举、咸、均、胜、毕、多、凡"等，如：

(8) 司马牛忧曰："人皆有兄弟，我独亡。"(论语·颜渊)
(9) 高祖以亭长为县送徒郦山，徒多道亡。(史记·高祖本纪)
(10) 凡六七万人，军下邳。(史记·项羽本纪)

"皆"等表总括，涵盖其所指向的所有成员；"多"只包括主体中的大多数，由于上古汉语中表某一范围中多数成员的副词只有"多"一个，故不单列一小类，将其并入总括副词；"凡"在上古汉语作副词表统计，义为"总共"，语义指向其后数量成分。统计副词与总括副词的语义不大相同，但考虑到上古汉语没有和"凡"语义、语法功能都相同的副词，将"凡"单立一类又会增加副词次类系统的负担，因此姑且把"凡"归

---

① 王力主编：《王力古汉语字典》，中华书局 2000 年版，第 423 页。

入总括副词。

3. 限定副词

上古汉语常见的限定副词有"独、唯、惟、徒、特"等，如：

(11) 唯我郑国之有请谒焉。(左传·隐公十一年)
(12) 魏其日默默不得志，而独厚遇灌将军。(史记·魏其武安侯列传)

限定副词限定的对象是其后的事物、数量成分或动作行为，上两例都是限定事物范围的。例(11)"唯"限定的是"我郑国"，例(12)"独"限定的是"灌将军"。

4. 程度副词

各家对程度副词的认定比较一致，常见的有"弥、益、愈、滋、加、尤、微、略、稍、少"等。其中，"弥、益、愈、滋、加"等表示程度的渐变，属于动态范畴；"尤、微、略、稍、少"等单纯表示程度的高低，属于静态范畴，如：

(13) 若是，则弟子之惑滋甚。(孟子·公孙丑上)
(14) 邻国之民不加少，寡人之民不加多，何也？(孟子·梁惠王上)
(15) 太后之色少解。(战国策·赵策四)

5. 时间副词

时间副词是副词内部最大的次类，根据时间副词内部成员语义和功能上的差别，其下又可细分成诸多小类，王力(1943)、陆俭明、马真(1985)、张谊生(2000)、杨荣祥(2005)等都曾划分过时间副词内部的小类，此不赘述。但各家所分时间副词的外延不同，如有人将表频率的副词(如"亟""数")也归入时间副词。我们认为频率与时间有语义上的差别，故将其从时间副词中分出。

常见的时间副词有"即、斯、乃、遂、辄、因、忽、乍、尝、曾、既、已、方、将、始、终、犹、尚、姑、且、恒、常、立、先、首、后、素、竟、卒、业已、稍、聊"等，如：

(16) 于是，陈、蔡方睦于卫。(左传·隐公四年)

(17) 子曰："吾尝终日不食，终夜不寝，以思，无益，不如学也。"(论语·卫灵公)

(18) 天下之士多就之者，帝将胥天下而迁之焉。(孟子·万章上)

(19) 狄人遂入，周王乃出居于郑，晋文公纳之。(国语·周语中)

(20) 臣之义不参拜，王能使臣无拜，即可矣。不，即不见也。(战国策·秦策四)

(21) 臣征之，天诱其统，卒灭吕氏。(史记·外戚世家)

(22) 而梁孝王每朝，常与太后言条侯之短。(史记·绛侯周勃世家)

(23) 及稍定汉诸仪法，皆叔孙生为太常所论箸也。(史记·刘敬叔孙通列传)

6. 加复副词

加复副词包括表示在行为或状态上类同的"亦"，表示不同或相同项累加的"又"，表示相同动作行为重复的"复""更"，以及表示动作行为发生频率的"数""屡""亟"等。这类副词是在前人分类基础上整合而来的，内部成员不同质。"复"类和"数"类在功能上大体一致，"亦"表类同，"又"表累加，各方面表现都和其他加复副词不同，杨荣祥(2005)的分类中有"类同副词"和"累加副词"两个小类，由于上古汉语中类同副词只有"亦"，累加副词只有"又"，故不单列。加复副词用例如：

(24) 庚辰，大雨雪，亦如之。(左传·隐公九年)

(25) 既立展舆，又废之。(左传·襄公三十一年)

(26) 人以为成劳，复室其子，使复其位。(左传·宣公十四年)

(27) 余于伯楚屡困，何旧怨也？(国语·晋语四)

7. 情状副词

情状(situation)是"语言中动词或句子表示的事件的状态和方式"[①]，

[①] 彭利贞：《论情态与情状的互动关系》，《浙江大学学报》(人文社会科学版) 2007 年第 5 期。

情状副词语义上表示动作行为进行的方式或情景状态，主要包括"共、同、互、相、亲、自、私、阴、窃、间、妄、直"等，如：

(28) 不及黄泉，无相见也。（左传·隐公元年）
(29) 夏，同伐王城。（左传·庄公二十一年）
(30) 许子奚为不自织？（孟子·滕文公上）
(31) 被窃观朝廷之政，君臣之义，父子之亲，夫妇之别，长幼之序，皆得其理，上之举错遵古之道，风俗纪纲未有所缺也。（史记·淮南衡山列传）

8. 情态副词

情态（modality）是"说话人对句子表达的命题的真值或事件的现实性地位的主观态度。情态动词是情态的主要载体之一"①。除情态动词外，副词中有一类也能表示说话者某种主观态度，本书称情态副词，也有称语气副词的。传统所谓谦敬副词，也是表达说话人主观态度的，属全句的情态，且与情态副词一样，在多项状语中位置靠前，故一并归入情态副词。常见的情态副词有"本、必、反、即、乃、果、诚、信、固、绝、决、偏、殊、实、正、务、盖、几、其、殆、岂、宜、庶几、请、谨、惠、辱、幸、窃、敢"等，如：

(32) 是废先君之举也，岂曰能贤？（左传·隐公三年）
(33) 君若辱贶寡人，则愿以滕君为请。（左传·隐公十一年）
(34) 下学而上达，知我者其天乎？（论语·宪问）
(35) 夺项王天下者，必沛公也，吾属今为之虏矣。（史记·项羽本纪）

有些副词兼属两类，"独"表限定时属于限定副词，如例（12），表强调语气时属于情态副词，如"相如虽驽，独畏廉将军哉？"（史记·廉颇蔺相如列传）；"乃"和"即"在叙述谓语前为时间副词，如例（19）

---

① 彭利贞：《论情态与情状的互动关系》，《浙江大学学报》（人文社会科学版）2007年第5期。

(20)，在判断谓语前为情态副词，"乃"作情态副词还可以表示意外的语气。例如：

(36)（此）乃歌夫长铗归来者也。（战国策·齐策四）
(37) 先生不羞，乃有意欲为收责于薛乎？（战国策·齐策四）
(38) 其季父项梁，梁父即楚将项燕，为秦将王翦所戮者也。（史记·项羽本纪）

例（36）"乃"和例（38）"即"用在名词性谓语前，为表判断的情态副词；例（37）的"乃"为表示意外语气的情态副词。

副词是只能充当状语的封闭词类，在汉语史上各类状语中最受关注，研究也比较充分，本书除在状语语义指向和多项状语共现顺序中会涉及副词外，不另设专章讨论。

(二) 介词组

介词组是上古汉语状语内部第二大成员，常见的有"以、于（含'於'）、自、为、与、从、由"+宾语，表示动作行为的时间、方所、凭借、对象、范围等，如：

(39) 于是乎不务令德，而欲以乱成，必不免矣。（左传·隐公四年）
(40) 我于《武成》，取二三策而已矣。（孟子·尽心下）
(41) 有朋自远方来，不亦乐乎？（论语·学而）
(42) 心善德音，以德有国。（国语·楚语上）
(43) 及庄公即位，为之请制。（左传·隐公元年）
(44) 吾日三省吾身：为人谋而不忠乎？与朋友交而不信乎？传不习乎？（论语·学而）
(45) 而良人未之知也，施施从外来，骄其妻妾。（孟子·离娄下）
(46) 礼义由贤者出。（孟子·梁惠王下）

例（39）（40）"于"词组一表时间，一表关涉；例（41）"自远方"表位移的起点；例（42）"以德"表凭借；例（43）"为"引介宾语

"之"表示受益对象,例(44)"与"引介宾语"朋友"表示交互行为的对象;例(45)"从外"的语法意义同(41),表示位移的起点;例(46)"由贤者"指抽象的空间起点。介词组作状语的语义类型及分布详见第六章。

二 状位非典型成员

(一) 形容词作状语

朱德熙(1956)曾讨论过现代汉语形容词作状语的问题,认为修饰谓语动词的单音节形容词除"多""少""早""晚"等不多的几个词还保持形容词词性外,其他的都变成副词了。与现代汉语不同的是,上古汉语有不少形容词作状语仍然保留原词性。相较于现代汉语,上古汉语形容词(限性质形容词)作状语更常见。如:

(1) 王曰:"吾亦欲东耳,安能郁郁久居此乎?"(史记·淮阴侯列传)

(2) 天下苦秦久矣。(史记·高祖本纪)

例(1)"久"作状语,词义和例(2)作谓语的"久"一样,都指时间长,词汇意义和词性均无变化。但必须承认,有些形容词在状语位置上已经丧失自身的词汇义,只有语法意义,这时虚化为副词,试比较:

(3) 公子商人骤施于国,而多聚士。(左传·文公十四年)

(4) 晋侯围曹,门焉,多死。(左传·僖公二十八年)

例(3)的"多"还保存"数量大"的词汇义,是形容词,而例(4)的"多"已转为表示范围,虚化为副词。

上古汉语形容词作状语举例如下:

(5) 其御杜溷罗曰:"速从之!"(左传·成公十六年)

(6) 若不早图,后君噬齐,其及图之乎?(左传·庄公六年)

(7) 大哉孔子!博学而无所成名。(论语·子罕)

(8) 一怒而诸侯惧,安居而天下熄。(孟子·滕文公下)

(9) 彼若不敢而远逃，乃厚其外交而勉之。(国语·晋语八)

(10) 护军中尉陈平言上曰："胡者全兵，请令强弩傅两矢外向，徐行出围。"(史记·韩信卢绾列传)

不同的形容词作状语，搭配中心语的能力亦不同，有的形容词能修饰的中心语极其有限，如"贵聘而贱逆之"(左传·文公四年)，有的则搭配甚广，如"大"，仅在《左传·隐公》中就有"大获""大雨""大奔""大败"等，其他常见的又如"大破""大惊""大喜""大怒""大善""大呼"等，"大"最终在状位虚化为副词。

以上为性质形容词在上古汉语中作状语的表现。通常讲到形容词，会将其分为性质形容词和状态形容词两类。朱德熙 (1982) 指出二者的不同，"从语法意义上看，性质形容词单纯表示属性，状态形容词带有明显的描写性。从语法功能上看，这两类形容词也有很大的区别。性质形容词作修饰语远不如状态形容词自由，无论作定语或状语都是如此"①。上古汉语也有一部分"带有明显的描写性"的形容词，这些词属于形容词的一个语义小类，语法意义与性质形容词不同，具有很强的描摹作用，通常称为"状态义形容词"。状态义形容词在构词形式上亦有别于性质形容词，多为非单音节的，包括联绵词、叠音词和以"然""如""若""尔"为词尾的词等，如：

(11) 参差荇菜，左右流之，窈窕淑女，寤寐求之。(诗经·周南·关雎)

(12) 朋友切切偲偲，兄弟怡怡。(论语·子路)

(13) 天油然作云，沛然下雨，则苗浡然兴之矣。(孟子·梁惠王上)

也有少数单音节形容词被看作状态义形容词，如：

(14) 胸中不正，则眸子眊矣。(孟子·离娄上)②

---

① 朱德熙：《语法讲义》，商务印书馆1982年版，第73页。
② 杨建国：《先秦汉语的状态形容词》，《中国语文》1979年第6期。

在上古汉语中，判断一个单音节形容词是性质形容词还是状态义形容词，通常只能依据语义，这样的标准可操作性不强，如例（14）"眊"义为"眼睛昏暗，不明亮"①，很难断定它就是状态义形容词而非性质形容词。

我们之所以不将上古汉语带有描写性的形容词称作"状态形容词"，是因为从功能分布看，这些词与性质形容词没有本质区别，都能充当谓语、定语、状语，性质形容词作谓语和定语的例子如：

（15）汉王遇我甚厚……（史记·淮阴侯列传）
（16）君无咫尺之地，骨肉之亲，处尊位，受厚禄。（战国策·楚策一）

"厚"在例（15）中充当"遇我"的谓语，例（16）中充当"禄"的定语。状态义形容词的句法分布如上举例（11）—（13），在三例中分别作定语、谓语和状语。二者在当时还不构成词类的对立。后世它们的句法分布逐渐形成互补格局，性质形容词主要充当谓语和定语，能用在状语位置上的越来越少，而状态义形容词则逐渐固定在状语和谓语位置上。上古汉语状态义形容词作状语如例（13），又如：

（17）子思以为鼎肉使己仆仆尔亟拜也，非养君子之道也。（孟子·万章下）
（18）上与梁王燕饮，尝从容言曰："千秋万岁后传于王。"（史记·梁孝王世家）
（19）王曰："吾亦欲东耳，安能郁郁久居此乎？"（史记·淮阴侯列传）

与性质形容词不同的是，状态义形容词多未虚化为副词，所以不存在词性辨析问题，但由于状态义形容词的语义多与主语相关联，故存在结构上的辨析，即主谓结构和状中结构的鉴别问题，这一问题我们稍后讨论。

（二）动词作状语

如何判断"动词+动词"结构的性质，是一直没有定论的议题。严格

---

① 王力主编：《王力古汉语字典》，中华书局2000年版，第784页。

地讲，"V1+V2"实际上大多可以看作连谓结构，李临定（1983）就说："在汉语里边单个动词做状语，是很少见的。"① 朱德熙、赵元任等也不承认单个动词作状语的存在。有些"V1+V2"由于常在一起搭配使用而形成凝固结构，其中前一动词在语义上表示后一动词所表动作进行时的情状，从而被看作后一动词的状语，但很少见。何乐士、杨伯峻等认为古汉语动词及动词性结构可以作状语，但由于缺乏具体的操作标准，绝大多数例子不可从。孙德金（1997）提出现代汉语中"凡前动与后动间能插进'地'、'着'的，前动能进入某一表明方式、状态、时间等关系义的表述框架的均看作状中关系"②。前一条标准是形式上的，后一条是语义上的。对于上古汉语来说，由于缺少状语标记，只能靠语义来辨别，一般根据连用动词是否具有时间的先后来区分连谓与状中结构，但实际操作起来有困难，有些结构很难判断其性质，如"夫使人坐受成事者，唯池者耳"（战国策·燕策一）的"坐受"，"中山君喟然而仰叹曰"（战国策·中山策）的"仰叹"，又如"仰视""立谈"等。上古汉语可以确定为状中结构的"V1+V2"很少，如：

(20) 六鹢退飞过宋都，风也。（左传·僖公十六年）
(21) 地不改辟矣，民不改聚矣。（孟子·公孙丑上）
(22) 当尧之时，水逆行，泛滥于中国。（孟子·滕文公下）

关于上古汉语"V1+V2"结构的辨析及动词在状位的表现详见第四章。

(三) 疑问代词作状语

上古汉语常见的作状语的疑问代词有"焉""何""奚""安""胡"等，如：

(23) 行之以礼，又焉用质？（左传·隐公三年）
(24) 赐也何敢望回。（论语·公冶长）
(25) 此惟救死而恐不赡，奚治礼义哉？（孟子·梁惠王上）

---

① 李临定：《"判断"双谓语》，载《语法研究与探索》（一），北京大学出版社1983年版，第9—31页。

② 孙德金：《现代汉语动词做状语考察》，《语言教学与研究》1997年第3期。

(26) 使臣蚤言，皆已诛，安得至今？（史记·秦始皇本纪）
(27) 今君胡不多买田地，贱贳贷以自污？（史记·萧相国世家）

除疑问代词外，管燮初（1994），杨伯峻、何乐士（2001）又指出古汉语有其他代词作状语的现象，如"彼韩急则将变而佗从"（史记·田敬仲完世家），又如"予取予求，不女瑕疵也"（左传·僖公七年），但非常少见，本书不予关注。

（四）时间词作状语

我们对时间词采用如下处理办法：全句主语前的看作话题（主语）；主谓之间的都处理为状语；当时间词位于句首且没有其他主语时，只能根据具体语义——如果是作为话题来论述的对象，则分析为话题（主语），如果是表示事件发生的时间，就是时间状语。如果时间词之前有别的状语，则时间词肯定是状语。上古汉语时间词作状语的面貌比较复杂，其中表示时点（即动作行为发生的时间）和时段（即动作得以反复或状态得以持续的时间范围）的一直沿用到现代汉语，其他用法后世被别的形式取代。此处略举几例：

(28) （钼麑）晨往，寝门辟矣。（左传·宣公二年）
(29) 师逆以至，声伯四日不食以待之。（左传·成公十六年）
(30) 吾日三省吾身。（论语·学而）
(31) 秋水时至，百川灌河。（庄子·秋水）
(32) 良庖岁更刀，割也；族庖月更刀，折也。（庄子·养生主）
(33) 自是之后，大将军青日退，而骠骑日益贵。（史记·卫将军骠骑列传）

例（28）"晨"表示"往"发生的时间；例（29）"四日"指"不食"持续的时段；例（30）"日"表重复，义为"每天"；例（31）"时"义为"按时"；例（32）"岁"和"月"表示动作行为的频度；例（33）"日"表示时间的渐进。其中，例（30）—（33）后世分别被"每日""按时"（或"以时"）、"每年""每月""一天天地"所替代。

（五）方位词作状语

充当状语的方位词有"东、西、南、北、左、右、中、上、下、内、外"等，表示动作行为所发出的起点、所在和所朝向的终点等，如：

(34) 乐伯左射马而右射人。(左传·宣公十二年)
(35) 故中御而从齐侯。(左传·成公二年)
(36) 子曰："君子上达，小人下达。"(论语·颜渊)
(37) 既反侵地，正封疆，地南至于陶阴，西至于济，北至于河，东至于纪酅。(国语·齐语)
(38) 乃使旁告于诸侯。(国语·晋语五)

(六) 名词作状语

名词充当状语是上古汉语，尤其是战国至西汉间较为常见的句法现象，名词状语多紧挨谓语中心词，表示动作行为的凭借、处所、比况性施事和受事等，后逐渐走向衰微，被其他句法形式代替。名词作状语在上古汉语的具体表现及其历史演变详见第三章。以下按照名词状语表示动作行为凭借、处所、比况性施事和受事的次序各举一例：

(39) 天下溺，援之以道；嫂溺，援之以手，子欲手援天下乎？(孟子·离娄上)
(40) 散军而郊射。(礼记·乐记)
(41) 豕人立而啼。(左传·庄公八年)
(42) 学士皆师尊之。(史记·儒林列传)

(七) 数词作状语

数词作状语则是上古汉语特有的，表示动作行为的次数，如：

(43) 季文子三思而后行之。(论语·公冶长)
(44) 桓公九合诸侯，不以兵车，管仲之力也。(论语·宪问)
(45) 由汤至于武丁，圣贤之君六七作。(孟子·公孙丑上)
(46) 十一征而无敌于天下。(孟子·滕文公下)
(47) 五就汤，五就桀者，伊尹也。(孟子·告子下)
(48) 项王怒，欲一战。(史记·项羽本纪)

需要注意的是，数词"一"作状语由数目义引申出"一概""全部"义，如《诗经·邶风·北门》"政事一埤益我"，又引申为"一旦""一经"，如《左传·成公二年》"蔡许之君一失其位，不得列于诸侯"①，这两处"一"已经虚化，不再是数词。蒲立本（2006）谈到"一"的后一种用法时说："当'一'用在起首的从句中的时候，它有一种连接的作用，这跟英语中的 once（一旦……就）是一样的，在这种情况下，'一'不仅仅修饰其所处从句的动词，而且还有这样的功能，就是将这一从句标记为随后从句的时间性的修饰语。"②此时"一"不再有计数的实在意义，成为时间状语从句的标记。由以上例句可以看出，"一"从数词到副词，再到从句标记，这一虚化过程早在先秦就完成了。

中古以后，随着动量词的出现和发展，"数+动"结构逐渐转变为"动+数+量"或"数+量+动"结构，数词作状语现象也随之消失。

三 有争议的成分

除前述各家公认的状位成员外，另有一些结构中的成分，能否看作状语，似乎还有待商榷。

（一）助动词

关于"助动词+VP"中助动词的身份，有两种不同观点。一种认为"助动词+VP"为述宾结构，以《马氏文通》为代表；另一种认为"助动词+VP"为偏正结构，助动词是动词谓语的修饰成分，充当状语，如杨伯峻、何乐士（2001），何乐士（2005）和易孟醇（2005）等。助动词的表现有些特殊，如"能""可"等常可单独用来回答问题③，"愿""欲"常要和"之"结合，且能与"所"构成"所VP"结构（如"富与贵，是人之所欲也"）等，这些用法与一般动词的功能相近。但助动词又与普通谓语动词不同，它通常位于动词前，如其后为名词，则该名词发生陈述化，如"入而能民"（左传·僖公九年）。如何界定助动词的性质，涉及状语与被修饰成分的选择关系、多项状语的顺序等重要问题④。根据前面

---

① 王力主编：《王力古汉语字典》，中华书局2000年版，第784页。
② ［加拿大］蒲立本：《古汉语语法纲要》，孙景涛译，语文出版社2006年版，第114页。
③ 也有人认为"可""能"后省略了谓语中心词。
④ 如上举"入而能民"，若将"能"视为状语，则能够给名词述语作状语的又多出助动词一类。

对状语的界定，状语是修饰说明谓语中心的，而助动词是陈述说明主语的，不应视为状语。

（二）"X+而+VP"结构中"而"的前项

杨伯峻、何乐士（2001），何乐士（2005），管燮初（1994）和易孟醇（2005）等认为"主谓结构+而+VP"中的主谓结构是状语，除主谓结构外，同样被看作状语的还有"状态义形容词+而+VP""PP+而+VP""时间词（或时间短语）+而+VP"和部分"V/VP/性质形容词 +而+VP""N+而+VP"（不包括一般所说的"主而谓"结构）等结构中"而"的前项。关于上古汉语"而"所连接的前后项的关系，杨荣祥（2010）作过专门讨论，认为上古汉语允许存在两个并列的陈述中心，"而"的基本功能是连接两度陈述。依杨文所言，上述结构中"而"的前项实为与后项并列的成分，而不是修饰成分，也就不能看作状语，所谓"状语+而+中心语"都是连谓结构。

对"V /VP/性质形容词+而+VP""状态义形容词+而+VP"和"PP+而+VP"的性质，杨荣祥（2010）有很详尽的论述，认为它们是连谓而不是状中，其判定标准有二：一是"而"的前项是对主语的陈述而不是对"而"的后项的修饰说明；二是前后项之间有时间上的相继，即存在时间顺序关系①。具体可参杨文，此不赘。

除此之外，"主谓结构+而+VP"也应看作连谓结构，如：

（1）归未至彭城，疽发背而死。（史记·陈丞相世家）
（2）孟尝君至关，关法鸡鸣而出客。（史记·孟尝君列传）②

例（1）的主语是"亚父"，"而"前的"疽发背"是陈述主语的，且和"死"存在明显的时间顺序关系，应为连谓结构。例（2）的"鸡鸣"和"出客"间存在时间顺序关系，是两个相对独立的事件，也是连谓结构。虽然"疽发背"在语义上可以理解为"死"的原因，"鸡鸣"可以理解为"出客"的时间，但不能就此说"疽发背"和"鸡鸣"是状语。"因为上古存在大量的遵循时间顺序原则的连动结构（用'而'连接

---

① 有些"而"连接的前后项无时间顺序关系，如"敏于事而慎于言""美而艳"等，但这些用例不会引起结构分析上的争议，是并列结构。

② 此二例引自何乐士《〈史记〉语法特点研究》，商务印书馆2005年版，第118页。

或不用'而'连接），在这种结构中，前一个 VP 在语义上都可以理解为后一个 VP 的方式、手段"①。

关于"N+而+VP"，王克仲（1988）和杨荣祥（2011）有相关论述，下略引王文例句：

(3) 曹人凶惧，为其所得者棺而出之。（左传·僖公二十八年）
(4) 子西闻盗，不儆而出，尸而追盗。（左传·襄公十年）
(5) 且吾闻之，好面誉人者，亦好背而毁之。（庄子·盗跖）

例（3）（4）是连谓结构，"棺而出之"和"尸而追盗"中的"棺"和"尸"是谓语而非状语，这不难理解。"棺"和"尸"都是"综合性动词"（杨荣祥，2011），深层语义结构是"动作行为+相关对象"，只是在词汇层面上用动作行为的相关项来表示这一语义结构，"棺"的语义是"装棺"，"尸"的语义是"收敛尸体"，它们对于句子的主语来说是独立的陈述成分，且与"而"后的 VP 有时间先后顺序，故两个结构皆为连谓。例（5）所代表的"N+而+VP"的性质，杨文未提及，依王克仲（1988）是状中结构。"背而毁之"之所以会被分析为状中结构，是因为"背"在语义上可以理解为"毁"的方式，并且与前文状中结构"面誉"形成对文。但根据上文提出的两条判定标准，首先，"背"具有陈述功能，可以构成对主语的独立陈述，"背而毁之"实际上是"背之而毁之"，这样，"而"前后就是两个独立的事件；其次，在认知域中，二者存在先后顺序，即先有"背"的状态，后有"毁之"的行为。综合以上两点，"背而毁之"仍然是连谓结构。但是由于"背"不是语义重心，在句中带有很强的方式义，且在现实时间范畴中不容易看出"背"和"毁之"的时间顺序，所以当中间没有"而"时，"背"和"毁之"的关系会发生重新分析，成为状中结构，前一分句的"面誉"就是这种情况，又如《史记》"面谀""面欺"等。

"时间词+而+VP"的性质，杨荣祥亦有所论述，认为时间词（或时间短语）具有顺序义，具有陈述功能，因此"时间词+而+VP"仍是连谓结构。对此，本书有不同看法，我们认为，多数时间词在"时间词+而+

---

① 杨荣祥：《论上古汉语的连动共宾结构》，《中文学刊》2005 年第 4 期。

VP"中都应分析为 VP 的状语,如:

(6) 士朝受业,昼而讲贯,夕而习复,夜而计过无憾,而后即安。(国语·鲁语下)
(7) 优施教骊姬夜半而泣谓公曰……(国语·晋语一)
(8) 齐侯使连称、管至父戍葵丘,瓜时而往。(左传·庄公八年)
(9) 吾子一食之间而三叹,何也?(国语·晋语九)

例(6)—(8)的时间词表示时点,例(9)的时间词表示时段。一方面,这些时间词不具备独立陈述主语的功能,另一方面,时间词与"而"后的 VP 在现实事件结构中不存在时间顺序关系。例(9)表现尤为明显,"叹"的动作是在"一食之间"这一时段范围内发生的而不是之后。因此,虽然"时间词+而+VP"中有"而"作连接项,时间成分还是应该分析为状语。

只有表示"经历某个时段"的时间词具有较强的陈述功能,且与后面的 VP 具有明显的时间顺序,这时"时间词+而+VP"构成连谓结构,如:

(10) 公父定叔出奔卫。三年而复之,曰:"不可使共叔无后于郑。"(左传·庄公十六年)

"三年"即"经历了三年",是一个独立的陈述,通过"而"和另一个陈述"复之"相连。与例(9)不同,"复之"的动作不是在"三年"这一时段范围内,而是在"三年"之后发生的,"三年"和"复之"之间具有时间顺序,二者是连谓关系。即使拿掉"而",这类时间词和其后 VP 依然保持连谓关系不变,如:

(11) 一年而所居成聚,二年成邑,三年成都。(史记·五帝本纪)

前一分句中有"而"连接,后两个分句无"而",但各分句的时间词和后面 VP 的结构关系相同，都是连谓，表示经历某个时段后形成某种状态。为区分简便，这里将如例（9）那样动作行为在时段内发生的时间词叫作"时段 1"，如例（10）（11）这种动作行为（或状态）在时段后发生（或形成）的时间词叫作"时段 2"。

综上，"X+而+VP"结构中，"而"所连接的前项多具有述谓性，可以独立陈述句子的主语，与"而"的后项构成有时间先后关系的两个相对独立的事件。只有时点和时段 1 作"而"的前项时不能独立，须和"而"后的 VP 结合在一起陈述主语，时间词是 VP 的状语，表示动作发生的时点或得以反复发生或持续进行的时段。杨荣祥（2010）指出：若连谓结构中"而"的前项不是句子的语义重心，去掉"而"会有两种分析的可能，"一种仍然是对主语的陈述，和后面的 VP 构成连谓结构，一种是描写其后 VP 的情状，和后面的 VP 构成状中结构"①。在去掉"而"后的"X+VP"结构中，当 VP 前是名词或状态义形容词时，我们倾向于分析为状中结构，如上文"面誉""面谀""面欺"，又如"油然作云""沛然下雨""纷纷然与百工交易"等。

四　各形式类的连用

以上是上古汉语充当状语的形式类，有时，两项或两项以上状语共现于中心语之前，形成状语的连用，如：

（1）蔓草犹不可除，况君之宠弟乎？（左传·隐公元年）
（2）乃多与之徒卫。（左传·文公七年）
（3）是皆习民数者也，又何料焉？（国语·周语上）
（4）度往击辎重，必与单于精兵战，汉兵势必败，则以便宜罢兵，皆无功。（史记·韩长孺列传）

以上各例分别为副词与副词、形容词、疑问代词、介词组的共现，此外，上古汉语还有两项以上的副词与名词、时间词、方位词、动词、数词，介词组与动词、形容词、代词、时间词、数词，时间词与数词，形容

---

①　杨荣祥：《"两度陈述"标记：论上古汉语"而"的基本功能》，载《历史语言学研究》（第三辑），商务印书馆 2010 年版，第 95—113 页。

词与名词、代词、时间词等作状语共现，各项状语间的语序亦不固定，但有规律可循。关于多项状语共现的语序及解释，详见第八章。

第二节 上古汉语状语的语义类

状语的语义类型指状语表示的语法意义的类别。状语是句子谓语中心成分或谓词性结构中心成分的修饰成分，它们可以表示多种语法意义，这种语法意义是根据状语与中心语之间的关系确定的。不同语义类别状语在多项状语中的位置不同，正确认识状语和中心语之间的语义关系，有助于我们从本质上分析多项状语的语序。刘月华（1983）指出："多项状语的顺序与充任状语的词语的类别没有直接关系，而与状语所表示的语法意义及在句中的作用有关。"[①] 这里的"语法意义"就是指状语与中心语的语义关系。上古汉语状语大致可以分为以下11个语义类：

1. 表方所

表方所的状语主要有名词、方位词和"自""于"介词组，所表语义包括动作行为的起点和进行的场所、所从来或朝向的方向，如：

（1）若野赐之，是委君贶于草莽也。（左传·昭公元年）
（2）于桐处仁迁义，三年，以听伊尹之训已也，复归于亳。（孟子·万章上）
（3）七月辛亥，帝自太原至长安。（史记·孝文本纪）
（4）故北伐山戎，南伐楚，西为此会也。（左传·僖公九年）

例（1）（2）分别为名词和"于"词组作状语，表示动作行为进行的场所；例（3）"自"词组作状语表示起点；例（4）为方位词作状语，表示所朝向的方向。上古汉语介词组表动作行为发生处所多用"于"词组，而"于"词组一般位于谓语中心词之后，像例（2）那样前置作状语的很少见。"从""由"大约从战国起虚化为介词，带宾语后表达与

[①] 刘月华：《状语的分类和多项状语的顺序》，载《语法研究和探索》（一），北京大学出版社1983年版，第32—56页。

"自"词组相同的语法意义;"在"先秦时期还是动词,到《史记》才有极个别介词用例,表示动作行为发生的场所。①

2. 表范围

表范围的状语多为总括副词和限定副词,对动作行为相关项的范围进行总括或限定,例见第一节。

介词组中只有一小部分"于"词组能表范围,这种用法由"于+宾语"表方所引申而来,如:

(5) 燕于姬姓独后亡。(史记·燕世家)

3. 表时间

这一类状语主要由时间词、时间副词和部分介词组充当。时间词作状语可以表示时点、时段、时间的渐进、重复和频度等,例见第一节。

副词表时间则较为抽象,王力(1943)将时间副词的语义特征归纳为表示"时间观念"。根据所表示时间意义的不同,时间副词还可再细分,王力(1943)、陆俭明、马真(1985)、张谊生(2000)、杨荣祥(2005)等都依据语义对时间副词内部成员作过分类,各家分类也不尽一致。时间副词作状语例见第一节。

"自""由""从""于""以"引介宾语都能表示时间概念,"自""由""从"带宾语表示时间起点,"于"词组可表时间起点、进行时间和时间终点,"以"词组多表示动作行为进行的时间,详见第六章,下面对介词组作状语表时间简要举例:

(6) 自今日以后,内政无出,外政无入。(国语·吴语)
(7) 子于是日哭,则不歌。(论语·述而)
(8) 将以己丑焚公宫。(国语·晋语四)

例(6)"自今日"表示时间起点,例(7)和例(8)的介词组都表示动作行为进行的时间点。

4. 表协同、对象

这一类主要是"与""为""于"词组作状语所表达的语义,如:

---

① 先秦至西汉"从""由""在"的用法可参见张赪(2002)。

(9) 子与人歌而善。(论语·述而)
(10) 今有受人之牛羊而为之牧之者……（孟子·公孙丑下）
(11) 子于郑国，栋也。(左传·襄公三十一年)

例（9）表示协同的对象，例（10）表示受益对象，例（11）表示议论所关涉的对象。

此外，情状副词中的"共""同""偕""合"等也能表示协同义，黄河（1990）称之为协同副词。

5. 表凭借

这一类状语的成员限一部分名词和"以"词组，"凭借"是广义概念，包含动作行为使用的工具、动作行为的依据和原因等。如：

(12) 申亥负王以归，而土埋之其室。(国语·吴语)
(13) 三以天下让，民无得而称焉。(论语·泰伯)
(14) 每吴中有大繇役及丧，项梁常为主办，阴以兵法部勒宾客及子弟，以是知其能。(史记·项羽本纪)
(15) 王陵遂病免归。(史记·吕太后本纪)

例（12）的"土"表示"埋之"所用的工具，例（13）（14）表示动作行为的依据，"以"的宾语"天下"和"兵法"是抽象事物，例（15）的"病"是主语得以"免归"的原因。

6. 表程度

程度状语修饰动词或形容词谓语，表示动作行为或性状的程度，主要由程度副词充当，例见第一节。也有少数形容词作状语表示程度，如"重""厚"。

7. 表情状方式

情状方式状语的语义内容同情状副词，情状副词以及形容词、动词专表情状，部分名词也有这种用法。当有多项状语共现时，该类状语通常紧挨谓语中心词。名词作状语表情状方式的，如：

(16) 豕人立而啼。(左传·庄公八年)
(17) 余以巾栉事先君，而暴妾使余。(左传·襄公十四年)

其他词类例见第一节。

8. 表情态

表情态的状语由情态副词和疑问代词充当，例见第一节。

9. 表否定

表否定的状语对应否定副词，是对整个命题或谓语中心词的否定，例见第一节。

10. 表数量

表数量的状语和数词对应，语义单一，表示动作行为发生的次数，例见第一节。

11. 表加复

加复包括类同、累加和重复，对应加复副词，例见第一节。

部分加复副词如"数""屡""亟"等虽然也有表数的意义，但表数不明确，往往同时含有时间意义。此外，加复副词在多项状语共现时表现出与数词不同的特点——前者与中心语间可插入其他副词，而后者通常不能，故二者不能合并。

状语的形式类和语义类之间没有明确的对应关系。上古汉语不同成分充当状语时所表语义见表2-1。

表 2-1　　　　　　　　上古汉语状语的语义类

形式类	语义类										
	方所①	时间	范围	协对同象	凭借	情状	程度	情态	否定	数量	加复
副词		+	+	+		+	+	+	+		+
介词组	+	+	+	+	+						
形容词						+	+				
动词						+					
名词	+				+	+					
时间词		+									
方位词	+										
疑问代词								+			
数词										+	

---

① "方所"的概念包括具体的空间位置和抽象的空间概念。

由表 2-1 可以看出，只有数词与数量义完全对应，即数词只表示数量义，数量义也只能由数词来表达。其他形式与意义之间都不一一对应。同一类语法意义可以由多个形式类表示——动词、时间词、方位词、疑问代词作状语都只表示一种语法意义，但与它们对应的语法意义并不仅仅由它们表示，如动词表示情状意义，但多种别的形式的状语也能表示情状意义。反之亦然，同一个形式类也可以表示多种语法意义——如名词状语可以表示方所、凭借和情状；介词组作状语可以表示方所、时间、范围、协同、对象和凭借；副词表示的语义类最多。

第三节　上古汉语状语的主要特点

综上所述，我们对上古汉语状语的特点作如下总结：

上古汉语充当状语的各形式类可依在状语位置所占比重分为典型和非典型两类，副词和介词组是状位典型成员，名词、时间词、方位词、数词、形容词、动词和疑问代词是状位非典型成员。

与后世相比，名词、方位词、时间词和数词在上古汉语可以直接充当状语，中古以后，除表时点和时段的时间词作状语保存至今外，其他几类状语逐渐走向衰微，需借助标记得以凸显状语身份，数词除了需要和动量词相结合外，句法位置一般也从谓语中心词之前移至其后。

在上古汉语中，动词作状语与后世一样不自由，形容词作状语的功能虽然一直存在，但从上古汉语至今，其充当状语的能力由强变弱。此外，由于缺乏状语标记"de"，形容词、动词位于 VP 前还存在与连谓结构的辨析问题。

状态义形容词在上古汉语还处于产生阶段，韵文中使用较多，散文则相对少见。从状态义形容词的构词形式看，后世使用的 AABB 式、ABAB 式以及 A 里 AB 式还未出现，常见的只有叠音词（AA 式）、联绵词、带词缀的复音词。总的来看，上古汉语状态义形容词作状语不如后来活跃，与名词、方位词、时间词、数词、形容词的历史演变相反，状态义形容词作状语在汉语史上是逐渐繁荣的。

副词从古至今一直是状语位置上的主要成员，且只能充当状语。作为一个词类，副词的句法功能没有发生变化，只是不同时期中，副词内部各小类成员存在兴替变迁，同一副词在不同时期的用法有变化，学界对此不乏关注，如何乐士（1994）、杨荣祥（2005）、高育花（2007）等。本书研究上古汉语状语，不为副词设专章，只在后面涉及副词的相关内容中加以讨论。比如：第七章分析状语的语义指向将涉及一部分副词，上古汉语总括副词和加复副词的语义指向与后代不同，而目前对这一问题的研究还不够，这是本书关注的问题。此外，第八章描写多项状语的共现顺序，由于副词是状语位置上的典型成分，多项状语共现中多数都有副词参与，故在讨论这一问题时必须下力气描写副词在多项状语中的位置。本章交代副词的次类和语义类型，也是为第八章的内容服务。

数词作状语是上古汉语特有的，但数词能够自由进入状语位置，不像名词等形式类那样受限，后随着动量词的兴起，数词不再直接作状语，这是汉语史上简单明确的事实，本书亦不作详细讨论。以下各章节重点讨论上古汉语名词、动词、形容词、介词组作状语，以及状语的语义指向、多项状语的共现顺序等几个问题，以此来揭示上古汉语状语的特点。

第三章

名词作状语

名词作状语是上古汉语较为常见的句法现象，很多名词可以直接放在谓语动词前充当状语①。到了东汉，这一现象开始消减，这在接近当时口语的注释语言和汉译佛典中得到普遍反映。至南北朝初期，名词状语（以下称 $N_{状}$）在口语中逐渐消失，由其他结构（多为介词组）取而代之，少数 $N_{状}V$ 作为凝固格式保存下来，最终演变为词汇单位。

对于 $N_{状}$，早前语法界认为是词类活用②，是名词在句子中临时变成其他词类。随着对汉语史研究的一步步深入，越来越多的学者认识到，作状语是上古汉语名词本身固有的功能而非"活用"。然而，上古汉语名词的这一功能是现代汉语所不具备的。那么，上古汉语名词作状语究竟有哪些类型？$N_{状}$ 有哪些限制？$N_{状}$ 何时开始走向衰微？何时最终在汉语口语中失去能产性？哪些因素导致了这一变化？其背后的深层机制是什么？这些问题到目前为止还没有人作过系统的研究，本章将对这些问题进行探讨。

第一节 名词状语的分类

我们考察了《左传》《论语》《孟子》《国语》《史记》等文献，根据

---

① 本章讨论名词作状语，兼及方位词和时间词。时间词单设一节，方位词作状语所表示的语义类与名词状语中的一个语义小类重合，故不单列，并入名词状语一起讨论。

② "活用"一词最早由陈承泽提出，而这一理论观念的首创是《马氏文通》。《马氏文通》谈状字假借时说"有假借名字为状字者"，并举例证明。如《孟子·梁惠王上》"庶民子来"，马建忠说："'子来'者，如子之来也。'子'名字，先乎动字而成状字。"王力《古代汉语》、郭锡良等《古代汉语》也都将"名词作状语"放在"词类活用"专题之内，王书未说明"名词作状语"的性质，郭书指出："为了叙述方便，我们把它放在词类活用这一节里来谈（有的语法著作就把这种现象看作名词用如副词）。"

充当状语的名词与其修饰的谓语动词之间的语义关系，把上古汉语的 $N_{状}$ 分为以下四类：

A. 名词是动作行为的凭借

（1）天下溺，援之以道；嫂溺，援之以手，子欲手援天下乎？（孟子·离娄上）

（2）晋、楚不务德而兵争。（左传·宣公十一年）

（3）秦者，夷也，匿嫡之名也。其名何？嫡得之也。（公羊传·昭公五年）

（4）子曰："群居终日，言不及义，好行小慧，难矣哉！"（论语·卫灵公）

（5）兄弟谗阋，侮人百里。（国语·周语中）

这里的"凭借"是广义概念，下又可细分为几个小类：①工具，如"手援"；②依据，如"嫡得"；③方式，如"群居"；④原因，如"谗阋"。四个小类很难断然分清，如有人将"嫡得"之"嫡"理解为原因。本章讨论名词作状语，将这几个小类放在一起，统称为"动作行为的凭借"。另如"土埋""舟战""言距""国荐""惑召"等。在这几小类 $N_{状}V$ 结构中，①表示借助某种工具发出某种动作，故 N 必定是具体的，V 必定是行为动词；②③④可以是具体可感的，也可是抽象的，故其中的 N 有具体名词，如例（2）的"兵"，也有抽象名词，如例（3）的"嫡"，V 通常也是行为动词。

B. 名词是动作行为的相关处所

（6）彼出则归，彼归则出，楚必道敝。（左传·昭公三十年）

（7）散军而郊射。（礼记·乐记）

（8）水居者腥，肉玃者臊，草食者膻。（吕氏春秋·本味）

（9）郑人……卜临于大宫，且巷出车，吉。（左传·宣公十二年）

（10）使孔子为次乘，招摇市过之。（史记·孔子世家）

（11）恶其心，必内险之，害其身，必外危之。（国语·晋语一）

（12）性若湍水也，决诸东方则东流，决诸西方则西流。（孟

子·告子上)

他如"路问""径待""郊败""庙礼""北学"等。这一类 $N_{状}$ 可以由普通名词充当，多表示动作发生的所在，如例（6）（7），也有表示滞留场所的，如例（8），还有个别表示动作行为的起点或经过的场所，如例（9）（10）；也可以由方位词充当，如例（11）表示动作的所在，例（12）表示朝向的方向。

C. 名词是动作行为的比况性施事

"比况性施事"由孙良明（1990）提出，指 $N_{状}$ 与施事主语之间存在比喻关系，主语和动词之间的关系类比 $N_{状}$ 与动词的关系。如：

(13) 豕人立而啼。(左传·庄公八年)
(14) 百官修同，群臣辐凑。(淮南子·主术训)
(15) 木熙者……龙从鸟集，搏援攫肆。(淮南子·修务训)
(16) 则天下风走而响应矣，孰敢不听。(史记·淮阴侯列传)
(17) 必如公言，即奴事之耳，又何战为？(史记·宋微子世家)

以例（13）"豕人立而啼"为例，其中 $N_{状}$ V "人立"表示"像人立一样立"，"人立"句法上为主谓结构，语义上"人"是动作"立"的施事。而在本句中"人立"为状中结构，"立"是主语"豕"发出的动作，这一动作类比状语"人"的动作特征，"豕立"与"人立"之间是比喻关系，故称"人"为"比况性施事"。需要指出的是，存在比况关系的不是 $N_{状}$ "人"和主语"豕"，而是"豕立"和"人立"两个动作行为，脱离具体的行为，比况关系便不能成立。例（14）—（16）与例（13）同。此类 $N_{状}$ 多用来描摹情状，从名词所代表的对象来看，有表人的，如"人""奴"；有表动物的，如"龙""鸟"；有表自然现象的，如"风""响"；有表普通事物的，如"辐"。但它们都是具体名词，这是因为"比况性施事"相当于比喻辞格的"喻体"，充任"喻体"的对象自然不可能是抽象名词。例（17）较为特殊，$N_{状}$ 与主语不是本体和喻体的关系，整个句式表达主语以 $N_{状}$ 的身份实行谓语动词代表的动作行为，即主语像 $N_{状}$ 一样对待宾语，且谓语动词后必须出现动作施及的对象，多用"之"指代，如"奴事之"；而普通的"比况性施事"所修饰的动词多为内动词，后补不出对象，如例（13）—（16）。不过有些动词后也带宾语，如：

（18）昭王……蚕食诸侯，使秦成帝业。（史记·李斯列传）

事实上，不妨将C类$N_{状}$V结构分为两个小类，"豕人立而啼"等为第一类，表示主语像$N_{状}$一样发出某种动作行为，其中充当状语的为表具体事物的名词，所修饰的动词为行为动词；"奴事之"代表第二类，表达主语以$N_{状}$的身份发出某种动作行为，充当状语的为表示某种身份的名词，修饰的动词具有"对待"的语义特征。两小类中占据主流地位的还是第一类。

D. 名词是动作行为的比况性受事

（19）余以巾栉事先君，而暴妾使余。（左传·襄公十四年）
（20）先母之子皆奴畜之，不以为兄弟数。（史记·卫将军骠骑列传）
（21）学士皆师尊之。（史记·儒林列传）
（22）君为我呼入，吾得兄事之。（史记·项羽本纪）①
（23）天下将因秦之怒，乘赵之弊，瓜分之。（战国策·赵策三）

另如"父事之""君设之""虏使其民""兽畜之"等。D类$N_{状}$与动词之间的语义关系和C类相反，动词与宾语之间的关系类比动词与$N_{状}$之间的关系，整个句子表示一种对待义。以例（22）"吾得兄事之"为例，整个结构为"施事+动作+受事"，其中$N_{状}$V"兄事"表示"像事兄一样事（之）"，"事之"的态度类比"事兄"，故称$N_{状}$"兄"为"比况性受

---

① 此类句式的表面形式与C类最后一例"奴事之"相同，乍看很像一类，但所表达的语义关系实为不同。"奴事之"的"奴"表施事主体，"奴"与"事"是施事与动作的关系，与例（13）"人立"等相同；"兄事之"的"兄"表受事，"兄"与"事"是动作与受事的关系。"瓜分"与"人立"等的区别亦如此。我们是按$N_{状}$与动词的语义关系来对其分类的，如果按动词的语义特征分类，则"奴事之"与例（19）—（22）为一类，$N_{状}$都有"身份地位"特征，其所修饰的谓语动词都含有"对待"义，表示"对待"；"瓜分"与例（13）—（16）为一类，表示比喻。

事"。由于"V+N$_状$"和"V+O"之间具有比况关系,故这一类 N$_状$ 所修饰的动词一定是外动词。何乐士(1997)总结了此类 N$_状$V 结构中动词的特点:"这些动词基本上也可分为两类,一类用于上对下,尊对卑,以'畜''使'为代表;一类用于下对上、卑对尊,以'事''尊'为代表……动词'事'和'畜'的 N$_状$ 最多。"① 总而言之,这些动词具有共同的语义特征——对待义。需要注意的是,最后一例"瓜分之"的谓语动词"分"没有"对待"的语义特征。与 C 类相同,D 类 N$_状$V 结构也可以分为两小类:"兄事之"等为第一类,充当状语的为表某种身份的名词,修饰的动词具有"对待"的语义特征;"瓜分之"为第二类,充当状语的为表事物的具体名词,其修饰的动词为行为动词,无"对待"义。两类中占据主流地位的为第一类。

C、D 两类在先秦文献中不多见,到《史记》开始突增。据何乐士(1997),C 类《左传》只有 2 例,其中有 1 例引自《诗经》,而《史记》共约 140 例;D 类《左传》仅 1 例,《史记》中有几十例。尤其是 C 类,在《史记》中广泛使用,并有很多作为凝固形式流传下来,保存在现代汉语中,如"席卷、囊括、响应、瓦解、蜂起、云集"等。

C、D 两类虽然可以明确区分开来,但也有共同点,即语法意义都是表示动作行为的情状方式。

第二节 N$_状$V 结构所受限制

上节我们简单分析了各类 N$_状$V 结构中 N 和 V 的特点,不难看出,不论是 N$_状$还是受其修饰的动词,多为具体可感的。其中 N$_状$ 所修饰的动词多为行为动词,另外有个别心理动词,如"狐疑""心怨"等,但心理动词多只出现在表凭借(原因)和表处所(指内心)两类 N$_状$V 结构中,且后一类修饰心理动词的 N$_状$ 限于"心",说明其在 N$_状$V 结构中出现具有很大局限性。

N$_状$ 及其所修饰动词在音节上有比较大的限制:动词几乎全是单音节

---

① 何乐士:《〈左传〉〈史记〉名词作状语的比较》,《湖北大学学报》(哲学社会科学版)1997 年第 4 期。

词，N$_{状}$除A类外，B、C、D三类几乎全是单音节词（例外很少），A类有少数非单音节形式，包括偏正结构和并列结构。例如：

(1) 窈窕淑女，琴瑟友之。（诗经·周南·关雎）
(2) 重赂配德，公子尽之，无爱财。（国语·晋语二）
(3) 娶妻嫁女享祀，不酒醴聚众。（吕氏春秋·上农）

有时A类N$_{状}$和谓语动词之间还可以加入副词或情态动词，但这种用例很少见，如：

(4) 吾义固不杀人。（墨子·公输）
(5) 失期，法皆斩。（史记·陈涉世家）

以上为对上古汉语"N$_{状}$V"结构的笼统观察，下面将对A、B两类"N$_{状}$V"所受限制进行详细说明。A、B两类N$_{状}$表示动作行为的凭借和相关的处所，而介词组"以～""于～"也可以表示这两种语义，N$_{状}$和介词组作修饰语在上古汉语共现，使得介词"以""于"的"标记"身份看上去呈现出一种"不必要性"。本节试在前贤已有研究基础上进一步观察上古汉语A、B类N$_{状}$与介词组"以～""于～"作修饰语的区别，以期发现各自的使用条件，从而得出些许规律性的东西。

一　A类N$_{状}$V所受限制

对于A类"N$_{状}$V"结构来说，"N$_{状}$V"与"以NV"共存是上古汉语的语言事实①。它们之间是什么关系？对于这一现象，前人多有研究，其观点大致可分为三类：

1. "省略"说

此观点滥觞于杨树达，自从杨树达在《〈马氏文通〉刊误》中批评马建忠不懂省略以来，很多人持与之相同的观点，认为"N$_{状}$V"的存在是"以NV"中介词"以"省略的结果。用"省略"解释"N$_{状}$V"与"以

---

① 后世乃至现代汉语仍有N$_{状}$V存在，但我们认为这些N$_{状}$V已失去能产性，多为文人仿古或存古现象。

NV"的共存固然省力,但不能回答何时省略、何时不省的问题,更重要的是,"省略"说将"$N_{状}V$"和"以NV"混为一谈,掩盖了二者的本质区别,这种处理方式过于武断。

2. "隐含"说

孙良明(1995)对"省略"说提出质疑。他以汉代注释语言为依据,认为V前的工具语有着从无介到有介的发展规律,即先秦典籍的"$N_{状}V$",注释语言用"以NV"表达,原文的介词是"隐含"的,从而否定"省略"说:"原文中N、V组合不需用介词是当时的特点,不是该用而不用的'省略',更不能说先秦语言的N—V、V—N是汉代语言P—N—V、V—P—N的省略。"①"隐含"说的缺陷在于把语言事实简单化、一线化了。孙良明(1995)所得结论的前提是汉语最开始只有"$N_{状}V$",到汉代都变成"以NV",二者有时间上的先后,这种论断不大容易成立。

3. "强调"说

何乐士(2005)分析了《史记》名词作状语的特点,认为它与"以~"作状语的区别在于"名词状语的描绘作用更加明显"。$N_{状}$是语感上的"重音"所在,表达上起"强调"作用。李珊珊(2008)持相同观点。但事实上,不管是"$N_{状}V$"还是"以NV",语感上的重音都在N上,"强调"的也都是N。仅以"强调"来区分二者,仍然不切要点。

我们认为,"$N_{状}V$"既不是传统语法所说的介词省略,也不是孙良明所说的语义隐含,更不是强调。它与"以NV"/"V以N"有着所适用的语义句法结构上广狭的不同,同时,$N_{状}$和V在音节和语义特征上都有严格的要求。

(一) 句法分布的限制

首先,"以NV"有"以……为"和"'以'NVP者"这两种句式,"$N_{状}V$"不能进入,如:

(1) 天下之无道也久矣,天将以夫子为木铎。(论语·八佾)
(2) 夫以德胜者犹惧失之。(国语·晋语六)

---

① 孙良明:《关于建立古汉语教学语法体系的意见》,《中国语文》1995年第2期。

能愿式和否定式也不大用"N$_{状}$V"形式，仅见个别用例，如：

(3) 子欲手援天下乎？（孟子·离娄上）
(4) 娶妻嫁女享祀，不酒醴聚众。（吕氏春秋·上农）

除句式的限制外，"N$_{状}$V"在使用上的限制主要体现在该结构对N$_{状}$和V的要求上，根据我们的调查结果，《国语》A类"N$_{状}$V"不足20例，而"以NV"表凭借除去"以……为""'以'NVP者"等结构中的，还有近300例，二者的数量之所以相差如此悬殊，主要原因就在于能进入"N$_{状}$V"的成分十分有限。

（二）V的限制

"以NV"的谓语部分可以是复杂结构，当V前（紧靠V）有其他状语时，一般不能再受N$_{状}$修饰①，须采用"以NV"形式。试比较下面几组例句：

(5) a. 我以货私免，是我会吾私也。（国语·鲁语下）
　　 b. 货免之法也。（国语·韦昭注）
(6) a. 子高以疾闲居于蔡。（国语·楚语下）
　　 b. 王陵遂病免归。（史记·吕太后本纪）
(7) a. 以时相见，将和协典礼，以示民训则。（国语·周语中）
　　 b. 秋水时至，百川灌河。（庄子·秋水）
(8) a. 若汤之治淮南、江都，以深文痛诋诸侯，别疏骨肉，使蕃臣不自安。（史记·酷吏列传）
　　 b. 若是而不从，动而不悛，则文咏物以行之，求贤良以翼之。（国语·楚语上）

以例（5）为例，"货"单独作状语的同时需拿掉紧靠动词"免"的状语"私"，否则便不能成句。余下几例同。

"N$_{状}$V"中的V在音节上只限于单音节动词，5种语料中A类"N$_{状}$

---

① 不过也有个别例外，如上举"吾义固不杀人"和"失期，法皆斩"。N$_{状}$和谓语动词结合的紧密度将在第八章讨论多项状语共现时详述。

V"约100个（重复出现的按1个计），所有V都是单音节动词，而"以NV"中的V则无此限制，如：

(9) 谓其能以嘉祉殷富生物也。（国语·周语下）

上例"以～"修饰的谓语中心是两个并列的单音节谓词"殷"和"富"。

"N$_状$V"中的V在语义特征上只限于自主、可控动词。马庆株（1988）将动词分为自主动词和非自主动词，非自主动词又分属性动词和变性动词，自主动词具有［+自主］［动作］的语义特征，指向动作的施事主体，非自主动词的语义特征为［-自主］［变化］/［属性］。通过对上古文献 A 类 N$_状$V 结构的调查，我们发现，"N$_状$V"中的V都具有自主、可控语义特征。本章第一节将 A 类 N$_状$ 分为四个小类，四个小类的V都直接指向施事，由施事发出并控制，为"自主动词"。如：

(10) 王后徐来亦坐蛊杀前王后乘舒，及太子爽坐王告不孝，皆弃市。（史记·淮南衡山列传）
(11) 故善者因之，其次利道之，其次教诲之，其次整齐之，最下者与之争。（史记·货殖列传）
(12) 故群居杂处，分不均，求不赡，则争。（淮南子·兵略训）
(13) 兄弟谗阋，侮人百里。（国语·周语中）

例（10）表示工具，指施事"王后"用"蛊"这一工具实现"杀"的行为；例（11）表依据，指依照"利"进行引导；例（12）表方式，指主语按照"群体"的方式居住；例（13）表原因，"阋"的语义指向施事"兄弟"，指"兄弟"由于"谗"的原因产生"阋"的行为，"阋"同时也是"谗"导致的结果。

"以 NV"的V则可以是非自主动词，如：

(14) 夫子以爱我闻，我以将杀子闻，不亦远于礼乎？（左传·文公十五年）

(15) 文王以文昭，武王以武烈。（国语·鲁语上）

这两例谓语不能改用 N$_{状}$ 修饰，因为 V 不是自主、可控动词。

(三) N 的限制

N$_{状}$V 中的 N 也受限。很多能进入"以"字结构充当"以"的宾语的成分都不能直接用作状语修饰谓语动词。

1. 代词

"以"字结构中"以"的宾语可以由代词充当，如：

(16) 吾以此观之。（国语·晋语一）

(17) 庶人在官者，其禄以是为差。（孟子·万章下）

2. 与动词宾语相同的"以"的宾语

"以"字中"以"的宾语可以与动词宾语相同，如：

(18) 子曰："何以报德？以直报怨，以德报德。"（论语·宪问）

(19) 以万乘之国伐万乘之国，箪食壶浆，以迎王师。岂有他哉？避水火也。（孟子·梁惠王下）

(20) 以他平他谓之和。（国语·郑语）

其中，例（20）"以"的宾语既是代词，又与动词"平"的宾语相同，同时属于 1 和 2 两种情况。以上各例中"以"的宾语都不能作为"N$_{状}$V"中的 N。

3. 复杂 NP

这里的"复杂"指大于两个音节的结构，如：

(21) 司马以吾故，亡其良子。（左传·昭公二十一年）

(22) 齐景公待孔子，曰："若季氏则吾不能，以季、孟之间待之。"（论语·微子）

(23) 是以带甲万人事君也。（国语·越语上）

(24) 以僇辱之为故，不以诸侯人君礼遇刘氏骨肉……（史记·

吴王濞列传）

一般来讲，N$_{状}$多数为单音节，也有少数由双音节偏正结构或并列结构充当，如前所举"琴瑟友之""重赂配德""酒醴聚众"，又如：

(25) 厥姬乃恶王后徐来于太子曰："徐来使婢蛊道杀太子母。"（史记·淮南衡山列传）

但没有大于两个音节的。就整个上古汉语的情况看，单音节名词充当状语占绝对优势。

4. 指称化的谓词性成分

(26) 人不难以死免其君，我戮之，不祥。（左传·成公二年）
(27) 以大事小者，乐天者也；以小事大者，畏天者也。（孟子·梁惠王下）
(28) 宋、卫既入郑，而以伐戴召蔡人，蔡人怒，故不和而败。（左传·隐公十年）
(29) 楚子以蔡侯灭息，遂伐蔡。（左传·庄公十四年）
(30) 吾主以不贿闻于诸侯。（国语·晋语九）

以上几例"以"的宾语分别为动词、形容词、述宾、主谓和状述结构，这些谓词性成分充当动词的工具语，一定要在前面加上"以"作为标记，同时发生指称化，其功能相当于名词性成分。一旦拿掉介词标记，便无法实现指称化，从而丧失工具语的身份，不符合"N$_{状}$V"的语义结构。试看例（31）：

(31) 夫齐、楚道远而望大，不可以困往。道远难通，望大难走，困往多悔。（国语·晋语二）

"困"本为形容词，义为"困厄"，在介词"以"后发生指称化，"以困"指"凭借这种困厄的形势"。下文出现"困往"，应该是受前面两个并列的四字格式的影响，以求形成音节的整齐，"困"应该看作形容词作状语。

5. 专有名词

专有名词不能直接充当状语构成"N$_{状}$V",而在"以NV"中,"以"的宾语可以是专有名词,如:

(32) 齐侯以许让公。(左传·隐公十一年)
(33) 佛肸以中牟畔,子之往也,如之何!(论语·阳货)
(34) 且以辰出,而以参入,皆晋祥也。(国语·晋语四)

6. 指人NP

指人名词不能直接作状语构成"N$_{状}$V",因为这类名词具有很强的施动性,一旦进入谓语动词前的位置而不带任何标记,很难被视为工具格。"以NV"的N则可以是指人NP,如:

(35) 以臣召君,不可以训。(左传·僖公二十八年)
(36) 管仲以其君霸,晏子以其君显。(孟子·公孙丑上)
(37) 若晋以男戎胜戎,而戎必以女戎胜晋。(国语·晋语一)

通过对上古文献的观察,我们发现能够进入A类"N$_{状}$V"的一般只限于无生命的普通名词,如:

(38) 晋、楚不务德而兵争。(左传·宣公十一年)
(39) 天下溺,援之以道;嫂溺,援之以手,子欲手援天下乎?(孟子·离娄上)
(40) 明日将舟战于江。(国语·吴语)

另如"火焚""金奏"等。有生命名词及专有名词若要修饰谓语动词,则需带上介词标记,如前述各类"以"字结构。N$_{状}$的这一语义特征,是与其工具论元的身份密切相关的。

从以上分析不难看出,充当N$_{状}$的成分除要受词性、音节的限制外,还跟生命度有很大关系。生命度是研究人类语言中名词性成分的重要参数,影响着名词的句法语义功能。生命度是有等级的,Comrie Bernard

(1989) 建立了一个生命度等级序列,由高到低的排序是:

〔HUMAN〕(人类) < 〔ANIMAL〕(动物) < 〔INANMATE〕(无生命物)①。

Hopper & Tompson (1980) 还按名词性成分的小类建立了名词的施动力等级,生命度越高,该小类名词的施动力便越强,从而充当施事的可能就越大。受生命度影响的施动力等级序列如下:

第一人称 < 第二人称 < 第三人称 < 专有名词 < 人类名词 < 动物名词 < 无生物名词②。

可见,代词和名词的格位功能受生命度的制约,生命度越高,就越可能占据施事格、与格等核心格位,反之,就倾向于充当工具格、处所格等边缘格。这一点,Comrie Bernard (1989) 也曾指出。这样就不难理解为什么代词、专有名词和指人名词都不能进入 A 类"$N_{状}V$"结构。

需要指出的是,上古汉语介词"以"带宾语修饰谓语动词表凭借,其词序可前可后。③ 不同于"以"字结构,当名词无须介词引介直接修饰动词时,只能进入 V 前的位置。如:

(41) 亡人而国荐之,非敌而君设之。(国语·晋语四)

如果有介词"以",按照邻近原则,该句的词序应为"亡人而荐之以国",而名词修饰谓语动词充当工具语只遵循时间顺序原则。④

二 B 类 $N_{状}V$ 所受限制

(一) 句法分布的限制

B 类 $N_{状}$ 只能进入 V 前的位置,如:

---

① 〔美〕Comrie Bernard:《语言共性和语言类型》,沈家煊译,华夏出版社 1989 年版,第 231 页。

② Hopper Paul J. & Sandra A. Thompson, *Transitity in Grammar and Discourse*,转引自王珏《汉语生命范畴初论》,华东师范大学出版社 2004 年版,第 20 页。

③ 我们说"以"词组修饰谓语中心位置可前可后,是就整体分布格局而言,具体到某个语境,"以"词组的位置是有规律可循的。

④ "邻近原则"和"时间顺序原则"详见第六章第二节。

(1) 上古散军而郊射。(礼记·乐记)
(2) 四方之士来者必庙礼之。(国语·越语上)

而"于~"修饰谓语动词表处所都位于V后,只有极个别位于动词前。故B类"N状V"与表处所的"于~"在句法分布上分居谓语动词前后,形成整齐的互补格式。试比较:

(3) 秦时焚书,伏生壁藏之。(史记·儒林列传)
(4) 为文王卿士,勋在王室,藏于盟府。(左传·僖公五年)

(二) 语法意义的差异

洪波(1998)根据处所成分与谓语中心的关系将表方所的"于~"分为六小类,包括"起点、经由、活动场所、存在处所、方向目标和终点"。"于~"多位于动词后作补语,作状语的很少。依次举例如下:

(5) 穆姜出于房。(左传·成公九年)
(6) 师出于陈郑之间,国必甚病。(左传·僖公四年)
(7) 季孙于鲁相二君矣。(左传·成公二年)
(8) 皆衿甲面缚,坐于中军之鼓下。(左传·襄公十八年)
(9) 公奔于卫。(史记·鲁周公世家)
(10) 遂置姜氏于城颍。(左传·隐公元年)[①]

这六种语法意义中,B类N状通常只具备"活动场所"和"存在处所"两种,如:

(11) 彼出则归,彼归则出,楚必道敝。(左传·昭公三十年)
(12) 水居者腥,肉玃者臊,草食者膻。(吕氏春秋·本味)

例(11)表示动作行为发生的处所,例(12)表示行为主体存留的

[①] 洪波:《汉语处所成分的语序演变及其机制》,载《纪念马汉麟先生学术论文集》,南开大学出版社1998年版,第171—207页。

第三章 名词作状语 53

场所。也有个别表"起点"和"经由"的,但很少见,未见"方向目标"和"终点"两类。表"起点"和"经由"的如:

(13) 郑人……卜临于大宫,且巷出车,吉。(左传·宣公十二年)

(14) 使孔子为次乘,招摇市过之。(史记·孔子世家)

(三) V 的限制

"于~"之所以能表示多种语义关系的处所,是由于所修饰的 V 多是位移动词,句子表示的事件同时具有时间性和空间性。这一类动词通常不能出现在 B 类 $N_{状}V$ 中,故 B 类 $N_{状}$ 表示动作行为发生和存留的处所时,所修饰的 V 应具有 [-位移] 的语义特征,同时还应具有 [+行为] 特征。另如存在动词"有"也可以受"于~"修饰:

(15) 有美玉于斯。(论语·子罕)

但不能受 B 类 $N_{状}$ 修饰。

音节上,B 类"$N_{状}V$"的 V 都是单音节的,"于~"修饰的 V 则无此限制,如:

(16) 纣沉湎于酒。(史记·宋微子世家)

例(16)"于酒"修饰的是"沉湎",是非单音节的。

(四) N 的限制

首先从音节上看,B 类"$N_{状}V$"的 N 都是单音节的,而"于"的宾语不受此限制,如例(4),又如:

(17) 虽袒裼裸裎于我侧,尔焉能浼我哉。(孟子·公孙丑上)

(18) 逍遥于天地之间。(庄子·逍遥游)

下面一组例句更能体现两种句法结构的差异:

(19) a. 舜勤民事而野死。（国语·鲁语上）
　　 b. 舜南巡崩于苍梧之野，葬于江南九嶷。（史记·五帝本纪）

其次，"于"的宾语有时并不是名词，而是代词，如例（15），而充当 B 类 $N_{状}$ 的只能是名词。

专有名词（地名）同样不能进入 B 类"$N_{状}V$"。试比较：

(20) a. 舜勤民事而野死。（国语·鲁语上）
　　 b. 襄老死于邲，二子争之，未有成。（国语·楚语上）

综上所述，尽管上古汉语谓语动词的工具格和处所格具有多种外化形式，通过分析比较仍可看出，A、B 两类"$N_{状}V$"与介词组"以~""于~"的区别并非简单的介词的有无。"$N_{状}V$"结构不仅适用的语义和句法环境很有限，而且能进入该结构的成分在音节、词性、语义特征上也有较为严格的要求。一般来说，充当 A 类"$N_{状}$"的成分必须具备"低生命度"+"名词"的条件，且多为单音节，处于谓语核心的 V 则一般要求是单音节自主动词。B 类"$N_{状}V$"所表示的语义比"于~"少，多只能表示动作行为发生的场所和行为主体存留的场所，能进入 B 类"$N_{状}V$"的 N 和 V 都必须是单音节的，同时，N 必须是能够表示处所的非专有名词，V 一般应具备 [−位移] 和 [+行为] 的语义特征。

第三节　名词作状语的历时考察

据现有研究结果显示，$N_{状}$ 在先秦较为常见，到《史记》更多。[①] 至于上古以后的名词作状语现象，现能见到的只有何乐士（2000），她在对比了《史记》和《世说新语》的 $N_{状}$ 后认为，《世说新语》中 $N_{状}$ 仍大量

[①] 现见到对《史记》名词作状语的统计成果有两个：何乐士（1997）统计《史记》共 641 例名词作状语，不重复的 N 有 152 个；而李珊珊（2008）的统计结果是《史记》共出现不重复的名词状语 138 个。

使用，总数超过《史记》。然而，据我们对上古汉语以后各类语料的考察，$N_{状}$从东汉就开始减少，逐渐被其他结构所替代。本节通过对中古汉语中土文献、注释语言材料和汉译佛典三种语料的考察和辨析，推断$N_{状}$V在这一时期的口语中逐渐失去能产性，走向衰微。

一 名词作状语的衰微

（一）东汉时期的$N_{状}$V

1. 中土文献

这一时期中土文献中继续较多地出现$N_{状}$V，但情况较为复杂。以《论衡》为例，在《论衡》的四类$N_{状}$V中，C、D两类仅14例（含重复出现者），分别为云起$_1$、箕坐$_2$、牛饮$_1$、虎食$_1$、仙去$_1$、土崩$_2$、瓦解$_1$、鼠窃$_1$、奴畜$_1$、父事$_1$、母事$_2$，而据何乐士（1997）的统计，《史记》中C、D两类$N_{状}$V结构多达194例，仅从这一悬殊的数据对比中便可看出C、D两类$N_{状}$的衰微势头。进一步观察发现，《论衡》中这15例$N_{状}$V几乎全部见于上古文献。这足以说明C、D类$N_{状}$在东汉时可能已经失去能产性。

此外，我们还发现《论衡》中同时有用"如（若）+N+V"或"V+如（若）+N"格式表示比况关系的用例，如：

（1）宽尝甚病，韩生养视如仆状，恩深逾于骨肉。（论衡·骨相）

（2）其喻若蚁行于硙上。（论衡·说日）

例（1）指韩生像仆人一样照料倪宽，例（2）指（太阳和月亮由东向西旋转，）像蚂蚁在磨盘上行走。文中没有使用像"仆事""蚁行"这样的$N_{状}$V结构，而是用了"如（若）+N+V"或"V+如（若）+N"的结构进行代替，这同样证明了名词作状语在当时的消减。

《论衡》中的A、B两类$N_{状}$V有相当一部分是沿袭上古而来，如：

（3）a. 车裂诛死，贼贤欺交，幽死见擒，何以致之？（论衡·祸虚）

b. 子南得罪，观起车裂。（左传·襄公二十二年）

(4) a. 樊、郦有攻城野战之功。(论衡·效力)
　　b. 我为赵将，有攻城野战之大功。(史记·廉颇蔺相如列传)
(5) a. 苏武入匈奴，终不左衽。(论衡·遣告)
　　b. 微管仲，吾其被发左衽矣。(论语·宪问)

此外，上古一部分 A、B 类 N$_{状}$V，《论衡》采用了替代形式，如：

(6) a. 四人为寿已毕，趋去。上目送之。(史记·留侯世家)
　　b. 以目视头，头不得不动。(论衡·物势)
(7) a. 四境之邻于邹者，士民乡方而道哭，抱手而忧行。(新书·春秋)
　　b. 武王有白鱼、赤乌之佑，高祖有断大蛇、老妪哭于道之瑞。(论衡·语增)

同时，《论衡》中还有诸多 A、B 两类 N$_{状}$V 和"Pre+N+V""V+Pre+N"共存的用例，试比较：

(8) a. 便如火烁铜器乎？(论衡·无形)
　　b. 案陶冶者之用火烁铜燔器。(论衡·物势)
(9) a. 今男女之早夭，非水沃火之比，适自灭覆之类也。(论衡·偶会)
　　b. 使火燃，以水沃之，可谓水贼火。(论衡·偶会)
(10) a. 季子使于上国，道过徐。(论衡·书虚)
　　 b. 时或遭狂人于途。(论衡·感虚)
(11) a. 舜得下廪，不被火灾；穿井旁出，不触土害。(论衡·吉验)
　　 b. 使在地之火附一把炬，人从旁射之，虽中，安能灭之？(论衡·感虚)

总的看来，N$_{状}$在《论衡》中没有像《史记》那样保持极强的能产性，而是已经显露出衰微的端倪。

2. 注释语言

通过对东汉注释语言材料的考察可以看出，名词作状语的衰微从东汉时期确已开始，这一变化首先从大量接近当时口语的注释语言中体现出来。① 上文谈到的四类 $N_{状}$ 在注释材料中都不同程度被其他结构取代。

A. 用"以（用）+N"替代 A 类 $N_{状}$

（12）天下溺，援之以道；嫂溺，援之以手，子欲手援天下乎？[赵注：子欲使我以手援天下乎？]（孟子·离娄上）

（13）效马效羊者右牵之。[郑注：用右手便。]（礼记·曲礼上）

（14）秦者，夷也，匿嫡之名也。其名何？嫡得之也。[何注：独鳌、稻以嫡得立之。]（公羊传·昭公五年）

A 类 $N_{状}$ 在上古汉语中见频最高，故被替代的情况也最普遍。

B. 用"于（自、从）+N"替代 B 类 $N_{状}$②

（15）孟子去齐，充虞路问曰……[赵注：路，道也；于路中问也。]（孟子·公孙丑下）

（16）"冬，楚人伐宋，围缗。"邑不言围，此其言"围"何？刺道用师也。[何注：楚自道用之。]（公羊传·僖公二十六年）

根据 B 类 $N_{状}$ 所代表动作行为相关处所小类的不同，注释语言用不同的介词附于其前，表所在的多加"于"，表所从的加"自"或"从"。调查发现，B 类普通名词作状语不如 A 类多，被替代的比例与 A 类大致相同，方位词作状语则很少见替代形式。

C. 用"如（若）+N"替代 C 类 $N_{状}$

（17）经始勿亟，庶民子来。[赵注：众民自来赴，若子来为父

---

① 对东汉注释语言的研究可参见孙良明（1994）、孙良明（2005）及其系列论文。本节所举部分例句来自孙良明相关著述，不一一注明。

② B 类的替代形式除本节所述外，还有"N+方位词+V"。但由于方位词处所标记广泛使用是在魏晋南北朝，故此处不作讨论。

使之也。］（孟子·梁惠王上）

（18）木熙者……龙从鸟集，搏援攫肆。［高注：言其舞体如龙附云，如鸟集山。］（淮南子·修务训）

D. 用"若（如）（+S）+V+N"替代 D 类 N$_{状}$

（19）今而后知君之犬马畜伋。［赵注：责君之不忧以不烦，而但数与之食物，若养犬马。］（孟子·万章下）

（20）食而弗爱，豕交之也。爱而不敬，兽畜之也。［赵注：人之交接，但食之而不爱，若养豕也；爱而不敬，若人畜禽兽。］（孟子·尽心上）

D 类 N$_{状}$的替代形式与前三类不一样，原结构中的 N$_{状}$在新结构中成了 V 的宾语。这是由于 D 类 N$_{状}$实为谓语动词的受事，注释语言将二者的语义关系用当时的常态句法结构表现出来。

上文提到，除《史记》外，C、D 两类 N$_{状}$在上古汉语的见频较低，而《史记》"三家注"又晚出，其他文献在东汉也不是都有注书，故东汉注释书对这两类的注释也很少。

从形式上看，N$_{状}$从上古到中古经历了"无标"到"有标"的过程，而形式上的"被赋予标记"对深层语义结构也产生影响，主要表现为 N$_{状}$与 V 之间的语义关系形式化。

上古汉语的 NV 组合主要有主谓和偏正两种结构，它们承载着多种语义关系，N 可以是动作行为的施事、受事、与事、工具等（参见王克仲，1988）。具体到一个 NV 组合属于何种句法结构，N 与 V 之间是什么语义关系，要依靠固定的语境才能得以体现。有时即便是在固定语境中，也会引发歧义，如：

（21）申生乃雉经于新城之庙。（国语·晋语二）

"雉经"为状中结构，"雉"为 N$_{状}$。对于"雉"与"经"的语义关系，古人即有不同见解。徐元诰《国语集解》引《释名·释丧制》"屈颈闭气曰雉经，如雉之为也"之说，认为"缢时曲颈闭气，如雉之死，故曰䋪经"。依徐说，"䋪经"即"像䋪鸟一样缢死"，"䋪"为 C 类 $N_{状}$。而《礼记·檀弓》孔疏云："䋪，牛鼻绳也。谓申生以牛绳自缢。"依孔说，则"䋪经"义为"用牛鼻绳自缢"，"䋪"为 A 类 $N_{状}$。之所以产生这样的歧义，就是由于 NV 结构的语义关系是隐含在其中的。

东汉注释材料对 $N_{状}$ 采用替代形式的做法实际上是注释家们一种非自觉性的"变换分析"，这种变换分析尽量用表层的句法结构映现深层的语义结构。就名词作状语现象来说，是将 $N_{状}$ 与 V 之间的隐性语义关系形式化，为其披上语法标记的外衣，这种由"隐"至"显"的变化是应交际需要而生的。用一种组合表达不同的句法结构，承载不同的语义关系，这虽符合语言经济原则，却给信息的传递增加了负担，不符合语言的精确原则。这就要求汉语在句法上作出调整，用形式标记对 NV 的语义结构加以区分。名词作状语的衰微使得 NV 组合中 N 与 V 的部分语义关系得以显现，从而减轻了 NV 结构的语义负担，使接收信息的过程变得清晰、简单。

虽然东汉注书对上古 $N_{状}$V 的变换分析具有普遍性和系统性，但并不能就此断定 $N_{状}$V 在东汉已失去能产性。事实上，注释语言中的 $N_{状}$V 并未"一刀切"地被转换成相应的替代形式，有很多 $N_{状}$V 结构注释家未加注释。我们对《孟子》的 $N_{状}$V 结构及其注释语言进行穷尽性调查后发现：《孟子》四类 $N_{状}$V 结构共 21 例（重复出现的 $N_{状}$V 按 1 次计，下《国语》统计同），A 类 7 例，B 类 10 例，C 类 1 例，D 类 3 例，包括不重复的名词 19 个。赵岐注释中，C、D 两类全部采用替代形式，而 A 类有 3 例、B 类 9 例未加注释。①

3. 汉译佛典

除注释语言外，汉译佛典也具有较强的口语性。通过考察《道行般若经》前两卷和《修行本起经》发现，东汉佛典的情况与注释语言大致相同，既有 $N_{状}$V 结构，又有替代结构。

（22）有蛇饥行索食，道逢虫。（道行般若经·卷二）

---

① B 类 $N_{状}$ 未改用替代形式的多为方位词作状语，下文《国语》同。事实上，方位词作状语在东汉各类文献中都仍广泛出现，直至南北朝才逐渐被其他形式取代，这与普通名词作状语表处所的情况不同。

（23）见一人水洒更生者。（修行本起经·出家品第一）

以上为 $N_{状}V$ 结构的例子。

（24）菩萨行般若波罗蜜，色不当于中住……（道行般若经·卷二）

（25）以水洒上。更生如故。（修行本起经·出家品第一）

以上为"被赋予标记"后的例子。

东汉去上古未远，上古汉语的某种语法机制即使在这一时期走向衰落，也只是体现出一个下降的趋势，不可能一下子完成替代过程。东汉各种语料反映出来的复杂面貌使我们无法判定其为 $N_{状}$ 衰微过程的终点。

（二）魏晋南北朝时期的 $N_{状}V$

1. 中土文献

这一时期的中土文献以《世说新语》为例。何乐士（2000）认为，《世说新语》中名词作状语现象持续不衰，这一结论有待商榷。

首先，要排除一些误收的情况，如：

（26）荀勖善解音声，时论谓之"暗解"……阮咸妙赏，时谓"神解"。（世说新语·术解）

（27）何平叔注《老子》始成，诣王辅嗣，见王注精奇，乃神伏。（世说新语·文学）

（28）陈元方遭父丧，哭泣哀恸，躯体骨立。（世说新语·规箴）

（29）王长豫为人谨顺，事亲尽色养之孝。（世说新语·德行）

（30）仲智狼狈来。（世说新语·方正）①

例（26）"神解"义为"融会贯通的领会"，例（27）"神伏"义为"精神伏拜在地"，例（28）"骨立"义为"身形极为消瘦，只剩下一把骨头"，例（29）"色养"义为"和颜悦色奉养父母"，它们能不能看作

---

① 何乐士：《〈世说新语〉的语言特色——〈世说新语〉与〈史记〉名词作状语比较》，《湖北大学学报》（哲学社会科学版）2000 年第 6 期。

$N_{状}V$结构，甚至于能不能看作句法结构，似乎还有待商榷。而例（30）"狼狈来"义为"急速赶来"，其中充当状语的"狼狈"不应视为名词。

其次，还要考虑名词作状语的例子的来源。我们考察后发现，何文统计的名词作状语的例句中，除错收外，余下的$N_{状}V$有不少是沿袭上古汉语而来。

再次，除了$N_{状}V$，《世说新语》中同时也有大量替代结构，尤其是C类。据何乐士（2000）调查，《史记》中C类$N_{状}V$与其替代结构的比例是3:1，而《世说新语》的比例是1:3。C类$N_{状}V$结构对句式有特别的要求，"大多出现在四字格式的谓语或字数要求整齐对称的对偶句中"①，如：

（31）君兄弟龙跃云津，颜彦先凤鸣朝阳。（世说新语·赏誉）

总之，除去与上古汉语相同的和似是而非的用例，《世说新语》中新出$N_{状}V$的数量已远不如《史记》，但由于该书多记文人雅事，语言存古成分较多，所以$N_{状}V$用例并不少见，然而不能据此认为名词作状语现象在南北朝时期仍然具有生命力。

2. 注释语言

这一时期注释语言的情况和东汉相仿，对原文的$N_{状}V$结构或注或不注，同时注释语言中也有$N_{状}V$。以《国语》韦注为例，《国语》$N_{状}V$共61例，包括不重复的名词38个。韦注中，A类有8例采用替代形式，12例未注；B类有7例采用替代形式，29例未注；C类1例，未注；D类共4例，仅有1例采用替代形式表达，余未注。甚至有时注释语言本身也存在$N_{状}V$结构，如《鲁语上》："既其葬也，焚，烟彻于上。"韦注："已葬而火焚其棺椁也。"这也许是因为名词作状语的机制尚存，也许是由于文人语言的仿古。

3. 汉译佛典

这一时期的汉译佛典，我们选取《贤愚经》为考察对象。$N_{状}V$在

---

① 何乐士：《〈世说新语〉的语言特色——〈世说新语〉与〈史记〉名词作状语比较》，《湖北大学学报》（哲学社会科学版）2000年第6期。

《贤愚经》中的使用情况与上面两种语料大不相同：四类 $N_{状}$ 中，D 类已全部被后起结构所取代，C 类也几乎不见踪迹，只限于"云""雨"二词，分别为："云集"六见、"云布""云趋""雨集"各一见。① 另有"雷吼"两见，但同时出现的还有"如象鸣吼"。其余皆为后起结构。A、B 两类虽然仍有 $N_{状}$V 结构，但绝大多数都有相应的替代结构与之共现。纵观全书，这两类后一结构的使用远远超过前一结构，试比较下面几组句子：

(32) a. 云何直尔便欲得闻，理不可也。（卷一）
　　 b. 汝今云何直尔欲闻，于理不可。（卷一）
(33) a. 于时太子香汤洗浴。（卷九）
　　 b. 即以香汤洗浴其身。（卷九）
(34) a. 道逢一人。（卷三）
　　 b. 于其道中逢五百作人。（卷六）
(35) a. 东踊西没，西踊东没，南踊北没，北踊南没。（卷二）
　　 b. 有金轮宝从东方来。（卷九）

例（32）—（34）为普通名词作状语与其替代形式共存，例（35）为方位词作状语与其替代形式共存。又如"冷水洒面"与"以水洒面"，"草索系脚"与"以索系树"，"足行"与"以足行"等。《贤愚经》如此高频率的旧有形式与替代形式的共现证明了后起替代形式的发展势头，之所以会有二者的共现，是因为受汉译佛典特殊的四字格影响，译者会有意识地选择让 $N_{状}$V 结构或替代结构进入句子，比较上述各组例句便能发现。我们有理由认为，名词作状语至此已经在口语中失去能产性，替代形式的使用已经很成熟，少数 $N_{状}$V 结构会由于频繁使用而凝固成词，从而得以在书面语中保存至今。

二　$N_{状}$衰微的原因

（一）语义因素

从上古到中古，名词作状语经历了由盛到衰的过程，发生这一变化的

---

① "云集"一词《史记》中已见，但结合不甚紧密，另有"云布""云合""云会"等，后仅有"云集"作为凝固形式保存至今，有可能《贤愚经》中该词已经词汇化。

根本原因是句法结构中的名词论元通常需要赋格。Fillmore（1968）指出："句子在基础结构中包含一个动词和一个或几个名词短语，每一个名词短语以一定的格的关系和动词发生联系。"① 一般而言，除直接论元外，结构中的其他名词短语要通过标记凸显自己的身份。通常，谓语动词前的名词短语容易被优先处理为动词的直接论元，即施事或受事，而上古汉语的$N_{状}$正是处于这一位置，这样很容易被理解为施受两格，引起理解上的歧义。东汉以后通过加介词的方式使$N_{状}$与动词的语义关系得以彰显，可以有效抑制歧解。除$N_{状}$外，同时被赋予介词标记的还有动词后的非受事名词论元，如此一来，上古汉语 NV 和 VN 结构所承载的深层语义关系大大简化，符合语言的精确原则。

另外，上古汉语已有"PPV"结构，$N_{状}$被赋以格标后在形式上与之统一，且其中 A 类$N_{状}$加介词"以"就是延续上古汉语"以~"作状语而来。从$N_{状}$V 到替代形式的转变没有创造新的句法手段，符合语言经济性原则。

（二）句法、词汇因素

除了深层的"内因"，$N_{状}$的衰落还受到多种句法和词汇因素的推动。我们认为，至少以下几项语法演变对$N_{状}$的衰微产生了影响。

1. 介词组位置的前移

多项研究成果表明，从东汉开始，汉语介词组的位置发生了巨大变化，大量前移至谓语动词前。试比较下面几组例句：

（1）天下溺，援之以道；嫂溺，援之以手，子欲手援天下乎？（孟子·离娄上）

（2）a. 是故败吴于囿，又败之于没，又郊败之。（国语·越语）
b. 桓公亲逆之于郊。（国语·齐语）

（3）a. 俱宗室外家，故廷辩之。（史记·魏其武安侯列传）
b. 而王亲拜之于庙而礼之于廷。（史记·苏秦列传）

以上三组例句反映出了上古汉语$N_{状}$和介词组在句法位置上的分布。单独的名词修饰谓语动词位于其前；介词组修饰谓语动词，"于~"表方

---

① ［美］C. J. Fillmore：《"格"辨》，胡明扬译，商务印书馆 2005 年版，第 28 页。

所在动词后,"以~"表凭借则前后皆有。到了东汉,大量介词组开始前移,使"PP+V"成为一种流行模式。在这种模式的流行趋势下,N$_{状}$的发展受到了极大的冲击和压制。以例(1)为例,赵注为:"孟子曰当以道援天下,而道不得行;子欲使我以手援天下乎?"原文前一分句中,"以道"修饰谓语动词"援",表示"援"凭借的工具,位于"援"之后,注文中则移至"援"前。相应地,后一分句中原本独立作状语的"手"也被加上了介词"以",与前移后的"以道"形成相同的格式。据此,我们有理由推测,是介词组前移后形成的"PP+V"格式吸引与其语义结构相同的异形格式"NV"加上一个介词,使其在形式上也与之相同。

2. 介词系统的发展

汉语发展到中古,出现了一大批新兴介词,它们的产生给名词作状语带来了一定的影响。

首先,看"从""在""向"。这是三个引进处所的介词,"从"主要用于引进动作的起点,"在"主要用于引进动作的所在,"向"主要用于引进动作的方向。① 这些新兴介词广泛使用后,一方面在一定程度上替代上古的处所介词"自"和"于",打破了它们在引进处所的功能上"一统天下"的局面,使表处所的各个小类与不同的介词一一对应;另一方面,它们所构成的介词组依时间顺序原则多位于中心动词之前,顺应"PP+V"格式的大潮流。这样,原来独立充当状语表处所的 B 类 N$_{状}$也添加上这几个介词,变成介词组充当状语,如:

(4) 有金轮宝从东方来。(贤愚经·卷九)
(5) 敕诸盲人展转相牵,自在前导。(贤愚经·卷六)
(6) 后公车来,峤便登,正向前坐。(世说新语·方正)

其次,看"用"。"用"是引进工具的介词,"用"产生后,一方面在口语中取代"以"的位置,另一方面吸引 A 类 N$_{状}$与之构成介词组,使名词不能独立充当状语,如:

(7) 效马效羊者右牵之。[郑注:用右手便。](礼记·曲礼上)

---

① "向"还可以引进对象,"在"还可引进动作完成后参与者所处的位置。

新兴介词是适应新的介宾结构的位置产生的,而新兴介词又在数量上扩充了"PP+V"的使用,这也在一定程度上压制了$N_{状}$的发展。

3. 结构的扩张

上文提到,$N_{状}$V 结构中的 N 和 V 都以单音节为主。随着词汇的双音化进程,汉语构词模式发生变化,词以单音节为主的局面被瓦解。当$N_{状}$和其后动词有一个或都成了双音节时,它们之间的结合就不像从前那样紧密,从而逐渐需要借助形式上的标记显示二者的语义关系。下举《贤愚经》几例:

(8) 当以铁钩斫裂汝脑。(卷四)
(9) 魔于道边化作一人。(卷二)
(10) 尸利苾提随和上后,如鸟子从母。(卷四)(比较:庶民子来。)
(11) 云何特愁,啼如小儿。(卷十一)(比较:老人儿啼。)

有时,$N_{状}$和谓语动词是更复杂的结构,如此一来,它们的语义关系就更依赖形式上的标记来彰显。试比较:

(12) a. 臣请剑斩之。(汉书·霍光传)
　　　b. 当以智慧利剑断除汝等结使之病。(贤愚经·卷一)

结构上的扩张使一部分$N_{状}$V 结构消失,也在一定程度上导致了$N_{状}$的衰微。

总言之,名词作状语上古较为常见,中古逐渐减少,名词前加介词(含"如""若")从中古开始多见,逐渐代替了上古名词作状语的形式。前者"无标",后者"有标",形式上的无标到有标体现了隐性语义的形式化。

导致名词作状语衰微的因素有多种,介词组的前移、介词系统的发展、$N_{状}$及其修饰的谓语动词复杂化是主要因素。在众多因素的影响下,汉语的名词作状语现象最终在口语中失去立足之地,普通名词一般情况下不再独立充当状语。

第四节 关于现代汉语中的普通名词作状语

现代汉语时地名词可以不借助状语标记直接修饰谓语中心语，这是早就得到公认的事实。① 但普通名词是否能直接充当状语？对此学者们曾有不同看法。吕叔湘（1982）、朱德熙（1999）、陆俭明（1983）等否认现代汉语普通名词具有直接作状语的功能，但更多学者认为有少数普通名词可以充当状语，如李晋荃（1983）、孙德金（1995）、刘慧清（2005）等，只是各家对名词作状语的范围认定不一致。现将现代汉语中通行的被看作普通名词直接作状语的结构总结、鉴别如下：

一 现代汉语 $N_{状}V$ 结构鉴别

（一）表比况

1. 单音节名词+单音节动词（或形容词）

如"狼吞虎咽""云集""蚕食""冰释""瓦解""狐疑""粉碎"等。

2. 名词+单音节形容词（或动词）+的

这类结构不能单独存在，只能充当更高层定中结构中的修饰语，如"芝麻大的官""铁打的营盘"中的"芝麻大的"和"铁打的"。

以上两种结构中，第一种多数为存古现象，是对上古汉语 C 类名词状语（比况性施事）的直接留存，不是现代的活语言，限于书面语。口语中也有一部分类似的结构不是存古，而是新兴的，如文炼（1994）所举"猴急""鬼混"之类，这种情况或可看作仿古，是仿照遗留在现代语言中的古语格式创造与之相同的结构的手段。不管是存古还是仿古，这些结构都不再是句法层面上的状中关系，它们由句法层面进入词汇层面，成为偏正式复合词。至于第二种结构的性质，李晋荃（1983）、孙德金（1995）、王小溪（2003）等均有讨论，认为组合后的结构不能作谓语，只能作名词的修饰语，因此不能看作名词作状语。

---

① 现代汉语时地名词虽然能够直接作状语，但语义类型较汉语史上受限。时间名词作状语一般只能表示时点和时段，其他语义类型都换用其他结构表达，详见第五节；处所义名词作状语只表动作行为所在的地点，其他语义类型须加介词。

（二）表凭借

这一类可按修饰语和中心语的音节数分为两小类：

1. 单音节名词+单音节动词

如"网聊""邮购""空投""函授""枪毙""油炸"等，通常看成压缩词，属于构词法层面。也有单音节名词修饰单音节动词仍保持句法层面状中关系的，但多限于特殊语体，一般只出现在新闻标题中，如：

（1）台湾数千猪农反瘦肉精情绪失控 粪洗蛋砸农委会（凤凰网）

这是凤凰网 2012 年 3 月 9 日的一则新闻标题，"粪洗蛋砸"是两个并列的状中结构，充当状语的是普通名词。到正文中，"$N_{状}+V$"结构不复存在，而是用"猪农大声鸣笛、呼口号，并拿起鸡猪粪、臭鸡蛋，朝'农委会'大门丢掷"来描述标题中"粪洗蛋砸"的情景。

还有一种单音节名词+单音节动词的组合也是句法层面的，但组合后只能在句中充当某一修饰成分而不能作谓语，如：

（2）墨写的谎说，决掩不住血写的事实。（鲁迅《无花的蔷薇之二》）[①]

这种组合跟上文"芝麻大的""铁打的"一样，也不能看作名词作状语。

只有极少数"单名+单动"应看作名词作状语修饰谓语动词，如"手写"等。

2. 双音节名词+双音节动词

双音节名词修饰双音节动词的状中结构是各家公认的名词作状语，但是数量很少，甚至"是可以列举的"[②]。孙德金（1995）考察了《HSK 词

[①] 转引自李晋荃《试谈非时地名词充当状语》，《苏州大学学报》1983 年第 4 期。
[②] 孙德金：《现代汉语名词做状语的考察》，《语言教学与研究》1995 年第 4 期。

汇等级大纲》中的 3892 个名词，其中有 56 个可以直接作状语。① 列举如下：

暗中	暴力	背后	表面	部分	侧面	低温	动态	反面	高度
高温	高压	根本	规模	和平	集体	集团	精神	局部	科技
口头	内部	气功	曲线	全部	全力	盛情	荣誉	实话	实况
事实	手工	书面	顺序	团体	微观	武力	武装	现场	现金
现钱	协议	义务	阴谋	友情	原则	战术	战略	掌声	真心
整体	正面	政治	直线	志愿	重点				

这里仍有一个问题需要注意：有一部分充当状语的双音节名词由形容词性语素加中心语素构成，如"低温""高温""盛情"等，这些定中结构的复音名词因为带了形容词修饰成分，从而具有描写义。它们算不算纯粹的名词作状语，似乎还可以讨论。

另外还有些名动组合是不是状中结构也是值得怀疑的，如"我志愿加入中国共产党"中的"志愿"，有人认为是谓宾动词，"志愿"和后面的成分是动宾关系，我们亦倾向于作动宾结构分析。

总的来说，当下学界对现代汉语名词作状语的认识已基本达成一致——现代汉语句法层面真正意义上的名词作状语很少见。

二 现代汉语名词作状语的标记性

根据沈家煊（2015）运用的标记理论，现代汉语名词在谓语、状语和定语位置上都是有标记分布，即要受一定的限制。"按照标记理论，这种限制不一定是有形的、明显的，而可以是无形的、隐含的，包括分布和频率上的限制。"②

---

① 孙德金（1995）的考察结果原本是有 60 个名词可以作状语，但有 4 个需要加"地"后才能作状语，分别是"深情""本能""历史""逻辑"，我们统计能直接作状语的名词，这 4 个词不计入。刘慧清（2005）在孙文的基础上补充了 122 个能直接作状语的双音节普通名词，但其中有一部分是受形容词修饰的名词，如"大脚开出""高价买入"等；一部分是体育节目的解说词，属特殊语体，如"正手推挡""主场迎战"等，都不能算作纯粹通用的普通名词作状语。剩下的只有如"电视征婚""牛奶冲饮"这些结构才是真正的名词作状语。

② 沈家煊：《不对称和标记论》，商务印书馆 2015 年版，第 290 页。

沈家煊（2015）从使用数量和语义类型两方面论述了名词作状语的标记性。数量上的限制已见于前文的分析，语义类型上的限制也是显而易见的，根据各家的分类统计，现代汉语名词作状语的语义类型基本可以涵盖在本章第一节所分 A 类表凭借的 $N_{状}$ 中。

除了语义类型上表现出的标记性外，现代汉语名词作状语在韵律上也受限，单音节名词只与单音节动词组配，双音节名词只与双音节动词组配，如"手写"不能换成"手书写"，"电视购物"不能换成"电视买"。如果一个双音节名词修饰单音节动词，则需要在动词前后加上附加成分，凑成双音节配双音节的格式，如"掌声有请"和"掌声请出"中的"有"和"出"是名词"掌声"跟动词"请"组配时为了满足韵律要求而用来凑足音节的动词附带成分，去掉附带成分的"掌声请"是不成立的，又如"广播找人"是把"找"的宾语"人"作为连带成分放入组配后的结构中，"广播找"也是不成立的。只有在对举格式中可以出现双音节名词修饰单音节动词的形式，如刘慧清（2005）所举"飞机来，飞机去"。上古汉语名词作状语则不受韵律限制，虽然当时的构词形式是以单音节词为主，但《史记》中开始有少数双音节名词作状语修饰单音节动词的情况，如：

（1）厥姬乃恶王后徐来于太子曰："徐来使婢蛊道杀太子母。"（史记·淮南衡山列传）

张国宪（2006）认为"性质形容词充当状语的语义功能更像是为动作进行分类，经分类后的动作都有明显的词汇化倾向"[①]，我们认为这种倾向同样表现在现代汉语名词作状语上。$N_{状}$ 有为动作分类的作用，表明进行某动作行为凭借的是这种方式而不是那种方式，或产生某种结果是由于这种原因而不是那种原因。如"电话联系""药物流产""煤气中毒"等结构中，"电话"是"联系"的工具，与"短信""邮件"等工具相对；"药物"是"流产"的方式，与"人工"相对；"煤气"是"中毒"的原因，与"酒精""食物"等相对。名词状语和动词组配后，整个结构有词汇化倾向。

[①] 张国宪：《现代汉语形容词功能与认知研究》，商务印书馆 2006 年版，第 46 页。

综上所述，通常所谓现代汉语的名词作状语是个杂糅的集合，其中有的是存古或仿古，有的用于特殊语体，有的不是纯粹的名词，还有不少已经进入词汇层面的，真正的名词作状语数量很少，且无论在韵律上还是语义类型上都很受限，组配后的结构由单纯表凭借转为带有分类意义，同时有词汇化倾向。据此我们认为汉语名词作状语现象在汉语史进程中逐渐走向衰微，或者可以说，汉语名词作状语的机制从句法层面消失，转而进入构词层面，由此推测今后可能会出现更多的状中式复合词，这样便能从一个侧面证明"今天的词法是昨天的句法"（Givón，1971）的论断，这与我们得出的句法层面的名词作状语现象趋于衰微的结论并不矛盾。

第五节 时间词作状语及其演变

除了普通名词和方位词能单独作状语外，时间词作状语在上古汉语中也很多。在现代汉语词类划分中，通常将时间词作为名词的一个小类，但赵元任（1979）、朱德熙（1982）、郭锐（2002）都将时间词作为一个独立的大类。上古汉语中时间词是否要独立为一个大的词类，本书不作讨论，以下我们只对时间词充当状语的现象进行描写分析。

一 时间词作状语的分类

与现代汉语相比，上古汉语时间词作状语的语义类型更多，除了一直沿用的表示动作行为发生的时点（如"朝闻道，夕死可矣"中的"朝"和"夕"）和时段（如"四日不食"中的"四日"）的语法意义外，还能表示时间的渐进、频度、反复等。

（一）表渐进

(1) 周之子孙日失其序。（左传·隐公十一年）
(2) 帝告我："晋国且世衰，七世而亡。嬴姓将大败周人于范魁之西，而亦不能有也。"（史记·扁鹊仓公列传）

两例中的"日"和"世"表渐进，义为"一天天地""一代代地"，另如"日败亡""日迁善""岁增变"等。这一类时间词一般为"日"，多用于状态动词前，当用于行为动词前时，该动词常常抽象化。

(二) 表频度

(3) 今吾日计之而不足，岁计之而有余。(庄子·庚桑楚)
(4) 秋水时至，百川灌河。(庄子·秋水)

例(3)表频度，充当状语的时间词多为"日""月""岁"等，语义结构为"按日""按月""按岁"，表示动作行为发生的频率或经常性以时间词状语所代表的时间为单位进行计量，用于行为动词前，动词后多有受事；例(4)用法较为固定，义为"按时"，状语只能由"时"充当，多用于行为内动词前，有时也可位于状态动词前，如"年谷时熟"(国语·吴语)。

(三) 表反复

(5) 子夏曰："日知其所亡，月无忘其所能，可谓好学也已矣。"(论语·子张)
(6) 予日望之！(孟子·公孙丑下)
(7) 诸侯王列侯使者侍祠天子，岁献祖宗之庙。(史记·孝文本纪)
(8) 陈婴以项氏世为楚将，乃以兵属项梁，渡淮南，英布、蒲将军亦以兵属项梁。(史记·黥布列传)
(9) 六年，高祖五日一朝太公，如家人父子礼。(史记·高祖本纪)

例(5)—(8)表示单位时间内的反复，指在连续的单位时间内反复进行同一动作行为或保持同一状态、处境，其中例(5)前后分句中"日"与"月"对举，实指"时刻不忘其所亡和所能"。例(9)表示非单位时间内的反复，以大于一的时段为单位，指在连续的相同长度的时段中反复进行同样的动作行为，需与数词构成状语连用，另如"五年四王、一相朝""五日一椎牛""三岁一朝"等。

还有一种由"朝夕""日夜""旦暮"充当的时间词状语，语义和"每天"类似，但侧重表示不间断地保持一种状态。例如：

（10）朝夕恪勤，守以敦笃，奉以忠信，奕世载德，不忝前人。（国语·周语上）

（11）汉王大怒，骂曰："吾困于此，旦暮望若来佐我，乃欲自立为王！"（史记·淮阴侯列传）

（12）信由此日夜怨望，居常鞅鞅，羞与绛、灌等列。（史记·淮阴侯列传）

二 时间词作状语的替代形式

以上三类时间词状语大约从东汉开始逐渐衰落并趋于消失，它们表示的意义由别的形式逐渐替代。表反复的时间状语在西汉就有替代形式使用，单位时间内的反复用重叠式，如：

（1）太子日日造问，供太牢异物……（战国策·燕策三）

（2）项氏世世为楚将，封于项，故姓项氏。（史记·项羽本纪）

非单位时间内的反复用"每+时间结构"，如：

（3）建为郎中令，每五日洗沐归谒亲……（史记·万石张叔列传）

例（1）—（3）可分别与上举例（6）（8）（9）比较。

到东汉，表时间频度和反复的两类时间词状语同名词、方位词状语一样，逐渐被后起结构替代，如：

（4）大行人掌大宾之礼……时会以发四方之禁。[郑注：时会，即时见也，无常期。]（周礼·秋官·大行人）

（5）诸侯时朝乎天子。[何注：时朝者，顺四时而朝也。]（公羊传·桓公六年）

（6）世守也……[赵注：世世守之。]（孟子·梁惠王下）

表示渐进的时间状语被替代大概是从"日"开始的，用"日益"。《史记》中有"日益"14例，但它们并不就是表渐进的"日"的替代形

式。其中 1 例"日益"是状中结构,时间词"日"作状语修饰中心动词"益",表示"一天天地增加":

(7) 今卒少惰矣,秦兵日益,臣为君畏之。(史记·项羽本纪)

余下 13 例也应该还未凝固成词,"日"和"益"是两个连用的状语,分别表示情状的渐进和程度的加深,如:

(8) 诸从者日益畏之。(史记·高祖本纪)

同时还能看到"日""益"不连用的情况,可以作为"日益"在当时不是一个词的佐证,如:

(9) 侵夺诸侯之地,征求滋多,诛罚良善,日以益甚。(史记·吴王濞列传)

但也有同一句的前后两个分句中"日"和"日益"对举的,如:

(10) 自是之后,大将军青日退,而骠骑日益贵。(史记·卫将军骠骑列传)

对举结构中"日益"的词义与"日"单用时趋同。这时的"日益"处于重新分析阶段,随着后世"日益"连用的频繁出现,随着词汇双音节化的大趋势,原本词性和功能都不同的两个状语发生词汇化,成为意义固定的词,义为"一天比一天"。

第四章

动词作状语

在世界上各种语言中，动词的主要句法功能都是充当谓语中心。汉语的动词除了这一主要功能外，还能充当定语、状语和主宾语，这体现出汉语的特殊性。就我们关注的充当状语的功能而言，从古至今，动词作状语都属少数，这和形容词作状语的表现不同（上古汉语形容词作状语见第五章）。迄今为止，对动词作状语的研究主要集中在现代汉语上，古代汉语的情况则少有论及。本章主要讨论上古汉语状位动词的鉴别，包括状位动词与副词的鉴别、状中与连动的鉴别、状中与动宾的鉴别，其中状中与连动的鉴别是考察重点，随后，按照状位动词的鉴别标准，对上古汉语状位动词作定量统计，并简单分析其标记性。

第一节 状位动词的鉴别

"状位动词"指直接充当状语修饰小句核心动词的另一个动词，即状中结构"V1+V2"中的V1。在研究动词作状语之前，首先要进行一系列鉴别工作，包括词性上的鉴别和结构上的鉴别。词性上的鉴别是指判断谓语中心词前的状语是否已由动词虚化为副词；结构上的鉴别是指判断"V1+V2"是不是状中关系，因为有时V1和V2是连谓或动宾关系。剔除"V1"已经虚化为副词的、"V1+V2"是连谓或动宾关系的，剩下的才是动词作状语的"V1+V2"。对于现代汉语动词直接作状语的现象，有专文讨论，如孙德金（1997）、高增霞（2004）等；而对上古汉语状位动词的鉴别，却未见相关论述。本节拟就这一问题进行探讨。

本节的讨论主要基于绪论中提到的5种基本语料。

一 状位动词与副词

汉语的副词有一部分来自动词,上古汉语中,有些动词进入状位后已经虚化为副词,不能再看成动词作状语,因此有必要对状位的动词和副词进行区分。其鉴别标准主要是语义上的,即看充当状语的成分在当前义项下还有没有其他句法分布,若没有,便认定它变成了副词,如:

(1) 且方其时,上使立诛之则已。(史记·张释之冯唐列传)

这里的"立"表示"立刻、马上",且只能用于状位,没有其他句法分布,是时间副词。副词"立"是由"站立"义动词虚化而来的,"立"作为V1,和V2出现在同一个句子里,本来构成连谓结构,如:

(2) 哙拜谢,起,立而饮之。(史记·项羽本纪)

"立"和"饮"是由"而"连接的两个具有时间先后的谓语动词,先有"立"的动作,然后才有"饮"的动作,两个谓语的地位等同,都是独立陈述主语的。当"立"和后面的动词在事件结构上没有时间关系或不容易看出时间关系时,"立"容易被重新分析为次要动词,"立"的状态伴随其后动词所表示动作行为而存在,如:

(3) 其涸也,可立而待也。(孟子·离娄下)
(4) 若唯郑叛,晋国之忧,可立俟也。(左传·成公十六年)

例(3)(4)的"立"和"待""俟"之间分不出时间先后,且"立"在结构中已经偏离了本义,用来表示所需时间不长。例(3)"立而待"由于有"而"连接,应看作连谓关系,① 例(4)则看作状中更合适。状中结构"立+V"表示某事站着就能完成,暗示所需时间短,"立"在状语位置上进一步虚化,就成了时间副词。

---

① 按照杨荣祥(2010)的观点,"而"是连谓结构的标记,不连接状语和中心语。因此,如果语料显示两个动词之间能加入"而",那么它们之间一定是连谓关系而非状中关系。我们采用他的观点,并将其作为下文鉴别"V1+V2"是状中关系还是连谓关系的辅助手段。

"立"虚化后,多用在"诛""斩"前,除例(1)外又如:

(5) 语卒而单于大怒,立斩主客见者。(史记·匈奴列传)

除"立"外,5种语料中由动词虚化为副词的例子还如:

(6) 继之以怒,则反夷矣。(孟子·离娄上)
(7) 袁盎自其为吴相时,(尝)有从史尝盗爱盎侍儿。(史记·袁盎晁错列传)
(8) 王因留,连战未能下。(史记·项羽本纪)

例(6)的"反"由"翻转"义虚化为情态副词,义为"反而",例(7)(8)的"盗"和"连"虚化为情状副词,分别表示"偷偷地"和"时间上接连不断",另如"伏计""坐收""横议"等。这些副词都是由动词的本义通过比喻引申的方式产生的。

二 状中与连谓

在剔除"Adv+V"结构,也就是确定一个结构为"V1+V2"之后,还要判定"V1+V2"是不是状中关系,因为也有可能是连谓关系或动宾关系。与连谓相比,状中结构的"V1+V2"有两个特点,一是V1和V2没有时间先后,二是V1的作用不是陈述主语而是描摹V2。这样一来我们可以分两步鉴别"V1+V2"的结构关系,如果两个动词存在时间上的先后,则一定是连谓;如果两个动词无时间先后或时间顺序不明晰,则看V1在句中的性质,能独立陈述主语的仍看作连谓,否则分析为状中。这两条标准都是语义上的,外化为形式标准就是看"V1"和"V2"有没有用"而"连接的使用情况(参见杨荣祥,2010)。如果一个"V1+V2"结构有相应的"V1+而+V2"与之并存,那么"V1+V2"应分析为连谓,因为当"而"连接两个动词时,"而"的前项是对主语的陈述,且多和V2具有时间先后顺序。以下将按照上面提出的思路把二者区分开来。

(一) 有时间先后的"V1+V2"

这种结构又可细分为两小类,第一类结构中V2的起始时间在V1的终结时间之后,两个动作行为在时间上没有交叉,可以称作"完全时间顺序"。如：

（1）汉王跳，独与滕公共车出成皋玉门，北渡河，驰宿修武。（史记·高祖本纪）

（2）太子亦疑使者左将军诈杀之，遂不渡浿水，复引归。（史记·朝鲜列传）

（3）魏王趋见卫客。（战国策·宋卫策）

以例（1）为例，"驰"和"宿"是"汉王"和"滕公"发出的两个连续的动作行为，在时间上完全没有交叉，当"宿"的动作开始，"驰"的动作已经结束。例（2）（3）同，且例（2）有"诈而杀"结构与之共存，如"宣太后诈而杀义渠戎王于甘泉，遂起兵伐残义渠"（史记·匈奴列传）。这类连谓结构一般不会产生理解上的分歧。

第二类结构中V2的起始时间在V1的起始时间后，但V1既是动作也是状态，主语完成V1所代表的动作后保持这一状态，并一直伴随着V2的实现过程，可以称作"不完全时间顺序"。上古汉语中这类连谓结构很多，往往容易造成理解上的分歧，但只要仔细观察，其中的时间顺序还是显而易见的，如：

（4）a. 曰："合谋也。"（左传·成公十六年）
　　　b. 吴王惧，乃合大夫而谋曰……（国语·吴语）
（5）a. 越人分为二师，将以夹攻我师。（国语·吴语）
　　　b. 君不道于我，我欲以吾宗与吾党夹而攻之。（国语·晋语六）
（6）a. 入辕门，无不膝行而前，莫敢仰视。（史记·项羽本纪）
　　　b. 于是鸱得腐鼠，鹓鶵过之，仰而视之曰："吓！"（庄子·秋水）

三组例句中的"V1+V2"都应分析为连谓，因为V1、V2有时间上的先后，且V1都是陈述主语而不是描摹V2的，句子的语义结构是"主语先V1，后V2"。以例（4）a为例，"合"和"谋"是主语（未出现）先后发出的两个动作，一定是先"合"，然后才能"谋"，只是"合"的动作实现后，保持为一种"在一起"的持续状态，这种状态伴随"谋"的始终，使"合谋"看起来像是偏正关系，但不能因此否定"合"与"谋"的时间顺序以及"合"对主语的陈述功能。例（4）—（6）的 a 句都有相应的"V1+而+V2"，如此便能从形式上证明它们是连谓而不是状中。这类结构另有"跪谢""坐语""俛出""醉卧""迎击""从游"等。

（二）无时间先后的"V1+V2"

对于在事件结构中没有时间先后的"V1+V2"，也不能一律归入状中结构，我们认为其深层语义关系仍有不同。如上，若"V1"是陈述主语的，"V1+V2"就仍是连谓，只有当 V1 转而描摹 V2 的情状时，"V1+V2"才是状中。前者如：

(7) 姜怒，公子偃、公子鉏趋过，指之曰："女不可，是皆君也。"（左传·成公十六年）

从句子表达的现实事件角度看，"趋"和"过"没有时间顺序，是同时开始同时结束的两个动作。① "趋"在上古汉语中常作为 V1 出现，除例（7）外，"趋"还能与"进、出、登、去、避"等动词连用，但同时也存在大量"趋而过""趋而进""趋而出""趋而退""趋而去""趋而辟""趋而往""趋而迎""趋而入""趋而来"等连谓结构，如：

(8) 尝独立，鲤趋而过庭。（论语·季氏）

杨荣祥（2010）认为："'趋'是'鲤'实施的动作行为，是对'鲤'的陈述；……'趋'并不是描述'过庭'的状态。"② 由此可见，上述结构中的"趋"具有独立陈述主语的功能。

此外我们发现"趋"还有个别在 VP 后充当谓语的用法，如：

---

① 杨荣祥（2010）认为"'趋'和'过庭'是两个连续的事件——先'趋'后'过庭'"，这里是指在认知心理上先有"趋"的姿势，再有"过庭"的行为，和本节观点不矛盾。事件结构和认知心理不属一个领域，在认知上有时间顺序，反映在事件结构上也可能是同时进行的。

② 杨荣祥：《"两度陈述"标记：论上古汉语"而"的基本功能》，载《历史语言学研究》（第三辑），商务印书馆 2010 年版，第 95—113 页。

(9) 子见齐衰者、冕衣裳者与瞽者，见之，虽少必作；过之，必趋。(论语·子罕)

"趋"的这种用法极为少见，我们在上古文献中只找到少数几例，其功能依然是陈述主语而非其前的 VP，这与形容词作 VP 的谓语不同。在"主语+VP+Adj"中，形容词谓语是对 VP 的陈述，如"汉王遇我甚厚"（史记·淮阴侯列传），这是个主谓谓语句，大主语是"汉王"，"遇我甚厚"是谓语，其中"遇我"又是谓语中的小主语，"甚厚"是"遇我"的谓语，陈述"遇我"，"遇我甚厚"是主谓结构；而动词在 VP 后仍然陈述主语，如例（9），"过之"和"必趋"都是对主语"子"的陈述，实为"（子）过之，（子）必趋"，"过之，必趋"是连谓结构。可见，上古汉语"趋+V"中"趋"的功能是陈述主语，"趋+V"应分析为连谓结构。

又如"驰"，《史记》有"驰下"和"驰去"，"驰"和其后动词所表示动作行为在时间上无先后关系：

(10) 令四面骑驰下，期山东为三处。(史记·项羽本纪)
(11) 汉王败，不利，驰去。(史记·樊郦滕灌列传)

"驰"在语义上陈述的是主语，而不是 V2，上古文献中同时有"驰而往""驰而走"等结构，"驰"和"往、走"间同样没有时间先后。故"驰下""驰去"和例（1）的"驰宿"一样，也是连谓结构。

更多时候，无时间先后关系的"V1+V2"中两个动词的地位不对等，句子表达的重心在 V2 上，而 V1 更倾向于呈现一种方式或状态，这时 V1 不能构成对主语的独立陈述，而是作为描摹 V2 的成分，充当 V2 的状语。如：

(12) 六鹢退飞过宋都，风也。(左传·僖公十六年)

在语义结构中，"退"和"飞"不在同一层次，"六鹢退飞"不是"六鹢退，六鹢飞"，而是"六鹢飞，其飞也退"，即"六鹢以退的方式飞"，"退"在句子中不陈述主语，其功用是修饰 V2"飞"，这样，"退飞"便是状中结构。对于上古汉语状中关系的"V1+V2",下节将详细列举。

以上讨论了状中和连谓的鉴别方法,在这一过程中有以下几点需要注意:

第一,同一个 V1 与不同的 V2 连用时,在句中的陈述对象也会不同。如上举例(5)a"夹攻"是连谓结构,"夹"是陈述主语的;但在"夹辅"中,"夹"主要用来陈述其后的动词,是状中结构。又如"坐语"和"坐待",前者是连谓,后者是状中,等等。

第二,当连谓结构中的 V1 偏离本义,用于比喻,则重新分析为状中。如前举"立俟",又如"夹辅","夹"的本义是"从左右挟持",在"夹攻"中使用的就是这个意义,而在"夹辅"中"夹"使用的是比喻义,指辅佐的方式,如:

(13)吾先君武公与晋文侯戮力一心,股肱周室,夹辅平王。(国语·晋语四)

第三,有时不容易判断"V1+V2"是否具有时间顺序,如:

(14)隐居以求其志,行义以达其道。(论语·季氏)
(15)且夫偕出偕入难,聚居异情恶,不若走梁。(国语·晋语二)

"隐居"和"聚居"在认知心理上一定是有先后顺序的,即:先从某处隐退,再到另一处居处;先从四面八方聚拢到同一个地方,再开始居住。但在现实事件中却未必存在这样的顺序,可以认为"隐、聚"和"居"是同时发生、存在的。这样的结构在上古并不少见,又找不到用"而"连接的使用情况,这时可以利用古人注释和对举等作为鉴别的辅助手段,如例(14)"隐"又出现在"人主深居隐处以避燥湿"(淮南子·主术训)这样的句子中,"隐处"与"深居"对举,结构关系应该相同,"深居"是状中,故"隐处"也应看作状中,而"居""处"又是近义动词,从而推得"隐居"也应分析为状中。例(15)韦昭注:"聚,共也。"用情状副词"共"注释"聚",说明"聚"在语义上是描摹动词

"居"的,故"聚居"亦应分析为状中结构。但事实上,这些能够作为辅助手段的古人注释和对举很少,因此对于时间关系不明晰的"V1+V2",多数还要靠V1和主语、V2间语义关系的远近进行判断,这也是上古汉语动词作状语鉴别过程中的难点所在。

三 状中与动宾

还有一部分"V1+V2"是动宾结构,V2是V1所带的自指谓词性宾语,有时会被误判为状中,如:

(1) 明日,绞人争出,驱楚役徒于山中。(左传·桓公十二年)
(2) 尔试听之。(国语·晋语五)

我们可以从以下两个角度区分状中和动宾:首先,从结构中V1和V2的特征来看,动宾结构中的V1是及物动词,既能接体词性宾语,又能接谓词性宾语,而状中结构中的V1通常只能是不及物动词;动宾结构的V2可以是已实现的动作行为,也可以是未实现的,如例(2),说话时,"听"的动作尚未实现。又如:

(3) 桓公病,五公子各树党争立。(史记·齐太公世家)

状中结构的V2只有在含有表未实现的情态动词(如"可""能")的句子里才可以是未实现的,如前举"可立俟也",其他情况下必须是已实现的动作行为。

其次,从V1与V2的线性距离看,动宾结构中V1和V2之间可以加入其他成分(修饰V2的状语),如"争自刎""争为之死""试为我言"等,而状中结构的V1和V2结合很紧,一般不允许插入其他成分(见第八章第四节)。

两种结构最本质的差别在于各自的功用不同。动宾结构回答的是V1所代表的动作行为关涉的内容是什么(即"做什么"),状中结构则用来回答以什么方式实现V2所代表的动作行为(即"怎么做")。

第二节　状位动词的定量统计及其标记性分析

一　状位动词的定量统计

我们对上古汉语进行了抽样统计，穷尽调查了《左传》（前八公）、《论语》、《孟子》、《国语》、《史记》（下）5部语料，共得到动词作状语77例，包括不重复的动词22个。全部列举如下（括号中动词右下角的数字代表该动词受状位动词修饰出现的次数，只出现一次的不作标记），22个状位动词按所列顺序依次各举1例：

《左传》（前八公）：
寤（生）；改（葬$_4$、馆、蒐、立）；代（有）；退（飞）；增（修）；立（俟）；夹（辅$_3$）

《论语》：
改（作）；隐（居）

《孟子》：
改（辟、聚）；代（作）；迭（为）；横（流）；逆（行$_2$）；立（谈）

《国语》：
改（葬、馆、置）；生（得）；交（胜、辅）；代（举、履、有、处、干、兴）；增（修）；聚（居）；荐（处）；坐（待）；夹（辅）

《史记》（下）：
生（得$_{14}$、致、捕）；却（行）；追（谥、尊$_7$）；倒（置、行）；侧（行）；暴（坐）；游（击$_6$）

(1) 庄公寤生，惊姜氏。（左传·隐公元年）
(2) 晋侯改葬共大子。（左传·僖公十年）
(3) 天灾流行，国家代有。（左传·僖公十三年）
(4) 六鹢退飞过宋都，风也。（左传·僖公十六年）
(5) 孟明增修国政，重施于民。（左传·文公二年）
(6) 若唯郑叛，晋国之忧，可立俟也。（左传·成公十六年）
(7) 五侯九伯，女实征之，以夹辅周室。（左传·僖公四年）

(8) 隐居以求其志,行义以达其道。(论语·季氏)

(9) 迭为宾主,是天子而友匹夫也。(孟子·万章下)

(10) 当尧之时,天下犹未平,洪水横流……(孟子·滕文公上)

(11) 当尧之时,水逆行,泛滥于中国。(孟子·滕文公下)

(12) 若不生得以戮于群臣,犹未得请也。(国语·齐语)

(13) 必报雠,吾宁事齐、楚,齐、楚又交辅之。(国语·晋语三)

(14) 且夫偕出偕入难,聚居异情恶,不若走梁。(国语·晋语二)

(15) 且夫戎、狄荐处,贵货而易土。(国语·晋语七)①

(16) 有人能坐待刑,而不能面夷?(国语·晋语三)

(17) 后高祖朝,太公拥篲,迎门却行。(史记·高祖本纪)

(18) 夏,诏赐郦侯父追谥为令武侯。(史记·吕太后本纪)

(19) 殷事已毕,偃革为轩,倒置干戈,覆以虎皮,以示天下不复用兵。(史记·留侯世家)

(20) 及纵至关,宁成侧行送迎,然纵气盛,弗为礼。(史记·酷吏列传)

(21) 鲁王好猎,相常从入苑中,王辄休相就馆舍,相出,常暴坐待王苑外。(史记·田叔列传)

(22) 而使游击将军韩说、长平侯卫伉屯其旁,使强弩都尉路博德筑居延泽上。(史记·匈奴列传)

二 状位动词标记性分析

首先,上古汉语动词作状语在使用频率上具有标记性。由上可见,上古汉语动词作状语现象和后世一样很少见,动词是状语位置上的非典型成员,充当状语也不是动词的典型功能。除了频率上的标记外,能进入状中结构"V1+V2"中状语和中心语位置的动词在语义上也同样受限,结构中的V1须有[+状态]特征,在时间上可持续,不具有这种特征的动词(如"击""杀"等)不能进入该位置。

---

① 韦昭注:"荐,聚也。"

这首先是由状位的语义约束决定的。任鹰（2001）提到："每个句法位置都有其特定的语义基础或称抽象的语义内涵，一个成分能在一个句位上出现，其角色特征应同这个句位所特有的语义内涵相切合。"① 潘国英（2010）将状语分典型（描述性）和非典型（限制性）两类，认为典型状语的语义基础是表方式和情状。动词作状语用于描述 VP 的情貌，属于典型状语，因而能够进入状位的动词必须是具有情状方式特征的，而典型的动作动词不符合这一条件。

同时，状位动词所表"状态"义必须伴随 V2 表示的动作行为而存在这一性质也决定了 V1 的 [+状态] 特征。典型的动作动词没有 [+状态] 特征，时间上没有持续性，或持续性较弱，所以不容易形成"状态"义，也无法伴随 V2 表示的动作行为而存在。相应地，V2 也要求是在时间上有持续性的动词，或动作完成后可以在一定时间范围内保持某种状态的动词。

---

① 任鹰：《主宾可换位动结式述语结构分析》，《中国语文》2001 年第 4 期。

第五章

形容词作状语

从跨语言的角度看，形容词的主要功能是充当定语修饰名词以及充当谓语（参见 Payne，2006）。不过，跟世界上很多语言不同，汉语的形容词除了这两项功能外，还可以在状语位置上用作动词的修饰语，特别是在上古汉语中，形容词充当状语是一种普遍的句法现象。自朱德熙（1956）首次对现代汉语形容词进行系统研究以来，学界有关现代汉语形容词的句法功能和语义特征的研究成果丰硕，其中形容词作状语的研究自 20 世纪 90 年代初以来也逐渐增多。与现代汉语相比，古汉语的状位形容词所受关注就少得多，尤其是上古汉语。

上古汉语形容词作状语涉及的内容很多，本章将集中讨论以下五个相关问题：状位形容词的鉴别；状位形容词的定量统计及其标记性；状位对形容词的选择（什么样的形容词可以作状语）；状位形容词向副词的虚化；状态义形容词作状语。

作状语是状态形容词的基本句法功能，古今皆是（参见张国宪，2006），本章第六节将简要概括上古汉语状态义形容词作状语的情形。而性质形容词是形容词的典型成员（参见沈家煊，2015），故本章着重讨论上古汉语性质形容词在状位上的表现。本章第二至第五节所谈的形容词专指性质形容词，不再一一标明。

第一节 汉语形容词的词类地位及
上古汉语形容词的范围

在讨论上古汉语状位形容词之前，先要交代汉语形容词的词类地位问题。

众所周知，名词、动词、形容词是人类语言中的三个主要词类。其中，名词和动词的区别是所有语言都具有的（参见 Whaley，1997）。名词和动词具有足以区别彼此的语法功能——动词主要充当（不）及物谓语中心，在有形态的语言中，动词还带有时、体、式等形态标记；名词则主要充当作为小句核心论元的 NP 的中心语，以及系动词的补足语，带有数、性、格等形态标记。相较之下，在很多语言中，形容词能不能作为一个独立的词类而存在，则显得很难确定，这是由形容词的特殊性决定的。有些语言中的形容词缺乏能与名词、动词相区别的独立的语法功能，有的表现出与名词趋同的句法特征，有的则与动词的句法表现相混同。正因为如此，很多语言学家不愿意承认这些语言中形容词的独立地位。

因此，形容词的词类地位是一个跨语言问题，对形容词是否是一个独立词类的讨论，几十年来都未停止过。欧洲语言中的形容词被一致视为一个独立的词类，但这也是最近几个世纪的事，此前一度被归入名词。亚太地区各语言中形容词的词类地位也经历着一些变化，日语和韩语现在被认为有独立的形容词（韩语的形容词过去被归入动词，日语的一部分形容词被划入动词），越南语、泰语和老挝语则被认为没有形容词，只有状态动词。

关于汉语形容词的词类地位，学界看法存在很大分歧。由于汉语里状态动词和形容词之间难以区分，很多学者认为包括汉语在内的一些东南亚语言（如越南语、泰语和老挝语）根本不存在形容词，从而将其视为动词的一个次类。如 Hockett（1958），Lyons（1968），赵元任（1968），Li 和 Thompson（1981），Schachter（1985），Thompson（1988），Bhat（1994）等。近些年来，随着亚洲一些语言的形容词词类地位得以确立（如日语和韩语），越来越多的学者倾向于认为汉语有独立的形容词词类，如 Xu Weiyuan（1988），Dengetal（1996），程工（1999）等，他们以跨语言材料作为依据，列举了形容词不同于状态动词的一些表现，比如用于比较结构、具有程度性以及独特的重叠方式，等等。Dixon（2004）更是站在类型学的高度，从多方面论证了包括汉语在内的诸多语言中形容词的词类地位。我们采用 Dixon 等人的观点，认为汉语形容词是一个独立的词类。具体论述可参见 Dixon（2004）。

虽然理论上可以将形容词作为一个独立的词类，但实际上，由于汉语缺乏形态，古代汉语形容词和一部分名词、动词都有瓜葛，尤其是有些形容词与不及物动词很难清楚地划分，因此，如何确定形容词的范围一直都是个难题。之前学界并没有鉴别上古汉语形容词的明确标准，宋亚云（2009）首次在 Dixon（2004）判定世界各语言形容词诸标准的基础上进一步整理，得到鉴别上古汉语形容词的 4 条标准——"（一）受程度副词修饰，并且不带宾语；（二）用于比较结构，表示比较义；（三）做定语，表示修饰义；（四）做谓语，表示描述义。"[①] 同时结合对举格式或注释用词的词性等辅助性标准，共鉴别出 380 个性质形容词。本章讨论上古汉语性质形容词作状语，范围基本取自宋文所列形容词。

第二节　状位形容词的鉴别

本节试图解决的问题是：一个词（字）在句法结构中位于谓词性成分之前时是不是形容词充当状语？这包括两个问题：一是形容词，但不一定是充当状语，而是充当连谓结构中的前一个谓语。本节第一部分就是要解决这个问题，即鉴别"（NP+）Adj+VP"结构中的 Adj 到底是充当连谓结构的前一个谓语还是充当状语。二是状语，但不一定是形容词，而是一个与形容词同形的副词。因为汉语中的很多副词都是由充当状语的形容词演变来的，所以要区分状语位置的一个词到底是形容词还是副词并非易事。我们认为，首先要看这个词在状语位置上显示的词义与其在别的句法位置显示的词义是否具有同一性；其次，要看这个词出现在状语位置和别的句法位置的频率，如果出现在状语位置的频率高，就有可能由形容词演变为副词；再次，要看这个词充当状语时对中心语的选择是否受限，如果选择比较自由，就有可能由形容词演变为副词。本节第二部分就是要鉴别一个处于状语位置的词到底是形容词还是与形容词同形的副词。第一个问题是句法问题，需鉴别"Adj+VP"是连谓结构还是状中结构；[②] 第二个问题是词类辨析问题，要看 VP 前的状语是否由形容词变成了副词，也就

[①] 宋亚云：《上古汉语性质形容词的词类地位及其鉴别标准》，《中国语文》2009 年第 1 期。

[②] 进行鉴别的前提是结构中 Adj 的当事和 VP 的施事为同一主体，如若二者分属不同的行为主体，则一定不是状中。如"公室卑削"（史记·平津侯主父列传），"卑"的当事是"公室"，而"削"的施事是另外的行为主体。

是要判断形容词进入状位后与其在其他句法位置上的语义和词性是否具有同一性。在状位形容词的鉴别上，目前尚无可行的标准。本节拟以宋亚云（2009）鉴别出的380个上古汉语性质形容词为基本考察范围，讨论上古汉语"（NP+）Adj（状语）+VP"与"（NP+）Adj（谓语）+VP""（NP+）Adv+VP"的区分。

一　连谓和状中的区分

容易导致"（NP+）Adj（谓语）+VP"（连谓结构）与"（NP+）Adj（状语）+VP"（状中结构）纠缠的形容词主要是表示人的情绪、态度和品质的语义小类，一方面，由于这部分形容词是描写人的，所以语义上和主语相关联；另一方面，它们表达的词义又多是通过具体事件得以外化的，故和其后的谓语动词亦有关联。当它们进入主语和谓语动词之间的位置时，会造成结构划分上的歧解——若侧重形容词和主语的关系，则倾向于分析为连谓结构；若侧重其与谓语动词的关系，则倾向于分析为状中。现代汉语中这几种意义的形容词作状语时带有标记"de"，必须处理为状语，但上古汉语形容词作状语缺乏形式上的标记，需要另寻方法鉴别其句法地位。

目前还没有区分这两种结构的可行标准。从语义上看，连谓结构中的形容词能构成对主语的独立陈述；状中结构中的形容词在语义上是对中心词的陈述。本节尝试用"转换法"将二者区分开来：

如果"（NP+）Adj+VP"是连谓结构，理论上应该可以转换为"（NP+）Adj+而+VP"。

如果"（NP+）Adj+VP"是状中结构，理论上应该可以转换为"（NP+）VP+Adj"，形容词在转换后的结构中与VP构成主谓关系，表示对VP的陈述。

进行第一种转换的依据来自杨荣祥（2010），按照杨文的观点，"而"是连谓结构的标记，不连接状语和中心语。因此，如果语料显示一个形容词和动词之间能加入"而"，那么它们之间一定是连谓关系而非状中关系。

进行第二种转换的理论依据是"降级谓语"观念。张敏（1998）提到这一术语的来源时指出："传统语法学家如Paul、Sweet等人早在本世纪初就已注意到，修饰语和中心语之间往往具有一种能用述谓结构表达的语义关系，如'a red rose'可看作由'a rose which is red'而来，因此他们将这类修饰语视为含蓄的或是潜在的述谓构造，甚至称作'降级谓语（degraded predicate）'（参见 Jesperson 1929）。……有人甚至把所有的形容词修饰语都看作谓语转换而来（Vendler 1968）。"① Leech（1987）将这种结构称为"降格述谓结构"，并扩展至状中结构中。潘国英（2010）将这种理论运用到汉语，论证汉语的状语是一种降级性述谓成分。据此，我们认为"（NP+）Adj+VP"和"（NP+）VP+Adj"的转换在理论上是可行的。

根据以上两条标准，如果一个"（NP+）Adj+VP"在上古文献中有在形容词和 VP 之间加入"而"的结构与之共存，我们判断该结构是连谓结构；如果有"（NP+）VP+Adj"的结构共存，则判断其为状中结构。

但是，由于上古汉语文献有限，"转换法"在实际操作时会遇到困难，有些"（NP+）Adj+VP"，两种转换结构都找不到，这时只能根据对句子的理解进行判断。若句子可理解为"NP+Adj，NP+VP"，那么形容词在该结构中充当谓语，语义上与主语关系更近，用来陈述行为主体；若能理解为"（NP+）VP+Adj"，则为状语，语义上与 VP 关系更近，用来说明事件的情状。至于这些找不到形式上标准的结构有没有更好的鉴别方法，还有待于进一步研究。

根据对上古汉语文献的调查，宋亚云（2009）列出的 380 个性质形容词中，表示人的情绪、态度和品质的形容词有"卑、善、乐、严、恭、敬、悲、淫、忠、诚、暴、慈、安、宁、闲、妄、伪、笃、谨、慎、勤"共 21 个出现在"NP+Adj+VP"中。根据第一条标准，我们认定"淫"在"NP+Adj+VP"中是谓语，与 VP 构成连谓结构，如：

（1）a. 夫齐，甥舅之国也，而大师之后也，宁不亦淫从其欲以怒叔父，抑岂不可谏诲？（左传·成公二年）
　　　b. 淫而得神，是谓贪祸。（国语·周语上）

根据第二条标准认定"卑、乐、恭、敬、悲、忠、诚、安、妄、谨、

---

① 张敏：《认知语言学与汉语名词短语》，中国社会科学出版社 1998 年版，第 239—240 页。

慎、笃"在"NP+Adj+VP"中是状语,与VP构成状中结构,如:

(2) a. 沛父兄诸母故人日乐饮极欢,道旧故为笑乐。(史记·高祖本纪)
b. 是日,饮酒乐,天雨。(战国策·魏策一)
(3) a. 高祖独心不乐,悲歌,群臣不知上之所以然。(史记·张丞相列传)
b. 其飞徐而鸣悲。(战国策·楚策四)
(4) a. 舍客长桑君过,扁鹊独奇之,常谨遇之。(史记·扁鹊仓公列传)
b. 高祖尝辟吏,吏系吕后,遇之不谨。(史记·张丞相列传)
(5) a. 然斯可谓笃行君子矣!(史记·万石张叔列传)
b. 亡十九年,守志弥笃。(左传·昭公十三年)

"慈、伪、严、暴、宁、闲、勤"没有找到形式上的依据,根据它们和主语、谓语之间语义关系的远近,我们认为除"慈"外,其他几个形容词在结构中都是状语。以下各举一例:

(6)(王)精意以享,禋也;慈保庶民,亲也。(国语·周语上)
(7) 司徒老祁、虑癸伪废疾,使请于南蒯曰……(左传·昭公十四年)
(8) 严断刑罚,以威其淫。(左传·昭公六年)
(9) 吾日暮途远,故倒行暴施之。(史记·平津侯主父列传)
(10) 寡君畏君之威,不敢宁居,来修旧好。(左传·桓公十八年)
(11) 其后帝闲居,问左右曰:"人言云何?"(史记·外戚世家)
(12) 夫二子之良,将勤营其君,复使立于外,死而后止,何日以来。(国语·晋语九)

例（6）的深层语义应该是"王慈，王保庶民"，"慈"是"王"的内在属性，而非"保庶民"的情状。例（7）与例（6）的对比很明显，"伪"是对"废疾"的判断说明，表示"废疾"这一行为是假装的，如果理解成"伪，废疾"，于语义不通，因为动作行为并未真正发生。例（8）—（12）亦皆为形容词作状语，若舍弃其他修饰成分，这几例分别可以理解为"断刑罚也严""吾施之也暴""寡君居也宁""帝居也闲""夫二子营其君也勤"。

"善"的情况比较复杂，文献中同时有"善而VP"和"VP善"两种结构与"善VP"并存。试比较：

(13) a. 齐将田忌善而客待之。（史记·孙子吴起列传）
　　　b. 光既得专诸，善客待之。（史记·刺客列传）
　　　c. 楚相孙叔敖知其贤人也，善待之。（史记·滑稽列传）
　　　d. 仪事王不善，臣请杀之。（战国策·楚策二）

"善"本义为"好"，是个形容词，在述语位置上引申为"认为好"（释义取自《王力古汉语字典》），如"楚左尹项伯者，项羽季父也，素善留侯张良"（史记·项羽本纪）。例（13）a"善而客待之"的"善"就是这种用法，整个结构是"连动共宾结构"，① "善"是V1，"待"是V2，"之"是"善"和"待"的共同宾语，补上V1的宾语为"善之而客待之"。由"善而客待之"省略连谓标记"而"便成了"善客待之"［例（13）b］，进一步去掉V2"待"的状语"客"，就成了"善待之"［例（13）c］，两次省略之后仍保持原结构的句法和语义关系，仍为连谓。但由于"善"频繁用在"善+V（对待义）+NP/之"中，"善"和其后"对待义"动词之间的时间顺序关系逐渐淡化，对动词的描写说明作用逐渐凸显，这使得"善+V（对待义）+NP/之"发生重新分析，由"连动共宾结构"转化为状中结构，"善"从V1变成状语，同时"善"的词义也不再是"认为好"，而是"好好地"。可以说，上古汉语对待义动词前的"善"已完成其词义演变，句法地位也由谓语变成状语。当"善"完成句法和语义角色上的转变后，所修饰谓语动词的范围也扩大至"对待义"

---

① 杨荣祥：《论上古汉语的连动共宾结构》，《中文学刊》2005年第4期。

之外，我们调查的语料中另有"善用""善道""善保""善坚守""善始""善终"等，这时"善"的状语地位已相当稳固。一些工具书把作状语的"善"看成副词，但我们不认为"善"已演变为副词，因为还有例(13) d那样的句子，状语"善"可以转换成谓语，这与副词只能充当状语的特质不符，因此作状语的"善"仍是形容词而不是副词。

二 状位形容词和副词的区分

　　状语位置上形容词和副词的区分也一直是个棘手的问题。不少副词是由形容词演变来的，上古汉语时期，有一部分形容词在状位已完成向副词的演变，一部分正在演变过程中（既有形容词用法，又有副词用法），造成了形容词和副词混杂难辨的局面。

　　鉴别一个词在状语位置上是形容词还是副词，没有形式上的标准，有时辞书释义会特别标明某词在状位上变成了副词，但未必正确，而且辞书释义在确立一个词的不同义项和确定某个义项的词性时往往没有很明确的标准，所以同一个词在不同辞书中所列义项和词性归属也不尽相同。我们研究形容词作状语，必须提出一个鉴别状位形容词和副词的可操作标准，不过这种标准目前还只能是语义上的柔性标准。这里先将在状位完全变为副词的剔除，下文研究状位形容词的一系列问题时不再纳入。至于同一个词在状位既有形容词用法又有副词用法的，比前一种情况复杂得多，我们将在后面专门讨论。

　　张谊生（2000）和杨荣祥（2005）都谈到副词与形容词的鉴别问题，主要依据是词义和分布，说到底还是依据词义。因为上古汉语中有很多一字多词的现象，一个字如果只能出现在状位，那它必定是副词，如果除状位外，同时可以用在其他句法位置，就要先确定这个字在状位和其他位置上代表的是不是一个词，脱离这个前提谈分布标准是无意义的。对于本节的研究而言，讨论状位形容词和副词的鉴别，分布标准只有在统计见频时才起作用，主要还是依靠语义标准。因为既然已经被确定为形容词，就必定有除状语外的其他分布，我们要做的工作就是鉴别这些形容词进入状位后和它在其他分布上是不是一个词，即词义是否具有同一性。

　　我们认为：一个形容词进入状位后，如果在这个位置上的意义（或某个意义）与它在其他句法位置上的意义相同或变化不大，就说明这个词在状位仍然是形容词（或有一部分用法是形容词），反之便判定是副词。这一标准在实际操作时也会遇到困难：一是词义差别多大才算分化为两个词，判断起来难免带有一定的主观性。上古汉语中有些大家公认的副词往往还保留一定的实在意义，如程度副词、情状副词，① 尤其是情状副词，带有很强的词汇义，和作形容词时的意义相差不远，很难认定它处于状位时的意义是否已经从形容词中独立出来。二是"残存"现象的干扰。"残存"是指实词虚化为副词后，在某种特定的条件下还保存着非副词的用法（杨荣祥，2005）。"残存"和尚未完成虚化不同，前者是虚化过程走到终点后，语言中对虚化前非副词用法的残留，后者是虚化过程正在进行，要区分这两种现象也有一定难度。以上两个问题对我们的鉴别工作构成很大障碍，这时只能以数据统计作为辅助手段，同时兼顾该词在不同历史时期的分布表现以及与中心语的组合能力等作出判断。

以"甚""极""必"为例，② 三者都有形容词用法。"甚"形容词义为"过分、严重"；"极"本义为名词，引申为形容词指"达到极点的"；"必"义为"必然的、肯定的"。"甚"和"必"在先秦就大量用作状语，"极"在先秦很少作状语，《史记》中才较多。三个词的状语用法如下：

(1) 师出于陈、郑之间，国必甚病。(左传·僖公四年)
(2) 李广军极简易，然虏卒犯之，无以禁也。(史记·李将军列传)
(3) 弗杀，必灭若敖氏矣。(左传·宣公四年)

但它们同时还有用作谓语的，③ 如：

---

① 情状副词在多项副词共现时往往位置靠后，接近中心语，而越是靠近谓语中心语的，意义就越实，这一点学界已多有论及。

② 宋亚云（2009）未将"必"收入形容词，我们认为，"必"可单独作谓语，如"彼来请地而弗与，则移兵于韩必矣。"(韩非子·十过)"法莫如重而必，使民畏之。"(韩非子·五蠹)"吾取天下必矣。"(史记·高祖本纪) 又有意动用法，如"无参验而必之者，愚也。"(韩非子·显学)"故臣以为足下必汉王之不危已。"(史记·淮阴侯列传) 应该承认这些"必"是形容词。

③ 这种结构一般被认为是中心语后的成分作补语，杨荣祥（2005）设专节讨论这一问题，认为近代汉语之前都不存在这样的补语，我们采取后一种观点，详见杨著第五章第四节。从例(5) 前后对举也能看出"极"作谓语而非补语。

(4) 汉王出行军，病甚，因驰入成皋。(史记·高祖本纪)
(5) 故曰酒极则乱，乐极则悲。(史记·滑稽列传)
(6) 汉因举兵而攻之，破楚必矣。(史记·陈丞相世家)

"甚""极""必"作状语和作谓语时词义是否具有同一性？杨荣祥（2005）认为"上古汉语中，'甚'作谓语和状语语义上应是同一的，都是表示'厉害、超过一般'"[①]，但同时认为"《史记》中，'极'已大量用作状语，语义上表示所修饰的形容词或动词达到的程度，应看作程度副词"[②]。杨著承认状位"甚"的形容词词性却不承认"极"的，大概因为"极"用作状语与用作谓语相比，意义发生了较大变化。我们认为，"极""必"的情况和"甚"并无不同，作状语和作谓语的语义具有同一性，"极"表示"达到最高度"，"必"表示"确定、必然"。

根据上面的语义标准，"甚""极""必"至此似乎可以确认为形容词，但由于三者在上古汉语中作谓语（VP主语句的谓语）的使用频率很不相同，先秦和西汉的表现也不一样，因此我们还要根据不同历史时期的数量统计进一步鉴别它们的词性，先秦选用《左传》，西汉选用《史记》（下），见表5-1。

表5-1　《左传》和《史记》（下）的"甚""极""必"

语料 \ 词	甚[③]		极		必	
	状语	谓语	状语	谓语	状语	谓语
《左传》	27	51	0	7	546	0
《史记》（下）	82	64	16	11	207	7

由表5-1可见，"甚"在《左传》中作谓语出现的次数接近作状语的两倍，《史记》（下）中状语用法大幅度上升，但只略高于谓语用法，"甚"是形容词无疑。

"极"在先秦是个低频词，《左传》中仅出现14次，除去7次名词用法，其余7次均是形容词用作谓语，不用作状语；到《史记》（下）出现

[①] 杨荣祥：《近代汉语副词研究》，商务印书馆2005年版，第293页。
[②] 同上书，第301页。
[③] 参见李杰群《"甚"的词性演变》，《语文研究》1986年第2期。

状语用法多达 16 次，但作谓语也有 11 次，且状语和谓语间的转换关系清晰可见［如例（2）（5）］，而且在《史记》中还有"极"与同一个谓词组合而分别处于状语和谓语位置上的用法，从中更能看出其作状语和谓语之间的转换关系，如：

(7) a. 当今人臣之位无居臣上者，可谓富贵极矣。(李斯列传)
    b. 足下位为上相，食三万户侯，可谓极富贵无欲矣。(郦生陆贾列传)

故《史记》（下）的"极"应该处于状语用法得以发展的时期，仍应看作形容词。

"必"的情况和前两个词不同，《左传》中全部用作状语，且出现频率很高，《史记》（下）基本保持这种态势，只有 7 处谓语用法，分别为"破+NP+必" 4 见，"取天下必" 1 见，"其 VP 必" 2 见。"必"作状语对中心语的选择很自由，除能修饰各类动词、形容词外，还能同名词谓语组合，如：

(8) 亡邓国者，必此人也。(左传·庄公六年)

这是形容词状语所不具备的。

"必"在多项状语中的位置也证明它是表情态的副词，而非形容词，如：

(9) 若朝亡之，鲁必夕亡。(左传·成公十六年)
(10) 若刘氏，则必子孙实有祸。(国语·周语下)

例（9）"必"位于时间状语"夕"前，例（10）"必"管辖整个小句，位于小句之首，"必"和其他状语共现也都在前，如此靠前的位置是状位形容词不能占据的。形容词作状语表示动作行为的情状，属于管辖谓语中心的状语，在多项状语中的位置靠后，除部分介词组外，就只有名词状语和方位词状语能位于形容词状语之后。从"必"在多项状语中的位置来看，它也不是形容词。

据此我们判断,"必"在先秦就已经普遍用作副词,少数处在谓语位置上的是其形容词用法的"残存",属于更早的时间层次。

结合上面的标准,我们调查了上古汉语26种语料,宋亚云(2009)所列的性质形容词中,"亲、阴、常、恒、素、殊、小、实、幸、特、先、要、备、辱、信、阳、真、径、愈、当、非、空、雅、壹、元、适、故、竭、果、咸、偕"共31个词在状位时已经演变成了副词,它们与处于别的句法位置的"亲"等不具备词义的同一性,已失去形容词词性,不再具备述谓性,即它们在状语位置上显示的词义已不能出现在别的句法位置。例如:

(11) 寡君闻君亲举玉趾,将辱于敝邑,使下臣犒执事。(左传·僖公二十六年)

(12) 每吴中有大繇役及丧,项梁常为主办,阴以兵法部勒宾客及子弟,以是知其能。(史记·项羽本纪)

(13) 故罕氏常掌国政,以为上卿。(左传·襄公二十九年)

(14) 夫广川之鸟兽,恒知避其灾也。(国语·鲁语上)

(15) 陈婴者,故东阳令史,居县中,素信谨,称为长者。(史记·项羽本纪)

(16) 于是尉他乃蹶然起坐,谢陆生曰:"居蛮夷中久,殊失礼义。"(史记·郦生陆贾列传)

(17) 岁正月,诸长小会单于庭,祠。(史记·匈奴列传)

(18) 我实不德,齐师何罪?罪我之由。(左传·庄公八年)

(19) 愿大王幸听臣等。(史记·孝文本纪)

(20) 妻止之曰:"特与婴儿戏耳。"(韩非子·外储说左)

(21) 河东,吾股肱郡,故特召君耳。(史记·季布栾布列传)

以上各词都是在状语位置由形容词演变为副词的,"亲、阴"为情状副词,"常、恒、素"为时间副词,"殊、小"为程度副词,"实、幸"为情态副词。"特"是兼类副词,在例(20)中是限定副词,义为"只",在例(21)中是情状副词,指"特别、特地"。

上古汉语中,更多形容词充当状语时并没有演变或没有完全演变为副词,除上文论及的"卑、善、乐、严、恭、敬、悲、忠、诚、暴、安、宁、闲、妄、伪、笃、谨、慎、勤、甚、极"外，还有一批形容词，它们充当状语时仍然完全或部分保持着形容词词性和词义，下文将专门讨论。

除去"（NP+）Adj（谓语）+VP"和"（NP+）Adv+VP"两种结构的干扰，形容词作状语的判断就容易得多，能出现在 VP 前的形容词都可视为状语，且理论上都能转换成"VP+Adj"结构。大量形容词有作状语和作 VP 主语句的谓语之间互相转换的实例，这一事实证明了状位形容词有很强的述谓性，也证明前面用"转换法"区分连谓和状中结构中的形容词是合理的。

第三节 状位形容词的定量统计及其标记性分析

一 现代汉语形容词作状语的定量统计

对现代汉语形容词作状语能力的考察，相关成果比较多，这里选用几家有代表性的观点：

据莫彭龄、单青（1985）统计，现代汉语中能作状语的形容词占总数的 19.1%。贺阳（1996）共考察性质形容词 1115 个，这些性质形容词中能直接作状语的有 166 个，占总数的 14.9%。对这一统计结果，张国宪（2006）认为："假如考虑到贺阳界定性质形容词范围过宽的情况，那么，性质形容词作状语的比例还会更低。"[①] 郭锐（2002）对现代汉语 2355 个形容词的功能进行考察，结果是 12%的形容词可以直接作状语。[②]

以上对形容词作状语的统计不区分单音节和双音节。也有只讨论单音节形容词作状语的，关于这一话题，最早的专门论述可追溯到朱德熙（1956），此后，吕叔湘（1966）、刘月华（1982）等的观点与之大抵相同，认为单音节形容词充当状语的能力十分有限。李泉（2005）考察

[①] 张国宪：《现代汉语形容词功能与认知研究》，商务印书馆 2006 年版，第 43 页。
[②] 郭锐（2004）考察的形容词相当于我们所说的性质形容词，至于状态形容词，在郭著中划归状态词。

了700个单音形容词词项（基本上是一个形容词有几个义项就分成几个词项）作状语的情况，有191个词项能够作状语，占总数的27.28%。这个统计结果与朱德熙（1956）"绝大部分的单音形容词都不能做状语"的论断大相径庭。但在这个数据里，很多"形+动"结构能不能看作形容词作状语还很值得怀疑。作者自己也指出了这一问题，随后说明："能够比较自由一些做状语的单音形容词并不多……因此我们也可以说，27.28%只是单音形容词能够做状语的一个概念性的比例，并不能表明单音形容词词项做状语的实际情况，因为'形单+动单'格式许多情况下是用来造词（构成复合词）而不是造句——单音形容词真正充当句子的状语。"①

综上所述，不论是单音节还是双音节，现代汉语性质形容词直接修饰动词充当状语都受到各方面限制，使用频率也低。正因为如此，贺阳（1996）和郭锐（2002）才建议将这一部分形容词处理为形容词和副词的兼类。

二　上古汉语形容词作状语的定量统计

我们对宋亚云（2009）380个上古汉语性质形容词进行逐一考察，调查了上古汉语26种语料，发现有176个性质形容词能够直接作状语，占总数的46.3%。它们是：

高、安、卑、察、长（cháng）、侈、聪、短、丰、富、广、贵、厚、急、疾、贱、坚、近、精、久、苦、乐、美、明、难、强、巧、轻、善、深、甚、疏、危、险、显、严、愉、远、重、众、尊、恶、嘉、康、仁、大、多、良、少、盛、愚、正、博、薄、昌、达、敦、惰、烦、繁、甘、刚、恭、寡、和、缓、荒、极、艰、俭、简、静、巨、厉、佞、劳、陋、乱、谬、贫、平、满、浅、清、穷、群、顺、武、细、修、虚、易、淫、幽、杂、昭、忠、诚、固、惠、微、媛、密、悲、速、亟、饱、纯、粗、端、孤、诡、好、捷、旧、狂、宽、困、廉、宁、普、曲、全、饶、熟、泰、通、妄、伪、伟、闲、邪、异、殷、躁、周、暴、定、独、偏、齐、新、直、笃、迟、讪、洁、刻、隆、勤、劝、晚、宜、章、彰、谨、敬、数（shuò）、毒、力、奇、崇、弘、审、调、均、慎、蕃、矜、牢、偷、

---

① 李泉：《单音形容词原型性研究》，博士学位论文，北京语言大学，2005年，第131页。

鲜、徐、详、早、邌

在上述176个性质形容词中，有153个作状语时没有发生虚化，全部用法保持形容词词性不变，如"高""难"等。23个有部分用法发生虚化，可归入副词，部分仍保持形容词词性，也就是说，这23个词在状位发生了词性的分化，如"直""少"等。除了这176个形容词外，另有31个也能出现在状位，但它们在状位的用法已全部归入副词，因此不能看作形容词作状语，如"小""阴"等。余下173个则不能出现在状语位置。

通过统计和对比可以看出，上古汉语形容词作状语的能力远远超过现代汉语，有近半数的性质形容词可以直接充当状语修饰谓语动词，这无论如何都不能处理为"兼类"。或许现代汉语形容词作状语能否视为形容词的基本句法功能还未有定论，但我们可以确定，作状语是上古汉语形容词的基本句法功能之一，只不过发展到现在，这一句法功能大大减弱了。

三 状位形容词标记性分析

在宋亚云（2009）考察的380个上古汉语性质形容词中，有364个可以充当谓语，占总数的95.79%，298个可以充当定语，占78.42%。相比之下，形容词作状语（176个，占46.3%）在数量和比例上都与前面两种句法功能相差甚远。我们认为，虽然形容词作状语跟作谓语、定语一样，是其基本句法功能，但这种功能不具有典型性，进入状位的形容词会受到各种限制。换句话说，作谓语和作定语是形容词的典型功能，① 作状语则是形容词的非典型功能，在这一点上，古今汉语的表现呈现出一致性。

根据沈家煊（2015）运用的标记理论，性质形容词在定语位置上用于修饰是无标记的，用于定语之外的句法位置上都是有标记的，② 并从分布、频率、句法、语义等方面阐述了形容词在非定语位置上的标记性。和现代汉语一样，古代汉语性质形容词作状语也是有标记的，具体表现为以下几点：

---

① 作谓语和作定语哪个是性质形容词的典型功能，学界有不同意见，在此不打算对这个问题展开讨论。

② 还有一种观点认为性质形容词作谓语是无标记的，但无论如何，性质形容词作状语都是有标记的。

（一）频率标记

沈家煊（2015）归纳有标记项和无标记项判别标准时提到了频率标准，"无标记项的使用频率比有标记项的高，至少也一样高"。① 如上所述，上古汉语能直接作状语的性质形容词占总数的46.3%，频率上远远低于作谓语（95.79%）和作定语（78.42%）。

（二）句法标记②

这一标记是显性标记，性质形容词在状位的句法标记是不能再受程度副词修饰，这种句法表现是性质形容词在非典型句法位置上发生功能游离的结果。张国宪（2006）指出："程度性是形容词最重要也是最具跨语言意义的特征。"③ 对于汉语形容词来说，性质形容词自身不带程度，其程度性特征由与程度词组配的方式得以体现，如"很大"，而状态形容词的程度量黏附在词项内涵上，这使得状态形容词本身就具有程度性，因此无须也不能再与任何程度词组配，如"宏大"④。定语和谓语位置是性质形容词的典型句法位置，体现的是与程度词组配的特征，接受程度词修饰。状语位置是性质形容词的非典型句法位置，性质形容词进入状位后在一定程度上丧失性质义，带上状态义。

根据我们对上古汉语26种语料的调查，宋亚云（2009）考察的各类形容词中有215个能受表程度的词修饰，这215个形容词中有118个能够进入状位，但进入状位后不能再受程度词修饰。试比较以下两组例句：

（1）a. 汉与匈奴约为兄弟，所以遗单于甚厚。（史记·匈奴列传）

　　　　b. 汉王亦因令良厚遗项伯，使请汉中地。（史记·留侯世家）

（2）a. 我之王家食马肝，食饱甚，见酒来，即走去，驱疾至舍，即泄数十出。（史记·扁鹊仓公列传）

---

① 沈家煊：《不对称和标记论》，商务印书馆2015年版，第35页。
② 根据沈家煊（2015）归纳的分布标准的内涵，状位性质形容词的句法标记可以划归到下文的分布标记中去，因为受程度词修饰也是一种句法环境。我们这里将其独立出来，是由于第二条是显性标记，而第三条分布标记是隐性标记。
③ 张国宪：《现代汉语形容词功能与认知研究》，商务印书馆2006年版，第384页。
④ 同上书，第384—391页。

b. 病得之饱食而疾走。（史记·扁鹊仓公列传）

这一句法标记是受状位语义约束的结果。形容词进入状位后，尽管词性未变，但主要属性由表性质到表情状方式，这是因为典型（描述义）状语的语义基础是情状和方式（潘国英，2010），情状和方式具有临时性和变易性，而这正与状态形容词的语义特征相符。一旦性质形容词带上状态义，语义重心发生了变化，其程度性特征也随之向状态形容词游离，不再接受程度词修饰。

此外，上古汉语形容词作状语，中心语主要是单音节的（见本章所举例句），只有少数形容词修饰双音节甚至多音节的结构，如：

（3）贲赫自以为侍中，乃厚馈遗，从姬饮医家。（史记·黥布列传）

(三) 分布标记

沈家煊（2015）的分布标准是："在句法中无标记项可以出现的句法环境比有标记项的多，至少也一样多。"①

副词是"一般只能充当谓词性结构中的修饰成分而从不充当被修饰成分的词"②。因此在状语位置上，副词是无标记项，被饰成分包括主谓结构、动词性结构、形容词性结构、名词性结构和数量（名）结构。③ 形容词作状语是有标记项，能修饰的中心语很受限。我们对5种基本语料中的形容词状语进行穷尽调查，发现名词和数量（名）结构作谓语不能受形容词修饰，形容词谓语很少受形容词修饰，目前见到修饰形容词谓语的只有"长""久"和"甚"④，动词谓语内部各小类中，能受形容词修饰的绝大多数为行为动词，其他小类则少见。比较如表5-2所示。⑤

---

① 沈家煊：《不对称和标记论》，商务印书馆2015年版，第34页。
② 杨荣祥：《近代汉语副词研究》，商务印书馆2005年版，第11页。
③ 诚然，不同次类的副词对被饰成分有不同的限制，但如果把副词看作一个整体，与状位的其他形式类（形容词、名词、介词组等）相比较，副词对被饰成分的选择是最自由的。
④ "甚"作状语修饰形容词比较自由，故未列入表中。
⑤ 表中各词右下角的数字代表出现次数，行为动词未统计。

表 5-2　　　　　　　受形容词修饰的谓语中心词

词类	列举
行为动词	聚、行、闻、见、学、助、取、受、逆、葬、养、施、系、责……
心理动词	怨$_2$、爱$_1$、敬$_1$、虑$_4$、念$_2$、忧$_1$
存现动词	有$_3$（多~、长~、久~）、存$_1$（久~）、兴$_1$（繁~）
能愿动词	能$_1$（难~）、得$_1$（早~）
状态动词	败$_1$、弱$_1$（皆为"易~"）
形容词	戚戚$_1$、贫贱$_1$、要$_1$、安$_1$、孤独$_1$（前二为"长~"，后三为"久~"）

需要指出的是，受形容词"长""久"修饰的形容词谓语都带有很强的状态义，存现动词中的"有"和"存"亦表状态，受"长"和"久"语义的约束，二者都有［+持续］特征。

句法位置的分布限制也是一种标记现象（张国宪，2006）。形容词作状语的语义类型是情状，情状类状语是管辖谓词的状语，辖域最小，层级最低，不能超出句子的核心结构，表现在线性结构上，形容词状语一般紧贴谓语中心（详见第八章），副词则没有这种限制。形容词在状位的分布限制也表明它是有标记项。

(四) 语义标记

语义标记指某一句法位置对进入该位置的词的语义限制。上古汉语形容词中，表示人或事物内在稳定属性的一般不能充当状语，如贤、善、美、丑等，只有个别例外。余下的形容词，如果没有发生语义的引申和兼类，也不能充当状语。关于上古汉语状位对形容词的语义选择，详见第四节。

状位形容词的语义标记还体现在反义形容词充当状语的能力不对称上。众所周知，积极义形容词的句法和语义表现都比与其反义的消极义形容词复杂得多。上古汉语中，有不少积极义形容词能够进入状位，而相对应的消极义形容词则不能，如：

广（广施）——*狭　　高（高论）——*下
敬（敬承）——*慢　　饱（饱食）——*饥/饿

反义词句法功能的不平衡不仅影响到形容词能否进入状位，还影响到状位形容词与中心语的组合能力。有的消极义形容词虽然有状语用法，但见频远远低于相对应的积极义形容词。比如，在我们调查的 26 种语料中，"惰"作状语只在《商君书》中重复出现 2 次（爱子不惰食），而反义的"勤"作状语共出现 16 次。又如下面几组反义形容词，它们在与中心语组合时分属自由度不同的类别（关于自由度的论述见第五节），积极义形容词在状位的自由度总比相应的消极义形容词高（括号中数字表示 26 种语料中调查所得该词在状位出现的次数）：

远（123）——近（17）　　厚（205）——薄（19）
深（156）——浅（10）　　早（96）——晚（24）
急（134）、疾（159）、速（114）——徐（49）、缓（9）

消极义形容词作状语，有些要与相对的积极义形容词对举，如：

(4) 徐行后长者谓之弟，疾行先长者谓之不弟。（孟子·告子下）

(5) 及解年长，更折节为俭，以德报怨，厚施而薄望。（史记·游侠列传）

例（4）"徐"和"疾"修饰的中心语相同，都是"行"。"徐"是不自由状位形容词，一般只能修饰"行"；而"疾"是自由状位形容词，除"行"外，它所搭配的其他中心语都不能与"徐"搭配，如"言、视、号、耰、耨、引、走、入、战、斗、至、步、据、耕、出、免、应、呼"。例（5）"薄"与"厚"在组合能力上的差异与例（4）同。

形容词在状位上的"语义异指"也是一种标记。张国宪（2006）认为："定语与饰/述物形容词之间、状语与饰/述行形容词之间存在着一种自然关联。符合这种关联的组配是无标记的……违背这种关联的组配是有标记的。"[①] 在上古汉语中，有些饰/述物形容词进入状位，形容词所述性状的语义指向中心语之外的成分，形成"语义异指"，如：

---

① 张国宪：《现代汉语形容词功能与认知研究》，商务印书馆 2006 年版，第 302 页。

(6) 公子商人骤施于国,而多聚士。(左传·文公十四年)

例(6)"多"是"聚"的状语,但它的语义不与"聚"直接关联,而是指向宾语"士"。像"多"这种情况的状位形容词都是有标记项。

第四节 状位对形容词的选择

如上,上古汉语形容词作状语是其非典型功能,有半数以上的形容词不能出现在状语位置上。这就向我们提出一个问题:什么样的形容词可以作状语?或者说状语位置上的形容词受哪些限制?本节将结合已有研究成果,分别从形容词的典型性和语义属性两方面观察状语位置对形容词的选择。

一 状位对形容词典型性的选择

宋亚云(2009)考察的380个上古汉语性质形容词内部地位并不等同,不同形容词依据与四条标准符合度的高低,分典型(四条标准都符合)、次典型(符合三条标准)、不太典型(符合两条标准)和最不典型(只符合一条标准)四类。在本章调查的26种语料中,这380个性质形容词中有176个可以充当状语,分别为:

1. 典型形容词(52个):

高、安、卑、察、长(cháng)、侈、聪、短、丰、富、广、贵、厚、急、疾、贱、坚、近、精、久、苦、乐、美、明、难、强、巧、轻、善、深、甚、疏、危、险、显、严、愉、远、重、众、尊、恶、嘉、康、仁、大、多、良、少、盛、愚、正

例如:

(1)多闻,择其善者而从之,多见而识之,知之次也。(论语·述而)

(2)省刑罚,薄税敛,深耕易耨。(孟子·梁惠王上)

(3) 徐行后长者谓之弟,疾行先长者谓之不弟。(孟子·告子下)
(4) 且吾闻之：甚精必愚。(国语·晋语一)
(5) 久约而无衅,一也。(国语·晋语四)
(6) 歌曰："鸿鹄高飞,一举千里。……"(史记·留侯世家)

2. 次典型形容词：

宋文中这类形容词作状语又可分三类,"一类不能用于比较句,一类不能受程度副词修饰,一类不能做定语"。每小类都有作状语的,分别为：

A. 不能用于比较句的（48个）：

博、薄、昌、达、敦、惰、烦、繁、甘、刚、恭、寡、和、缓、荒、极、艰、俭、简、静、巨、厉、佞、劳、陋、乱、谬、贫、平、浅、清、穷、群、顺、武、细、修、虚、易、淫、幽、杂、昭、忠、诚、固、惠、微

例如：

(7) 大哉孔子！博学而无所成名。(论语·子罕)
(8) 忠告而善道之,不可则止,毋自辱焉。(论语·颜渊)
(9) 我竭力耕田,共（恭）为子职而已矣。(孟子·万章上)
(10) 天降祸于晋国,谗言繁兴……(国语·晋语二)

B. 不能受程度副词修饰的（2个）：

煖（暖）、密

例如：

(11) 百姓皆得煖衣饱食,便宁无忧。(墨子·天志中)
(12) 既,乃与巴姬密埋璧于大室之庭。(左传·昭公十三年)

C. 不能作定语的（3个）：

悲、速、亟（"急速"义）

例如：

(13) 其御杜溷罗曰："速从之！"（左传·成公十六年）
(14) 高祖独心不乐，悲歌，群臣不知上之所以然。（史记·张丞相列传）
(15) 不亟治，病即入濡肾。（史记·扁鹊仓公列传）

3. 不太典型的形容词：
这类形容词又分两类，两类中都有作状语的，分别为：
A. 能作定语和谓语的（38个）：

饱、纯、粗、端、孤、诡、好、捷、旧、狂、宽、困、廉、宁、普、曲、全、饶、熟、泰、通、妄、伪、伟、闲、邪、异、殷、躁、周、暴、定、独、偏、齐、新、直、满

例如：

(16) 寡君畏君之威，不敢宁居。（左传·桓公十八年）
(17) 饱食终日，无所用心，难矣哉！（论语·阳货）
(18) 陆生乃粗述存亡之征，凡著十二篇。（史记·郦生陆贾列传）

B. 能作谓语，能受程度副词修饰的（15个）：

笃、迟、诎、洁、刻、隆、勤、劢、晚、宜、章、彰、谨、敬、数

例如：

（19）使洁奉禘、郊之粢盛，而后即安。(国语·鲁语下)

（20）以善雍齿，雍齿，高帝之仇，而陵本无意从高帝，以故晚封，为安国侯。(史记·陈丞相世家)

（21）二千石谨察可者，当与计偕，诣太常，得受业如弟子。(史记·儒林列传)

4. 最不典型的形容词：

这类形容词亦分两类，一类只能作定语，一类只能作谓语。两小类形容词中能作状语的情况如下：

A. 只能作定语的（3个）：

毒、力、奇①

例如：

（22）少君资好方，善为巧发奇中。(史记·孝武本纪)

B. 只能作谓语的（15个）：

崇、弘、审、调、均、慎、蕃、矜、牢、偷、鲜、徐、详、早、遽

例如：

（23）疆场之事，慎守其一而备其不虞，姑尽所备焉。(左传·桓公十七年)
（24）其余以均分公侯伯子男。(国语·周语中)
（25）时乎时，不再来。愿足下详察之。(史记·淮阴侯列传)

---

① 在我们调查的语料中，形容词"毒"作状语，义为猛烈、凶狠，如"天毒降灾荒殷郊"。(尚书·微子)

现将宋亚云（2009）各类形容词数量及在状位的表现总结为表 5-3：

表 5-3　　　　　　　不同典型性的形容词在状位的表现

类型 数量	典型		次典型		不太典型		最不典型		合计
共有	70		112		138		60		380
a. 作状语，无虚化	46	74.3%	48	47.3%	44	38.4%	15	30%	153
b. 作状语，部分虚化	6		5		9		3		23
c. 作状语，转为副词	4		10		11		6		31
d. 不能作状语	14		49		74		36		173

其中，a 和 b 都属于能作状语的情况。从表 5-3 不难看出，形容词的典型性越高，充当状语的能力就越强。宋文有典型形容词 70 个，其中 52 个能作状语；次典型形容词共 112 个，有 53 个能作状语；不太典型的形容词共 138 个，53 个能作状语；最不典型的形容词 60 个，只有 18 个能作状语。四类形容词内部可以作状语的数量相对于各自总量的百分比依次是 74.3%、47.3%、38.4%、30%，呈递减趋势，其中属典型形容词作状语最多。可见典型性是状位对形容词选择的一个重要指标。

二　状位对形容词语义属性的选择

状位对形容词语义属性的选择与状位对进入该位置成员语义上的约束有关。正如任鹰（2001）所言："每个句法位置都有其特定的语义基础或称抽象的语义内涵，一个成分能在一个句位上出现，其角色特征应同这个句位所特有的语义内涵相切合。"① 潘国英（2010）将状语分为典型（描述性）和非典型（限制性）两类，② 认为典型状语的语义基础是表方式和情状。形容词作状语用于描述 VP 的情貌，属于典型状语，因而性质形容词进入状位后，会或多或少丧失原有的性质义，凸显情状方式特征，这一

---

① 任鹰：《主宾可换位动结式述语结构分析》，《中国语文》2001 年第 4 期。
② 这里的"典型"和"非典型"状语跟第二章总结上古汉语状语特点时提出的状位"典型成员""非典型成员"不同，潘国英（2010）的分类依据是状位成分的语义属性，而我们的分类依据的是各形式类在状位的见频。

点朱德熙（1956）早已指出，他总结："品质即性质形容词在修饰动词时意义要发生不同程度的变化，也就是要从表示品质转变为表示情状或方式。"①

陈一（1993）认为："作状语的形容词代表的情态状况一般具有临时性、变易性，而且多是外现的。"②并据此将形容词分为两个下位类，"不能作状语的功能上往往只与名词性成分结合（主要是作定语、谓语），一般只表示恒常稳定的性质，可称为一元形容词；能作状语的功能上可与名词性成分结合，也可与动词性成分结合（作定语、谓语、状语、补语），既可以表示恒常稳定的性质（作定语、谓语时），又可表示临时性状态（作状语、补语时），可称二元形容词"③。验之上古汉语，[±恒常，稳定]大致可作为鉴别形容词能否进入状位的语义标准之一。表示人或事物内在稳定属性的形容词一般不能充当状语，如"贤、丑、长（zhǎng）、幼"等，这些词都具有"恒常、稳定"的语义特征，不随外在因素的变化而变化，在句中主要作谓语或定语，用为主、宾语时发生转指，指称具有该属性的人或事物。以"贤"为例：

(1) a. 归，王问鲁大夫孰贤？（国语·周语中）
　　b.（公子光）阴纳贤士，欲以袭王僚。（史记·吴太伯世家）
　　c. 是故乡长退而修德进贤，桓公亲见之，遂使役官。（国语·齐语）

"贤"义为"才德出众的"（释义取自《王力古汉语字典》），是人的内在属性。例（1）a 中"贤"作谓语，（1）b 作定语，（1）c 作宾语，发生转指，义为"才德出众的人"，没有作状语的用法。上古汉语不能作状语的性质形容词中有一部分就是表示人或事物内在稳定属性的，但这部分词比较少。

张国宪（2006）根据"宿主"语义性质（形容词所依附的对象是人和事物还是行为）的不同，将性质形容词分为"饰物形容词"和"饰行

---

① 朱德熙：《现代汉语形容词研究》，《语言研究》1956 年第 1 期。
② 陈一：《形动组合的选择性与形容词的下位类》，《求是学刊》1993 年第 2 期。
③ 同上。

形容词",并指出有些形容词可以兼属两类,但未进一步说明这种分类与形容词的句法功能有什么内在联系。我们借用"饰物"和"饰行"这两个术语,结合[±恒常,稳定]的语义特征,对上古汉语性质形容词进行粗略分类,所得各小类与张著不尽相同,并在分类基础上归纳不同小类形容词在充当状语能力上的不同表现:

1. 饰物形容词

在认知领域里依附于人或事物的形容词叫作饰物形容词,这类形容词可再略分为以下几个语义类:

A. 表度量:大、巨、小、多、寡、少、重、厚、轻、薄、深、浅、长(cháng)、广、远、近、高、粗、细……

B. 表性状:新、旧、直、曲、茂、盛、坚、固、洁、满、虚、平……

C. 表评价:

a. 评价品性:丑、贤、长、幼……

b. 评价行为:暴、勇、恭、敬、谨、慎、勤、忠、诚……

2. 饰行形容词

在认知领域里依附于具体动作行为的形容词叫作饰行形容词,包括动作行为的程度、频度、情状、时间、速度等语义类。

A. 表情状,① 情状类在饰行形容词中所占比例最大,包括"明、杂、快、博、熟(孰)、详、苦"等。

B. 表程度,如"甚、极、切"。

C. 表频度,如"鲜、希"。

D. 表时间,如"早、晚、宴、久"。

E. 表速度,如"缓、疾、速、急、狂、还、亟(jí)、徐"。

表评价的饰物形容词多依附于人,其中评价品性的形容词表示人的内在稳定属性,在语义上更具有[+恒常,稳定]的特征,与典型状语的[+情状/方式]特征相悖,故一般不能充当状语。相反地,饰行形容词则经常充当状语,这是因为饰行形容词需要依附动作行为而存在,语义上和动作行为相关联,且不具备[+恒常,稳定]特征,伴随动作行为或状态

---

① 这里的情状与上面所说状位形容词表示的情状义有广狭之分,此指狭义。状位形容词的[+情状/方式]特征包括狭义的情状以及程度、频度、时间、速度等语义小类。

的存在而存在，一旦动作行为完成或状态结束，饰行形容词便失去了依附，也不再有情状方式义可言。饰行形容词语义上和动作行为的这种内在关联性使之符合典型状语的语义属性，成为状位形容词的典型成员，可称为"饰行状位形容词"。

饰行形容词虽然是状位形容词的典型成员，但它们在状位形容词中所占比重不大，并不是状位形容词的主体，状位形容词的主体是经过身份变化的饰物形容词。在概念域依附于人和事物的饰物形容词能进入状位，转而依附动作行为，是由于它们通过某种途径兼具了饰行形容词的特征，属于"饰物/行"形容词。"饰物/行"形容词的形成有两条途径，一是兼类，一是引申，前者无时间过程，是"饰物兼饰行"形容词，后者有时间过程，是"饰物→饰行"形容词。

一般来说，评价人行为的饰物形容词同时也是饰行形容词，属兼类，因为评价是以主体的行为作为凭借得出的，总是联系着某个具体的动作行为，不存在脱离具体行为的评价。换句话说，评价人行为的饰物形容词的依附对象有两个，一个是行为主体，一个是行为本身，若着眼于形容词和主体之间的依附关系，就将其分析为饰物形容词，若着眼于形容词和动作行为之间的依附关系，则分析为饰行形容词。由于在认知领域中倾向于首先将这类形容词和行为主体相关联，故我们将其归入饰物形容词中，但不代表可以因此忽略它们和动作行为之间的依存关系。这类形容词在状位时与单纯的饰行形容词一样，属于"饰行状位形容词"。

表度量和性状的饰物形容词则多通过语法化途径实现概念域的扩张，在我们调查的状位形容词中，饰物向饰行（也就是从依附于事物到依附于行为）的引申有以下几类：①

1. 度量/性状→程度

度量用于表示事物在空间上的性状特征，由于表度量的形容词具有可计量性，所以它们依附的对象可以用于比较，比较自然就有等级的不同，而不同的程度是行为力度等级不同所产生的结果，因此从表度量的饰物形容词到表程度的饰行形容词，本质上是从事物计量的等级到行为力度的等级的过程。从度量到程度的形容词有"大、少、重、轻、厚、薄、深、

---

① 下举各词用作饰物形容词的例句中，有一部分取自《古汉语常用字字典》和《王力古汉语字典》，不一一指明。

浅、高"等，如：

(2) a. 酌以大斗，以祈黄耇。（诗经·大雅·行苇）
    b. 郑师合以攻之，王卒大败。（左传·桓公五年）
(3) a. 邻国之民不加少，寡人之民不加多，何也？（孟子·梁惠王上）
    b. 吾抚女以从楚，辅之以晋，可以少安。（左传·僖公五年）
(4) a. 楚子问鼎之大小轻重焉。（左传·宣公三年）
    b. 信喜，谓漂母曰："吾必有以重报母。"（史记·淮阴侯列传）
(5) a. 楚子问鼎之大小轻重焉。（左传·宣公三年）
    b. 夫小人有欲，轻虑浅谋……（史记·赵世家）
(6) a. 彼节者有间，而刀刃者无厚。（庄子·养生主）
    b. 王以为有礼，厚贿之。（左传·宣公九年）
(7) a. 战战兢兢，如临深渊，如履薄冰。（诗经·小雅·文旻）
    b. 及解年长，更折节为俭，以德报怨，厚施而薄望。（史记·游侠列传）
(8) a. 阙为深沟，通于商、鲁之间。（国语·吴语）
    b. 君子曰："善深谋也。"（国语·晋语一）
(9) a. （水）深则厉，浅则揭。（诗经·邶风·匏有苦叶）
    b. 夫小人有欲，轻虑浅谋……（史记·赵世家）
(10) a. 夫周，高山、广川、大薮也，故能生是良材。（国语·周语下）
    b. 文帝曰："卑之，毋甚高论，令今可施行也。"（史记·张释之冯唐列传）

以上9组例句中的形容词在a句都用本义表度量，为饰物形容词，在b句则引申指行为上程度的高低，为饰行形容词。以例（2）"大"为例，"大斗"的"大"指容量大，依附对象是名词"斗"；"大败"的"大"指程度高，依附对象是动词"败"。"少、重、轻、厚、薄、深、浅、高"同。

从性状到程度的形容词仅发现"盛":

(11) a. 有盛馔,必变色而作。(论语·乡党)
　　　b. 今君王不察,盛怒属兵,将残伐越国。(国语·吴语)

例(11)a的"盛"指"丰盛",是事物可感知的性状,依附对象为"馔",为饰物形容词;在例(11)b中则表发怒的程度,依附对象为"怒",为饰行形容词。

2. 度量/性状→情状

经由该引申途径实现饰物到饰行转化的有"广、坚、固、粗、平、虚、熟、偏、正、直"等,如:

(12) a. 汉之广矣,不可泳思。(诗经·周南·汉广)
　　　b. 此先王所以不用财贿,而广施德于天下者也。(国语·周语中)

"广"是表度量的形容词,指实体的宽度大。在例(12)a中陈述主语"汉水"的性质,是饰物形容词;例(12)b中"广"引申表示抽象的范围,由陈述主语转为描摹谓语"施德",成为饰行形容词。

"粗、平、虚、熟(孰)、偏"及部分"正"的情形与"广"相同,它们本来是表度量或性状的饰物形容词,引申为饰行形容词后依附谓语中心,如:

(13) a. 其器高以粗。(礼记·月令)
　　　b. 陆生乃粗述存亡之征,凡著十二篇。(史记·郦生陆贾列传)
(14) a. 无平不陂,无往不复。(周易·泰)
　　　b. 自此而西,平行至宛城,汉兵到者三万人。(史记·大宛列传)
(15) a. 仓府两虚,国弱。(商君书·去强)
　　　b. 名不虚立,士不虚附。(史记·游侠列传)
(16) a. 君赐腥,必熟而荐之。(论语·乡党)

　　　　b. 今战能胜，高必疾妒吾功；战不能胜，不免于死。愿将军孰计之。(史记·项羽本纪)
　(17) a. 无偏无陂，遵王之义。(尚书·洪范)
　　　　b. 故偏听生奸，独任成乱。(史记·鲁仲连邹阳列传)
　(18) a. 仪正而景正。(荀子·君道)
　　　　b. 升车，必正立，执绥。(论语·乡党)

"直、坚、固"及部分"正"是从表性状（依附对象为无生命事物）转化为表评价（依附对象为无生命事物或人），属于从单纯饰物形容词到饰物兼饰行形容词。以"直"为例：

　(19) a. 直木先伐，甘井先竭。(庄子·山木)
　　　　b. 下有直言，臣之行也；上有直刑，君之明也。(国语·晋语三)
　　　　c. 昌为人强力，敢直言，自萧、曹等皆卑下之。(史记·张丞相列传)

"直"的本义是"成直线形状，与'曲'相反"（《王力古汉语字典》），为表性状的饰物形容词，如(19)a。引申为表评价的饰物形容词，义为正直不曲，评价的可以是人，也可以是言论、制度等。表评价的"直"作定语时仍是单纯的饰物形容词，修饰名词性中心语，如(19)b，"直言"和"直刑"分别指言论和刑罚的公正。这个义项的"直"作状语，则转为饰物兼饰行形容词，同时关联主语（指人NP）和谓语中心，如(19)c，"直"既是对主语"昌"的陈述，又是对其行为"言"（谓词性）的描摹。

其他几个词举例如下：

　(20) a. 誉其盾之坚，物莫能陷也。(韩非子·难势)
　　　　b. 秦见三晋之坚也，果不出楚王卬，而多求地。(战国策·赵策)
　　　　c. 赵不能听，则必坚守，是两弊也。(战国策·楚策)
　(21) a. 兵劲城固。(荀子·王制)

　　　　b. 管仲固谏，不听。(史记·齐世家)
(22) a. 仪正而景正。(荀子·君道)
　　　　b. 晋文公谲而不正，齐桓公正而不谲。(论语·宪问)
　　　　c. 斗生于乱世，事乱君，焉敢直言正谏。(战国策·楚策)

3. 度量/性状→时间

通过这种途径实现从饰物向饰行扩张的形容词有"长"和"新"，"长"的引申方式已见张国宪（2006），① 是从空间到时间的扩张；"新"表性状，具有在心理上认为所依附的对象确立某种身份或形成某种实体的时间短的语义内涵，与"旧"相对，引申到行为领域，扩张到现实的时间概念，表示该性状距离某动作行为发生的时间短。比如：

(23) a. 仲尼曰："僬侥氏长三尺，短之至也。长者不过十之，数之极也。"(国语·鲁语下)
　　　　b. 不仁者不可以久处约，不可以长处乐。(论语·里仁)
(24) a. 晋之从政者新，未能行令。(左传·宣公十二年)
　　　　b. 夫晋新得诸侯。(国语·鲁语上)

例(23)(24) a句中的"长"和"新"是饰物的，b句中是饰行的。实际上，表时间的"新"在状位上虚化成了副词，详见下节。

4. 事物的数量→行为的数量

这里指"多、寡"等词从表事物数量到表行为次数的引申。从饰物到饰行，"多"和"寡"的语义内涵不变，变的只是它们所依附的对象，依附人或事物时为饰物形容词，依附行为时为饰行形容词。例如：

(25) a. 夫古者不料民而知其少多……(国语·周语上)
　　　　b. 多闻，择其善者而从之，多见而识之，知之次也。(论语·述而)
(26) a. 丘也闻有国有家者，不患贫而患不均，不患寡而患不

---

① 张国宪：《现代汉语形容词功能与认知研究》，商务印书馆2006年版，第24页。

安。(论语·季氏)①

　　　　　b. 故古之为军也，军有左右，阙从补之，成而不知，是以寡败。(国语·晋语一)

"多""寡"在例(25)(26)a句中依附名词性成分"民"[例(26)a中"民"省略，未出现]，为饰物形容词；在例(25)(26)b句中依附谓语动词"闻""见"和"败"，为饰行形容词。

饰行形容词多充当状语和VP主语句的谓语，一般不能充当定语；而饰物形容词则主要充当定语和谓语（NP主语句），同时也能充当状语，充当定语、谓语是饰物形容词的典型分布，充当状语是其非典型分布。由此可见，饰物形容词和饰行形容词在典型的句法分布上具有较强的互补性。

状位形容词语义指向宾语时，保持饰物形容词的身份，如：

　　(27) 乐岁，粒米狼戾，多取之而不为虐，则寡取之。(孟子·滕文公上)

例(27)的"多"和"寡"虽在状位，但不是指"取"的次数的多少，而是指所取之物数量的多少，语义指向"取"的宾语"之"，仍是饰物形容词。

以上这些从饰物扩张到饰行的形容词中，作状语时语义不能指向宾语的属于"饰行状位形容词"；语义既能指向中心语又能指向宾语的形容词，在句中指向中心语时属"饰行状位形容词"，指向宾语时，连同没有扩张为饰行形容词的单纯饰物形容词（如"远、近、满"等）一起，构成状位形容词的非典型成员，可称为"饰物状位形容词"。

"饰物"和"饰行"的区分对状位形容词来说很重要，它们不仅可以作为帮助鉴定形容词能否进入状位的标准，还与状位形容词的语义指向以及形容词向副词的转化密切相关，详见本章第五节和第七章第四节。

状位对形容词的选择除了体现在形容词的典型性和语义属性上之外，还和反义形容词句法功能的不对称有关，积极义形容词的句法和语义表现都比与其反义的消极义形容词复杂得多。第三节提到，上古汉语中，有不

---

① 原文为"不患寡而患不均，不患贫而患不安"，此处依俞樾《古书疑义举例》更正。

少积极义形容词能够进入状位，而相对应的消极义形容词则不能，并以"广—狭""高—下""敬—慢""饱—饥/饿"为例进行对比说明。这四组形容词都是饰物形容词，其中积极义的通过兼类或引申扩张为饰行形容词，从而进入状位，而消极义的则没能实现这一扩张，这是值得进一步讨论的问题。

第五节　上古汉语状位形容词的虚化

本节讨论上古汉语状位形容词的用法（句法表现和语义行为）及其虚化，着重思考和关注以下问题：①当一个形容词作状语时，其典型的句法语义特征会发生变化，变化的条件是什么？②如何判断一个处于状语位置上的词是形容词还是由形容词虚化而成的副词？③哪些状位形容词最容易发生去语义化（desemanticization）和去范畴化（decategorization），从而演变为副词？哪些状位形容词不容易发生这样的演变？

考察发现，形容词进入状位后容易向副词方向虚化，因此一个原本为形容词的词，如果经常出现在状语位置，其词性归属有三种可能：①全部用法保持形容词词性不变；②部分用法可归入副词；③全部用法可归入副词。最后一种情况应看作副词作状语，如"小""阴"等，不在状位形容词研究范围之内，因而本节要讨论的是前两种情况。

一　状位形容词的分化条件

（一）语义基础

观察上古汉语的状位形容词可以发现，如果它原本就是饰行形容词，进入状位后意义一般不容易发生虚化，或者至少在上古汉语中没有虚化。因为饰行形容词本身就是依附于动作行为的，它们在状语位置上的表现与其他句法位置上（主要是谓语）一致，仍然是对动作行为的表述，语义十分稳定，不容易发生去语义化。容易虚化的是那些"饰物/行"形容词。"饰物/行"形容词本身是依附于人或事物的，它们在状位上的表现与在其他句法位置上不同，即从原来的依附于人或事物转为依附于动作行为，同时语义也出现偏离，这样就容易发生去语义化和去范畴化。

"饰物/行"状位形容词的虚化途径有两种，一种以"大"类形容词为代表,见例(1),一种以"直"类形容词为代表,见例(2)。对于"大"类形容词来说,它们在状位上有两种不同的语义指向。当其语义指向主语或宾语,词义与其出现在其他句法位置相同,此时该词保留原本的饰物用法,仍是形容词,不会发生虚化;当其语义指向谓语中心,词义与其出现在其他句法位置时已不完全相同,此时为饰行用法,这样它便具备了虚化的可能。若这种饰行用法高频出现,其作为形容词的词汇意义会越来越虚,而语法意义会越来越凸显,从而发生去语义化和去范畴化,渐渐脱离形容词范畴,进入副词范畴。以下举例说明:

(1) a. 秋,大雨雹,为灾也。(左传·僖公二十九年)
　　 b. 郑师合以攻之,王卒大败。(左传·桓公五年)

在例(1)a中,"大"是表度量的饰物形容词,其语义指向宾语,保留饰物用法;① 到例(1)b中,"大"变为饰行用法,其语义指向动词,且"大+谓语中心词"表示程度高的用例极多,使得"大"最终脱离本义,虚化为程度副词。

对于"直"类状位形容词来说,它们首先通过兼类获得饰行形容词的身份,随后在饰行用法的基础上意义进一步分化,逐渐发展为副词。现将本章第四节例(19)重新编号如下:

(2) a. 直木先伐,甘井先竭。(庄子·山木)
　　 b. 下有直言,臣之行也;上有直刑,君之明也。(国语·晋语三)
　　 c. 昌为人强力,敢直言,自萧、曹等皆卑下之。(史记·张丞相列传)

例(2)a、b的"直"都充当定语,例(2)a中使用本义,"直"的依附对象是名词"木",属于表性状的饰物形容词,到例(2)b中引申表示言行"正直、不曲",依附对象是名词"言"和"刑",属于表评

---

① 也可以认为"大"在该句的语义指向动词"雨","雨"是"下"的意思,"大"的意思是"大量地"(何乐士《古代汉语虚词词典》,第65页)。这样一来,例(1)a的"大"就处于重新分析阶段,但仍是形容词,与例(1)b"大败"的"大"不同。

价的饰物形容词；例（2）c 的"直"充当状语，词义与例（2）b 相近，既依附于主语"昌"，又依附于谓语动词"言"，这样就由纯粹的饰物形容词转为饰物兼饰行形容词，在词义上除了表示"正直、不曲"义外，又添了表示"直接、不拐弯抹角"的方式义，至此"直"实现了虚化过程中的第一步。在例（2）c 的用法上再进一步发展，"直"的"正直、不曲"义丢失，只表示方式上的"直接"义，虚化为副词，如例（2）d：

d. 随何直入，坐楚使者上坐，曰……（史记·黥布列传）

该例中的"直"在语义上已不再依附行为主体，失去评价义，仅表"入"的方式，成为情状副词。

这两种途径都能形成状位的形容词与副词同形的现象。可以说，在上古汉语中，当一个饰物形容词通过兼类或引申具备了饰行形容词的身份时，就同时隐含了虚化的可能。整个虚化过程可以简写为：

饰物/行形容词 ⟶ 饰物用法
　　　　　　 ⟶ 饰行用法→副词

需要强调的是，饰行用法只是状位饰物/行形容词虚化的必要条件而非充分条件，也就是说，它们的饰行用法不一定都会变成副词，这在下面谈鉴别方法时可以看到。

(二) 句法环境

这里的"句法环境"是指状位形容词和中心语的组合能力。有些形容词作状语比较自由，可以和多种中心成分组合；有些形容词作状语不自由，只能和特定的一类或几类中心成分组合；有些形容词则很少作状语。我们以宋亚云（2009）的 380 个性质形容词为基本考察范围，在抽样统计的 5 种语料中得到 87 个状位形容词。按其与中心语的组合能力，可分为三类：①

a. 自由状位形容词（32 个）

这类形容词作状语能与多个中心语相组合，且中心语不限于某一固定

---

① 本节对状位形容词的数据统计在 5 种语料之内，但对其与中心语的搭配能力的考察范围不限于 5 种语料。

的语义小类。自由的状位形容词有32个：大、甚、极、多、少、新、重、厚、深、长、明、难、易、善、早、疾、速、急、久、直、远、诚、敬、谨、慎、高、暴、正、妄、伪、独、固。① 其中，"重"能修饰"贿、赂、问、为、施、遗、报、宠、爱、损、逆、遭、罪、坐、敬"等，"深"能修饰"耕、谋、知、入、亲信、拱、虑、念、论、诛、察、购、疾、怨、诋、治"等，"久"能修饰"有、处、假、约、留、持、临、结、居、安、存、亡、愿、宦、坐、亲、闻"等。"甚"作状语搭配的中心语范围更广，除各类动词外，还能修饰形容词谓语，如"甚宽惠"，正因为如此，有人将其视为副词。

b. 不自由状位形容词（31个）

这类形容词作状语能搭配的中心语在数量或语义类型上是受限的，多数只能和特定的中心语结合。不自由的状位形容词有31个：安、宁、闲、燕、穷、宴、徐、坚、博、悲、饱、熟（孰）、详、寡、苛、杂、晚、缓、广、遥、近、勤、轻、鲜、希、虚、切、偏、乐、严、巧。其中，"熟"作状语只能和"计、视、虑"搭配，且从上古一直沿用至今，最终以熟语的身份保留在现代汉语中，如"熟视无睹""深思熟虑"等；"安、宁、闲、燕"一般只和居处类动词搭配。

c. 很少出现在状位的形容词（24个）

这类形容词极少出现在状语位置，一般只有1—2次。很少出现在状位的形容词有24个：贵、贱、困、还、亟、快、遑、恭、卑、薄、繁、浅、忠、均、洁、迂、假、粗、苦、满、概、平、端、笃。考察发现，它们在上古其他文献中充当状语的机会也很少。

上述87个状位形容词中，同时符合语义基础和句法环境两个条件的有17个，分别是：大、多、少、新、重、厚、深、长、诚、敬、谨、慎、暴、正、直、独、固。②

Traugott（1996）认为，实际语篇里一个成分发生语法化的先决条件主要有：（一）语义相宜（semantic suitability）；（二）结构邻接（con-

---

① 形容词"亟（jí）"义为"速"，在状位上另有副词"亟（qì）"，读音已经分化，应视为两个不同的词，故不计入形容词虚化的讨论中。

② 在宋亚云（2009）的380个上古汉语性质形容词中，有一类只能作谓语而不能作定语，属于边缘形容词，它们多与状态动词纠葛。对于这些词，可能有人更倾向于将其看作状态动词，我们一仍宋文的判定结果，将它们纳入形容词范畴。

structional contiguity）；（三）频率因素（frequency）。用本节的考察结果来验证这一理论主张，我们发现，Traugott 的说法符合上古汉语形容词虚化的实际，即这三个条件都与汉语"形容词>副词"的虚化密切相关，但有先后顺序。其中，"结构邻接"是决定形容词有无虚化可能的先决条件。一个形容词要向副词虚化，必须先具备句法条件，即进入状语位置。有些形容词不可能演变为副词，就是因为不具备这一条件（即结构不邻接）。"语义相宜"和"频率因素"是影响状位形容词虚化的重要条件。形容词中有一部分在语义上与副词是直接关联的，能为其向副词的语法化提供合适的语义基础。同时，形容词在状位出现的频率（与其和谓语中心的组合能力相关）也在很大程度上影响着它发生语法化可能性的大小。由于本书考察的状位形容词已经经过句法条件的筛选，因此上文只讨论了语义和频率两个分化条件。

二　状位形容词虚化的鉴别方法

由于形容词虚化为副词用法是在状位"饰物/行"形容词的饰行用法上发展出来的，因此判断一个处于状语位置上的词是形容词还是由形容词虚化而成的副词，首先要区分同一个状位"饰物/行"形容词的饰物和饰行用法。饰物用法属于形容词，饰行用法则不一定属于形容词。一般来说，表示事物度量和性状的形容词，进入状位后，语义指向宾语的属于饰物用法，语义指向动词的属于饰行用法，"大、多、少、新、重、厚、深、长"等即属此类；表示评价行为的形容词，进入状位后都可看作饰行用法，"诚、敬、谨、慎、暴、正、直、独、固"等即属此类。①

区分开一个状位形容词的饰物和饰行用法后，进一步的工作是鉴别饰行用法中哪些属于形容词，哪些属于副词。判断的主要依据是看该用法的意义与其出现在其他句法位置上的意义是否相同，相同的仍归入形容词用法，不同的则归入副词用法。同时要参考使用频率等因素的影响。以下对上面析出的 17 个状位形容词的用法作逐一考察，所举诸例尽量从 5 种语料中选取，必要时辅以相关文献的语料。

---

① "直"按其本义应属表性状的饰物形容词，它在状位的词性分化是在转为表评价类之后实现的［转化过程参见上举例（2）及分析］，故此处将其归入表示评价的形容词。

(一) 大、多、少、新、重、厚、深、长

根据上述鉴别方法,"厚、重、深"在状位的饰物用法是形容词,① 如:

(1) 乃厚赐田宅金钱,封公昆弟,家于长安。(《史记·外戚世家》)
(2) 重为之礼而归之。(左传·成公三年)
(3) 且鸟高飞以避矰弋之害,鼹鼠深穴乎神丘之下以避熏凿之患,而曾二虫之无知!(庄子·应帝王)

例(1)(2)中"厚"和"重"的语义分别指向宾语"田宅金钱"和"礼",是饰物用法,词性不变。例(3)中"深穴"与"高飞"对举,可知"深"是"穴"(挖穴,动词隐含)的状语,"深"的语义指向动作的对象"穴",也是饰物用法,词性也不变。

"厚、重、深、长"的饰行用法能够转换为其他句法成分且意义不变,也是形容词,如:

(4) a. 张耳谒汉王,汉王厚遇之。(史记·张耳陈余列传)
　　b. 汉王遇我甚厚,载我以其车,衣我以其衣,食我以其食。(史记·淮阴侯列传)
　　c. 君无咫尺之地,骨肉之亲,处尊位,受厚禄。(战国策·楚策一)
(5) a. 纵至,掩定襄狱中重罪轻系二百余人,及宾客昆弟私入相视亦二百余人。(史记·酷吏列传)
　　b. 去而罪重,不智。(国语·晋语二)
　　c. 由此上益重爱之。(史记·卫将军骠骑列传)
　　d. 终君之重爱,受君之重贶,而群臣受其大德,晋国其谁非君之群隶臣也?(国语·晋语二)
(6) a. 言不可食,众不可弭,是以深谋。(国语·晋语二)

---

① "长"作状语时的意义已从空间域引申至时间域,语义指向其后的 VP,只有饰行用法,例见下。

　　　　b. 吾闻申生之谋愈深。(国语·晋语二)
　(7) a. (此)皆民之所恶也，难以长生。(国语·晋语二)
　　　　b. 以民生之不长，王其无死，民生于地上，寓也；其与几何？(国语·吴语)

　　"厚、重、深、长"四个词本是表示度量的，在此基础上，"厚、重、深"引申出"厚重、程度深"的意义，"长"引申出"时间长"的意义。它们在状位的饰行用法已很少使用本义（只有"深"还可以出现在"深耕"中），但不能据此认为它们在状位上变成了副词，因为"厚重、程度深"和"时间长"的意义仍然活跃在定语、谓语、述语等句法位置上，这一点通过比较以上各组例句便能发现。
　　"大、少、新"语义指向宾语（饰物用法）时为形容词；与上述"厚"等形容词不同，"大、少、新"指向动词（饰行用法）时的词义不能用在其他句法位置上，应视为副词。"大"的用例见前，"少""新"的用例如：

　(8) a. 王怒，少与之师。(左传·僖公二十八年)
　　　　b. 太后之色少解。(战国策·赵策四)
　(9) a. 新作南门。(左传·隐公元年)
　　　　b. 夫晋新得诸侯。(国语·鲁语上)

　　例(8)a和例(9)a中的"少""新"语义指向宾语，保持本义不变，为形容词；例(8)b和例(9)b中的"少""新"语义指向动词，脱离本义，虚化为副词。"少"表示程度低，"新"指晋国称霸的时间短。
　　"多"有些特殊，它指向宾语时为形容词，如：

　(10) 公子商人骤施于国，而多聚士。(左传·文公十四年)

　　"多"指向动词时表示动作行为的频率，能够在保持意义不变的前提下转换为其他句法成分，仍是形容词。如：

　(11) (文公)曰："吾不能行也咫，闻则多矣。"对曰："然而

多闻以待能者，不犹愈也？"（国语·晋语四）

这里"多"的语义核心仍是表数量，其语义也可以理解为指向"闻"的宾语（未出现），我们将其归入动词指向，是因为有时 V 后补不出宾语，如"多怨""多言"等，这与"多行不义"等将"多"指向的对象呈现出来的结构还是有些差别的。

除此之外，"多"还有指向主语的用法，如：

(12) 下军之士多从之。（左传·宣公十二年）

学者们在这类"多"的用法上的意见有所分歧，一般将其看作状语，邵永海（2002）则认为"多"仍是形容词，为句中的小主语。依邵说，"下军之士"是全句主语，"多从之"是谓语，"多"又是谓语部分的小主语。我们认为，上古汉语"多"的语义正处于重新分析阶段，同时具备［+数量］和［+范围］两个特征，着眼于数量特征，则"多"为形容词；着眼于范围特征，则"多"为副词。邵文作前一种处理，是凸显"多"的数量特征，力求对"多"在先秦时期的用法作出统一解释。考虑到"多"在其他位置上的语义都不能体现范围特征，且如例（12）这种指向主语的"多"与"咸""皆"等总括副词有相通之处，都能指示主语的范围，我们倾向于把这类"多"归入总括副词。邵文指出"多"能受程度词修饰（如"牛马甚多入人田中"），但未说明《韩非子》中共有几例，在我们调查的 5 种语料中未见此用例，这种用法或可作其他解释。

（二）诚、敬、谨、慎、暴、正、直、独、固

这几个词用作状语，当它们的语义和主语有关联时，仍带有评价义，此时的意义虽与其出现在其他句法位置时相比有变化，但具有同一性，仍应看作形容词，不过已经有虚化的迹象。当它们的语义和主语无关联时，便丧失评价义，只修饰谓语中心，表示动作行为的情状或情态（"独"另有表范围的用法），且此时的意义不能用在其他句法位置上，是副词。比如前举"直"，又如"谨"：

(13) a. 二千石谨察可者，当与计偕，诣太常，得受业如弟子。（史记·儒林列传）

b. 妾谨与俱来。(史记·魏豹彭越列传)

综上，我们在 5 种语料中统计出既有形容词用法又有副词用法的状位形容词共 13 个，它们的语义和词性分化情况见表 5-4。

表 5-4　　　　　　　　上古汉语状位形容词词性分化情况

词	状位用法及语义	修饰的中心语（举例）	词性
大	饰物（数量）	雨雪/霖/雹	形容词
	饰行（程度）	怒、悦、获、奔、临、警、辱、弃、破、败、乱	副词
多	饰物（数量）	聚士、与之邑、杀不辜、作计术、持金钱、出食	形容词
	饰行（数量）	怨、闻、见、学、助、取、言、封	形容词
	饰行（范围）	死、为之言、说、大于、附、变诈、暴	副词
少	饰物（数量）	与之师、遗兵	形容词
	饰行（程度）	长、安、进、疏、荒、闲、卑、固、愁、懦、止	副词
新	饰物（性状）	邑于此、作南门/延厩	形容词
	饰行（时间）	盟、佐、败、破、喋血、坐、反、弃、劳苦、失	副词
正	饰行（情状）	立、视	形容词
	饰行（评价）	议、言、告、谏	形容词
	饰行（情态）	在、中、唯弟子不能学也	副词
诚	饰行（评价）	信、服	形容词
	饰行（情态）	使、请、欲、能、得、有、圣人……	副词
敬	饰行（评价）	奉、承、从、事、进	形容词
	饰行（情态）	问、闻、受命、使、劳、诺……	副词
谨	饰行（评价）	守、事、遇、察、奉、行法、与俱来……	形容词
	饰行（情态）	请、诺、受、使……	副词
暴	饰行（评价）	施、征	形容词
	饰行（情状）	得、病、雷、至、作、生、亡……	副词
直	饰行（评价）	谏、言、断、行	形容词
	饰行（情状）	入、撞入、驰入、通、抵、南、走、摇、贯、冒……	副词
固	饰行（评价）	守、请、辞、谏、问、与……	形容词
	饰行（情态）	将先奔、贪惏、将死、无勇、周制……	副词
独	饰行（评价）	居、乐、行、进……	形容词
	饰行（范围）	后有指示的对象	副词
	饰行（情态）	多用于反问句	副词

续表

词	状位用法及语义	修饰的中心语（举例）	词性
慎	饰行（评价）	行、听、思、守……	形容词
	饰行（情态）	与否定副词连用	副词

　　需要指出的是，形容词在状位上发生词性分化后，两种词性的用法不是均衡的，"大、新、诚"几个词在上古汉语都是高频词，进入状位后几乎全部是副词用法，形容词用法很少。在本章调查的语料中，"大"（状位，下同）只在《春秋经》和《左传》中保留了"大雨雪/霖/雹"共9次形容词用法，其余全部用作副词。"新"也只有《左传》的"新作"和"新邑"可以看作形容词用法的保留（见表5-4），其余皆用作副词。"诚"只在《孟子》中出现"诚信"和"诚服"，其余都用作情态副词，可位于使令动词和助动词前，也可修饰名词谓语，如"诚圣人"。我们也可以这样说，上古汉语"大、新、诚"在状位上已大致完成由形容词向副词的虚化，仅有的几例形容词用法可视为形容词用法在状位的"残存"现象。

　　本节的考察表明，受状位语义内涵（表方式和情状）的约束，部分形容词进入状位后会发生语义和句法的变化，从而导致词性的分化。综观上古汉语状位形容词的表现，可分为三种情况：一部分保持形容词词性未变，如上述"深"等；一部分已完全虚化为副词，如"小"等（见第二节）；一部分正在分化中，兼具形容词和副词两种词性，如"直"等，属于"一字两词"。这几种情况在上古汉语共存，造成当时状位形容词和副词混杂难分的局面。其实，只要从语义属性和组合能力两方面对状位形容词进行梳理、分类，就不难发现其中的规律：饰行形容词性质稳定，一般不容易发生去语义化和去范畴化；组合能力不强的状位形容词由于受搭配和见频的限制，亦不具备这样的条件；只有那些在句中可以自由和谓语中心搭配的"饰物/行"形容词才最有机会在状位产生语义偏离，从而发生去语义化和去范畴化，最终演变为副词。当然，由于调查的材料有限，表5-4所列13个形容词只是上古汉语状位形容词虚化的一部分。本节意在以此为样本，探讨状位形容词虚化的条件，至于更全面系统的共时描写和历时分析则是我们后续研究的目标。

第六节 状态义形容词作状语

状态义形容词的使用在先秦时期就已经比较活跃，尤其是在《诗经》和《楚辞》这样的韵文中。学界历来不乏研究汉语史上状态义形容词的成果，杨建国（1979）就对先秦时期的状态义形容词进行了专门讨论，郭锡良（2000）认为先秦形容词的发展特点之一便是状态义形容词的产生，并在杨建国（1979）的分类基础上按构词格式将其分为五类，分别为重言式（叠音词）、双声叠韵式（联绵词）、单音、带"然""如""若""尔"等词缀的复音词以及少数 AABB 式。张国宪（2006）持相同意见，"从传世文献看，先秦时期状态形容词的形态已经相当发达，除了 ABB 式和 A 里 AB 式之外，当今活跃着的状态形容词类型和句法功能基本上都可以在这一时期寻觅到其踪影"①。

郭锡良（2000）所列五类格式中，前四类确定是词无疑，但最后一类 AABB 式的性质后来有人质疑。石锓（2010）认为："唐以前，形容词性的 AABB 是两个重言式的连用，带有较强的语用性质，与今天的 AABB 式形容词有很大区别。"② 如此，AABB 在上古汉语中是词组而不是词，且 AABB 结构的句法功能是充当复句中的分句，不是状语。又据杨建国（1979），"先秦散文中，单音节状态词数量不多，仅出现在谓语位置上"③。单音节状态义形容词只在《诗经》中多见，可以充当谓语、状语或定语，它们的使用可能与特定的文体风格有关，这里我们不打算作深入探讨。

这样一来，上古汉语散文中通用的状态义形容词就只有叠音词、联绵词和带词缀的复音词。如：

---

① 张国宪：《现代汉语形容词功能与认知研究》，商务印书馆 2006 年版，第 83 页。关于 ABB 式，上古时期存在少数，李海霞（1991）收集到先秦 ABB 结构共 35 例，对其进行详尽分析，认为 ABB 在当时不是词，而是由各自独立的 A 和 BB 构成的词组，这一论断支持了王力（1954）的看法。至于 ABB 的句法功能，李海霞（1991）认为以作状语为常，石锓（2010）考察了唐以前 161 例 ABB 结构，认为它们都只能充当谓语，没有状语用法。

② 石锓：《汉语形容词重叠形式的历史发展》，商务印书馆 2010 年版，第 133 页。

③ 杨建国：《先秦汉语的状态形容词》，《中国语文》1979 年第 6 期。

（1）施施从外来，骄其妻妾。（孟子·离娄下）

（2）井上有李，螬食实者过半矣，匍匐往，将食之。（孟子·滕文公下）

（3）子思以为鼎肉使己仆仆尔亟拜也，非养君子之道也。（孟子·万章下）

与性质形容词相同，状态义形容词用于 VP 前也要进行结构上的辨析，即状态义形容词与其后 VP 构成的是连谓结构还是状中结构。这一问题前面已经谈到，本书对其作形式上的统一处理，有连谓标记"而"连接的一律归入连谓结构，无"而"的则认为状态义形容词在 VP 前发生了重新分析，充当 VP 的状语。如：

（4）今夫麰麦，播种而耰之，其地同，树之时又同，浡然而生，至于日至之时，皆熟矣。（孟子·告子上）

（5）天油然作云，沛然下雨，则苗浡然兴之矣。（孟子·梁惠王上）

按照我们的处理标准，"浡然"在例（4）中充当谓语，在例（5）中充当状语。

与性质形容词不同的是，状态义形容词在状位没有虚化为副词，不存在词性辨析问题，这与状态义形容词所表达的意义有关。前面说到，饰物形容词在状位通过兼类或转化的方式有了饰行用法后，饰行用法使用的词义与本义相比有所偏离，这是饰物形容词发生虚化的第一步。而状态义形容词在不同分布上的词义没有变化，都是描摹主语或中心语情状的，缺少虚化的语义动因，故能一直保持形容词身份不变。

另外，在句法分布上，虽然状态义形容词没有形成与性质形容词对立的分布，但二者的典型分布位置不同。性质形容词的典型分布是谓语和定语（或认为是定、谓之一），作状语时较为受限，是非典型分布；状态义形容词在谓语、状语和定语位置上都有分布，作定语的机会反而不如谓语、状语多，其中带"然""如""若""尔"词缀的状态义形容词全部不能进入定语位置。上古以后，状态义形容词逐渐固定在谓语和状语位置上，性质形容词逐渐固定在谓语和定语位置上，二者形成基本对立的分布格局，最终在形容词内部形成"性质形容词"和"状态形容词"两个语义和功能上都有对立表现的小类。

　　状态义形容词之所以能自由充当状语，也是由其语义决定的。典型状位成分的特征是表情状和方式，这与状态义形容词的语义属性正相符，因此状态义形容词进入状位不需要像性质形容词那样压抑自己原有的特征，充当状语就较为自由。而且，由于状态义形容词都具有临时性和易变性，这也与状位的要求相符，从而避免了如性质形容词那样遭遇筛选（表示人或事物内在稳定属性的性质形容词不能进入状位）的情况。

第六章

介词组作状语

与前几章讨论的对象不同，本章研究的充当状语的形式不是某个词类，而是"介词（Pre）+宾语"结构，以下称介词组。介词组的构成形式和所表达的语义类型都很丰富。在介词组中，充当介词宾语的多数是NP，如"以此众战""子于是日哭"等；也有不少是VP，如"尧以不得舜为己忧"；还有的是代词，如"吾以此观之"等。介词组所表达的语义则涵盖了时间、处所、凭借、对象等诸多概念空间（参见本章第一节）。本章首先对上古汉语不同介词组的类型作概括性的介绍，然后着重讨论上古汉语"以""自""于"三个介词组的分布及规律，同时观察它们的语序演变，最后对上古汉语介词组的表现加以总结。

第一节 介词组作状语的类型

一 介词的确认

何乐士（2005）在讨论《左传》和《史记》动词前后的介词组时，列举《左传》动词前介词19个，《史记》动词前介词46个，动词后介词11个。[①] 并对介词的界定作了说明："我在这里提出的介词大都是就其总的倾向而言的。其中包括部分介于动词和介词之间，后世变成介词

---

① 何乐士所列《左传》动词前的19个介词分别是：以、与、于、自、从、及、为、由、因、用、当、循、代、逮、道、在、先、将、向（乡、嚮）。《史记》动词前的介词除以上19个之外，另有：即、旁、随、逐、临、并、缘、依、披、至、竟、比、方、坐、抵、赖、空、悉、到、终、候、会、应、居、乘、承、后。动词后介词有：于、於、以、乎、自、诸、在、及、由、焉、抵。

的词，姑且把它们看作准介词。"① 何著所谓"准介词"，严格地说在当时还是动词，如"在"，《左传》的"在"是动词，到《史记》才有个别介词用法，有的甚至后世也一直未虚化成介词，如"循""道（导）"等。

介词组是谓语中心的修饰成分，位于 V 前后，表示动作行为（谓项）发生的时间、处所、范围、涉及的人或事物、凭借的工具等参项成分或背景成分。② 区分一个词 X 是介词还是动词，要看这个词带上宾语后与其前或其后的 VP 构成连动结构（谓项+谓项）还是偏正结构（"参项/背景+谓项"或"谓项+参项/背景"）。连动结构中的 X 是动词，"X+宾语"本身就是一个事件，与另一个事件一起构成句子的命题（双核心）；偏正结构中的 X 是介词，"X+宾语"是单核心命题中事件的修饰语。实际上，由于介词多由动词虚化而来，上古汉语有些词正在从动词到介词的虚化过程中，而虚化过程又是一个连续统，故不容易在动词和介词间划定一个清晰的界限。但上古汉语有些词是可以确认已经用为介词的，分别是虚化（含假借）较早的"于（含'於'）、自、以、与、为"和后来新兴的"从、由"。

二 介词组的语义类型

由第二章的论述可知，介词组作状语可以表示不同的语法意义，不同的语法意义是通过对介词组与谓语中心的语义关系的分析，或者说是对介词组在句子或句法结构中的表义功能的分析和归纳得出的。不同介词组与谓语中心的语义关系自然各不相同，同一介词带上不同的宾语后也会和谓语中心构成不同的语义关系。

---

① 何乐士：《〈史记〉语法特点研究》，商务印书馆 2005 年版，第 127 页。
② 洪波：《汉语处所成分的语序演变及其机制》，载《纪念马汉麟先生学术论文集》，南开大学出版社 1998 年版，第 171—207 页。文章将句子中核心成分（文中称"谓项"）以外的体词性成分分为参项成分、背景成分和量项成分三种："表示谓项的施事、受事、与事、工具等语义角色的体词性成分统称为参项成分，表示谓项运动形态的各种空间和时间背景的体词性成分统称为背景成分，表示谓项运动形态的各种量度的体词性成分称为量项成分。"

（一）"于"词组的语义类型①

介词"于"由动词"去到"义虚化而来（郭锡良，1997），虚化后首先用来介引处所成分，在此基础上又继续引申，可介引时间、对象、范围、凭借、施事等。"于~"的语义类型多有学者论及，本节结合解惠全、洪波（1988）和洪波（1998）的研究，将上古汉语"于~"的语义分六类，分别是"处所、时间、对象、范围及方向、凭借、主动者"②。"于~"在上古多后置作补语，作状语的很少见，先秦限于表时间、关涉对象、范围和极个别表方所的，《史记》新出现一类表动作行为依据的"于~"也在 V 前。以下分列各类作状语的"于~"，部分例句取自洪波（1998）。

1. 表方所

洪波（1998）根据处所成分与谓语中心的关系将表方所的"于~"又细分为六小类，包括"起点、经由、活动场所、存在处所、方向目标和终点"，这六类处所成分在上古汉语都能用"于~"来表示，但作状语的极少见，如：

(1) 季孙于鲁相二君矣。（左传·成公十六年）
(2) 三年，太甲悔过，自怨自艾，于桐处仁迁义。（孟子·万章上）

以上两例都是表示活动场所的。

2. 表时间

表时间的"于~"在用法上和表方所的有很大的共性，但内部小类的划分比较简单，大致可分为表动作行为所从起的时间、进行的时间和终止的时间三类，且多居 V 前作状语。依次举例如下：

---

① 为行文简便，标题的"于"词组以下称"于~"，其他介词组仿此。本书探讨的"于"词组包括"于~"和"於~"。甲骨文只有"于"，之后产生了几个变体"於""乎""诸"，"乎"和"诸"只能用在 V 后，故不在我们讨论范围之内。至于"于"和"於"的关系，已有学者加以分辨，可参见何乐士（1989）、魏培泉（1993）等。本书只在讨论上古汉语"于"和"於"的语序时对二者加以区分，余皆用"于"兼包"于""於"，以下不一一指明。

② "于~"表示动作行为的主动者可归入第二章末所列对象义类。

（3）晋于是乎失诸侯。（左传·定公四年）
（4）子于是日哭，则不歌。（论语·述而）
（5）主相晋国，于今八年，晋国无乱，诸侯无阙，可谓良矣。（左传·昭公元年）

3. 表议论的对象和与议论对象相关涉的对象
这一类"于"有"对于"义，一般前置于V，如：

（6）宋，先代之后也，于周为客。（左传·僖公二十四年）
（7）不义而富且贵，于我如浮云。（论语·述而）

除这一类之外，"于～"表对象还包括索取的对象（如"假道于虞"）、给予的对象（如"勿施于人"）、谓语动词所关涉的对象（如"礼于贾季"）、直接对象（如"听于民"）、服务对象（如"尽力于鲁君"）、交与行动的对象（如"晋赵婴通于赵庄姬"）、比较的对象（如"季氏富于周公"）（参见解惠全、洪波，1988），皆后置，鲜有例外。

4. 表范围

（8）吴人曰："于周室我为长。"（左传·哀公十三年）
（9）（燕）于姬姓独后亡。（史记·燕召公世家）

5. 表凭借和原因
《史记》中有少数"于～"表示动作行为的依据，前置作状语，如：

（10）于诸侯之约，大王当王关中。（史记·淮阴侯列传）

这是"于"晚出的用法，《史记》前未见。此时汉语介词组已经开始前移，这类"于～"可看作在时间顺序原则作用下的分布。

(二)"自"词组的语义类型
1. 表方所
"自～"与谓语中心的语义关系比较简单，最先应该用来表示位移的起始点（具体的空间起点），如：

(11) 有蛇自泉宫出，入于国，如先君之数。(左传·文公十六年)

在此基础上引申，"自~"可表示抽象的空间起点，如：

(12) 夫仁政，必自经界始。(孟子·滕文公上)

2. 表时间

由表方所的用法进一步引申，"自~"可用来表示时间的起点。如：

(13) 三年春不雨，夏六月雨。自十月不雨，至于五月。(左传·僖公三年)

通常来讲，如果"自"的宾语是处所义名词，"自~"就表示具体空间起点；"自"的宾语是时间名词，"自~"表示时间起点。表抽象空间起点的"自~"有时不好认定，如：

(14) 蒙茸公屋，自大庙始，外内以悛。(左传·哀公三年)
(15) 自玄嚣与蛲极皆不得在位，至高辛即帝位。(史记·五帝本纪)

例(14)中"大庙"是带处所义的名词，但在这里不凸显处所义，它是作为表事物的名词出现的，用作"自"的宾语，指示"蒙茸公屋"这一传递过程的起始对象，是由具体空间起点引申而来的抽象空间起点；(15)"自"的宾语"玄嚣与蛲极"既表示"不得在位"的起始人物，又能表示这一处境的起始时间，由于整个句子表达的命题凸显时间过程，我们将这种"自~"归入表时间的一类，本章第二节讨论"自~"的分布及语序演变时不再单独说明。

"自~"常与"至于""及"或"以上/下""以来"等连用，形成固定搭配，表示范围。如：

(16) 后子享晋侯，造舟于河，十里舍车，自雍及绛。(左传·

昭公元年)

　　(17) 自郢至此，士大夫亦久劳矣。(史记·郑世家)
　　(18) 子曰："自行束脩以上，吾未尝无诲焉。"(论语·述而)
　　(19) 天子亲春禘郊之盛，王后亲缲其服，自公以下至于庶人，其谁敢不齐肃恭敬致力于神！(国语·楚语下)
　　(20) 自今以来，操国事不道如嫪毐、不韦者籍其门，视此。(史记·秦始皇本纪)

例(16) "自雍及绛"和例(17) "自郢至此"指示具体的地理空间上的范围；例(18) "自行束修以上"和例(19) "自公以下至于庶人"指示抽象的事物范围；例(20) "自今以来"表示时间范围。

(三) "从""由"词组的语义类型

这两个介词自虚化开始就用在 V 前作状语，"从~""由~"的语义类型与"自~"同，先秦少见，约从上古汉语后期开始大量使用，并逐渐取代"自~"。例如：

　　(21) 公等皆去，吾亦从此逝矣。(史记·高祖本纪)
　　(22) 子华由是得罪于郑。(左传·僖公七年)
　　(23) 而良人未之知也，施施从外来，骄其妻妾。(孟子·离娄下)
　　(24) 礼义由贤者出。(孟子·梁惠王下)

例(21)和(22)表时间起点，例(23)(24)表空间起点。

(四) "以"词组的语义类型

1. 表凭借

这是"以~"最常见的用法，又可细分为工具、依据和原因几个小类。依次举例如下：

　　(25) 陈人使妇人饮之酒，而以犀革裹之。(左传·庄公十二年)
　　(26) 子鱼曰："以先王观之，则尚德也。"(左传·定公四年)
　　(27) 若以蛮夷之故弃之，其无乃得蛮夷而失诸侯之信乎！(国语·鲁语下)

还有不少"以~",有人将其看作早期的"以"字式广义处置,如:

(28)王德狄人,将以其女为后。(国语·周语中)
(29)郑人以詹予晋人。晋人欲烹之。(国语·晋语四)

但从来源上看,它们实际仍属于表凭借的一类。

2. 表时间

"以~"表时间不多见,多为动作行为所发生的时间,宾语可以是时间词或时间短语,也可以是事件,用"以"的宾语所代表事件的发生时间指代谓语中心词所代表动作行为的发生时间。如:

(30)四月,栾盈帅曲沃之甲,因魏献子,以昼入绛。(左传·襄公二十三年)
(31)王以二月癸亥夜陈。(国语·周语下)
(32)初,晋穆侯之夫人姜氏以条之役生大子,命之曰仇。其弟以千亩之战生,命之曰成师。(左传·桓公二年)

有时"以~"表示动作行为发生的时间频率或状貌,如:

(33)女今我王室之一二兄弟以时相见。(国语·周语中)
(34)以旦暮从事于田野。(国语·齐语)

(五)"与"词组的语义类型

"与~"表示协同,根据所修饰 V 的不同可细分为两类:一类表示主语是动作行为的发出者,"与"的宾语是该行为的伴随者,二者在语义上是主从关系,这时的"与~"表伴随;另一类表示主语和"与"的宾语是平等或对立的关系,这一类"与~"修饰的谓语中心为"交互"义动词,如"战""通""善"等,这时的"与~"表交互对象。这两种有差别的语义并不是"与~"自身就有,而是由不同谓语中心赋予的。例如:

(35)郧人军于蒲骚,将与随、绞、州、蓼伐楚师。(左传·桓公十一年)

(36) 十八年春，公将有行，遂与姜氏如齐。（左传·桓公十八年）

(37) 公之为公子也，与郑人战于狐壤，止焉。（左传·隐公十一年）

(38) 绛侯得释，盎颇有力。绛侯乃大与盎结交。（史记·袁盎晁错列传）

例（35）（36）的"与~"表伴随，V 是非"交互"义动词；例（37）（38）的"与~"引介交互对象，V 是"交互"义动词。

(六)"为"词组的语义类型

上古汉语"为~"的语义可分三类：第一类引出动作行为的受益者或对象；第二类引出发出某种动作行为或致使产生某结果的行为主体，多与"所"连用，即通常所说的被动结构；第三类引出产生某动作行为或性质状态的原因（或目的）。前两类可以归为第二章所列的对象义类，后一类为凭借义类。依次举例如下：

(39) 又会诸侯于扈，将为鲁讨齐。（左传·宣公元年）
(40) 愿君留意臣之计。否，必为二子所禽矣。（史记·淮阴侯列传）
(41) 农夫岂为出疆舍其未耨哉？（孟子·滕文公下）

第二节　上古汉语介词组的分布及规律

我们讨论的上古汉语介词，"与""为""从""由"引介宾语固定在 V 前；"以""自""于"引介宾语既有前置于 V，又有后置的；没有固定在 V 后的介词组。"以"自虚化为介词后便多前置于 V；"自~"在上古汉语还能看到前移的轨迹，上古末期基本完成前移，居 V 前；"于~"在先秦只有少量前置，大约从《史记》时开始前移。本节讨论这三个介词组在上古汉语的分布情况以及造成不同分布的原因。

一　"以"词组的分布差异及解释

上古汉语介词"以"引介宾语修饰谓语中心词，并不像现代汉语一样完全遵循时间顺序原则，其分布或位于中心词前，或位于中心词后，形成"以~V"和"V以~"两种结构形式共存的格局，使得"以~"的句法分布呈现出一种"随意性"。自《马氏文通》起，学界就开始注意观察"以~V"和"V以~"的分布差异，并力图作出合理的解释。本小节试在前贤已有研究基础上进一步观察分析上古汉语"以~"的句法分布，寻找造成两种分布的动因。

（一）前人研究之总结

现代汉语介词组表凭借修饰谓语动词皆位于动词前，但汉语史上的情况大不相同。上古汉语介词"以"带宾语修饰谓语动词，其词序可前可后。《马氏文通》指出："凡外动字之转词，记其行所赖用者，则介以'以'字，置先动字者，常也。盖必有所赖用而后其行乃发，故先之。"①"转词介以'以'字置于止词之后者，盖止词概为代字，而转词又皆长于止词，语义未绝耳……'以'字司词，先后乎动字无常。"②

马氏对古汉语"以~"的分布位置有相当细致的观察："以~"作工具语位于动词前是常态，原因是先有所用的工具（凭借等），然后才能发出某一动作行为。虽然马氏语气不很肯定，也没有展开论述，但其中却蕴含着后来著名的"时间顺序原则"（PTS）的理念。戴浩一（1988）提出："两个句法单位的相对词序决定于它们所表示的概念领域里的状态的时间顺序。"③ 就现代汉语动词及其工具语的位置关系来说，时间顺序原则具有较高的适用性。显然，马氏认为上古汉语"以~"相对于谓语动词的位置也应以遵循时间顺序原则为常，对于"以~"的"非常态分布"——位于动词后的现象，马氏指出原因有三：止词为代字，转词长于止词，语义未绝。但终因他的不肯定，最后还是将原因归于"无常"。

《马氏文通》是从句法和语义的角度出发寻找"以~"后置的条件的，在他所列的三个条件中，"语义未绝"难以捉摸，不能作为判定标准，另外两个条件虽有一定的解释力，但仍有可商榷之处。如：

（1）郑人以王师会之，伐宋，入其郛，以报东门之役。（左传·隐公五年）

---

① 马建忠：《马氏文通》，商务印书馆1983年版，第149页。
② 同上书，第150页。
③ 戴浩一：《时间顺序与汉语的语序》，黄河译，《国外语言学》1988年第1期。

（2）楚成王以君礼享之，九献……（国语·晋语四）

（3）不以舜之所以事尧事君，不敬其君者也；不以尧之所以治民治民，贼其民者也。（孟子·离娄上）

（4）王以二月癸亥夜陈，以夷则之上宫毕。（国语·周语下）

例（1）（2）的止词为代词"之"，例（3）（4）的转词都是多音节NP，比止词长，且例（4）动词后无止词。这些"以~"都符合《文通》"转词后置"的条件，但实际上仍居VP前。

《文通》之后的学者也注意到了"以~"的分布规律，但或失之片面，且不成系统，所得结论也不能令人满意。很多语法书和教材也只是笼统地说可以前置，也可以后置。不过学者们还是达成了一定的共识，即指出"以~"的不同分布与语义表达的侧重点有关，"以~"在动词之后是语义表达的重点。语义上的"侧重点"即"焦点"，洪波（2006）认为："靠近句子末尾的部分往往是句子的语义重心所在。语义重心实质就是常规焦点。"① 介词组作补语时靠近句末，是句子的常规焦点。"焦点"说对"以~"的分布有一定解释力，但不能将其看作控制"以~"语序的唯一因素，某种句法现象的背后往往存在众多推动力量，也就是说，除了语用表达上的需要，还有其他力量制约着"以~"的分布，其他介词组亦如此。

20世纪80年代，鲁国尧（1982）和李佐丰（1986）再次关注"以~"的分布，分别对《孟子》和《左传》"以~"作状语和补语的情况进行比较研究，总结不同分布下的句法语义条件，得出一些较为可信的结论。现将二文主要结论归纳如下［我们采用鲁国尧（1982）的提法，这里分别将"以~V"与"V以~"称为甲型和乙型］：

甲、乙二型的分布不是随意的，二者在结构和语义上都有不同程度的差异。

语义上，甲型可表原因，乙型不能。甲型可表操纵、携带义，乙型不能。

结构上的区别表现在四个方面：

---

① 洪波：《上古汉语的焦点表达》，载《21世纪的中国语言学》（二），商务印书馆2006年版，第36—51页。

A. 主语的区别

甲型句的主语都是施事，乙型句的主语有时是施事，有时是受事。

B. 所修饰 VP 的区别

甲型所修饰的 VP 可以是复杂结构，如连动、使动、述补等等，乙型所修饰的 VP 只能是单纯的述宾结构，且动词的宾语以"之"为常见。甲型修饰的谓语动词可以是"为"，乙型不可。甲型有否定式、能愿式，乙型则无。

C. "以"的宾语的区别

甲型中"以"的宾语可以是代词，乙型几乎不见。甲型的"以"可以不带宾语，乙型不可。甲型"以"的宾语短于或等于动词宾语，乙型"以"的宾语等于或长于动词宾语。李佐丰（1986）指出："以"的宾语是动词性词组时，一般构成甲型，不构成乙型，但排比句不受此限制。

D. 甲型可包含于"VP 者"中，乙型则不可

李佐丰（1986）还指出："由于 B 式（按：即鲁文乙型）的音节比较整齐，所以 B 式经常构成对偶、排比的句式。"①

(二) "以~V"和"V 以~"的分布及解释

就我们调查的语料来看，先秦汉语中，"以~"以前置作状语为多，后置作补语的较少。《国语》中"以~"作状语共 322 例；"V 以~"共 132 例，其中 4 例"以"实为动词，② 故介词组"以~"作补语构成的"V 以~"实只 128 例，前者占绝对优势。③ 下面我们主要以《国语》为据展示"以~"前置和后置的频数差异，并分析造成这种差异的原因。

1. 不同语义和句法环境下"以~"的分布

两种结构所占比例的差距主要体现为二者在语义和句法上的分布能力不同。首先，在语义上，"以~V"除了表示凭借中的工具、依据小类和

---

① 李佐丰：《〈左传〉以宾结构作状语和补语的用法》，《内蒙古大学学报》（哲学社会科学版）1986 年第 3 期。

② 以下 4 例"以"应看作动词（鲁国尧，1982）：十三年，晋侯弑，于翼东门葬，以车一乘。(周语下)"曰救饥何以？"(晋语四) 是故伐备钟鼓，声其罪也。战以錞于、丁宁，儆其民也。(晋语五) 葬于翼东门之外，以车一乘。(晋语六)

③ 张赪（2002）谈到"以"词组表工具的分布时说："《史记》中'以+工具'位于中心成分后的共有 275 例，占用例总数的 18%。"（第 41 页）由此可见，到西汉时期，"以"词组的前移更进了一步。

表示动作行为进行的时间外,还可以表凭借中的原因小类,多为"'以……故'/'以……之故'+VP"格式,《国语》中这种用法有 8 例,"V 以~N"则无此用法。如:

(5) 以赵衰之故,搜于清原,作五军。(晋语四)
(6) 夫莒太子不惮以吾故杀其君,而以其宝来,其爱我甚矣。(鲁语上)
(7) 若以蛮夷之故弃之,其无乃得蛮夷而失诸侯之信乎!(鲁语下)

工具和依据小类的"以~V"有一部分带有"操纵""携带"义(李佐丰,1986),《国语》有 30 例,"V 以~"无。例如:

(8) 鲁武公以括与戏见王。(周语上)
(9) 将行,以其族适晋。(晋语二)

"操纵"和"携带"义的"以~"虚化程度低,[①] 还能看出与其后谓语中心的时间顺序,因此也有学者将这类"以"看作动词。

其次,"V 以~"在句法结构上也较"以~V"大为受限:

A. 句式的限制

"以~V"有"以……为"式,在《国语》中,这种用法有 25 例,[②] 而"V 以~"《国语》中一例也没有,如:

(10) 王德狄人,将以其女为后。(周语中)
(11) 天子之贵也,唯其以公侯为官正,而以伯子男为师旅。

[①] 如:《史记·南越列传》中既有"欲使庄参以二千人往使",又有"于是天子遣千秋与王太后弟樛乐将二千人往"。"以"与"将"相当,动作性仍然很强。赵大明(2005)认为《左传》中率领义的"以"已经由动词虚化为介词,但同时也承认这类"以"的语法化程度较低,仍残留动词义。

[②] 这里的"以……为"结构指"把……当作",另有如"以祸为违"(国语·晋语三),义为"以祸故而离开它的国家",与此不同。而如"人其以子为爱"(国语·晋语三)等结构中的"以"为动词,亦不属本节讨论的对象。

（楚语上）

（12）郑人以詹伯为将军。（晋语四）

"以~V"可包含在"VP者"结构中，《国语》"以~V"有5例，"V以~"则无，如：

（13）苌叔必速及，将天以道补者也。（周语下）
（14）夫以德胜者犹惧失之。（晋语六）

"以~V"有能愿式和否定式，《国语》前者有2例，后者7例，而无相应的"V以~"，如：

（15）知右行辛之能以数宣物定功也。（晋语七）
（16）谓其能以嘉祉殷富生物也。（周语下）
（17）君王不以鞭箠使之，而辱军士使寇令焉。（吴语）
（18）余将致政焉，以成其怒，无以内易外也。（晋语五）

例（15）（16）为能愿式，例（17）（18）为否定式。

B. V 的限制

"以~V"的V可以是复杂结构，如：

（19）今国病矣，君盍以名器请籴于齐？（鲁语上）
（20）子高以疾闲居于蔡。（楚语下）

例（19）"以~"后谓语部分是述补结构，（20）"以~"后谓语部分是状述结构。这些几乎都不能出现在"V以~"中。《国语》中"以~V"的V为复杂结构的有16例，而"V以~"中仅1例：

（21）君以诸侯之故贶使臣以大礼。（鲁语下）

之所以会出现"复杂VP+以~"的用例，是因为句子的谓语中心前不能连续出现两个"以~"，而在例（21）中，"以诸侯之故"表原因，在无须凸显焦点的情况下必须位于 V 前,故另外一个工具语"以大礼"只能置于 V 后。

C. "以"的宾语的限制

"以~V"中"以"的宾语可以由代词充当,如:

(22) 饮食不致味,听乐不尽声,求以报吴,愿以此战。(吴语)
(23) 吾以此观之。(晋语一)
(24) 以是处国,不亦难乎?(晋语一)

例(22)(23)"以"的宾语为代词"此",例(24)"以"的宾语为代词"是"。《国语》"以~V"中"以"的宾语为代词的有 13 例,"V 以~"无。

"以~V"的"以~"可以是"何以"和"是以",如:

(25) 四者皆弃,则远不至而近不和矣,将何以守国?(周语上)
(26) 王曰:"何以知之?"(周语上)
(27) 晋侯爽二,吾是以云。(周语下)
(28) 栾书是以怨郤至。(晋语六)

《国语》"以~V"有"何以"38 例,(含 1 例"何德以……"),"是以"34 例,① "V 以~"则无。

"以~V"可以由指人专名作"以"的宾语,如:

(29) 故以夔季屏其宗。(晋语七)

《国语》"以~V"的 N 为指人专名的共 7 例,"V 以~"无。

"以~V"中"以"的宾语可以与动词宾语相同,如:

(30) 子曰:"何以报德?以直报怨,以德报德。"(论语·宪

---

① "是以"有一部分用于句首表原因,不修饰谓语动词,如"是以事行而不悖"(周语上),本节的统计不含这一类。

问)

(31) 以万乘之国伐万乘之国,箪食壶浆,以迎王师。岂有他哉? 避水火也。(孟子·梁惠王下)

(32) 以他平他谓之和。(郑语)

(33) 若以同裨同,尽乃弃矣。(郑语)

《国语》"以~V"有2例"以"的宾语等同动词宾语,即例(32)和例(33),"V以~"无。

在非排比句式中,"以~V"中"以"的宾语可以是动宾结构,如:

(34) 今吾子夭死,吾恶其以好内闻也。(鲁语下)

(35) 不毁晋耻,又以违蛮夷重之。(晋语六)

这两例若采用"V以~"结构,则成了"召蔡人以伐戴""重之以违蛮夷",如此"以"很容易被视为连词,从而引起理解上的歧义。《国语》符合该条件的"以~V"有2例,"V以~"无。

以上为语义和句法因素对"以~"位置的影响,除极个别例外,上述结构中"以~"修饰谓语中心词一律采用"以~V"结构,这是导致"以~V"和"V以~"使用数量相差悬殊的根本原因。调查证明,鲁、李二人的结论基本可信,但鲁文所言"以"的宾语的长度并不构成限制"以~"句法位置的条件,详见下文。

2. 相同语义和句法环境下"以~"的分布

除以上所列各类,《国语》另有"以~V"133例,"V以~"127例,它们所处的句法语义环境相同。如:

(36) a. 边遽乃至,以越乱告。吴王惧……(吴语)

b. 故告之以离心,而示之以坚忍之权。(晋语一)

(37) a. 祚四岳国,命以侯伯。(周语下)

b. 骊姬以君命命申生曰……(晋语二)

(38) a. 乱在内为宄,在外为奸。御宄以德,御奸以刑。(晋语六)

b. 以德纪民,其章大矣。(晋语四)

例（36）a、b 两句的谓语动词都是"告"，"以"的宾语都是偏正式双音节名词短语；例（37）的谓语动词都是"命"；例（38）"以"的宾语都是"德"；且各例 VP 皆为简单结构。

那么，是什么因素制约着"以~"的不同分布呢？鲁国尧（1982）提出"调节论"，认为："在语言里，一个句子内的各个组成部分根据相互制约的关系而自动调节，以求构成一个协调、和谐的统一体。"① 现引鲁文例句如下：

(39) 嫂溺，则援之以手乎？（孟子·离娄上）
(40) 周公使管叔监殷，管叔以殷畔。（孟子·公孙丑下）
(41) 故就汤而说之以伐夏救民。（孟子·万章上）

按鲁文的解释，例（39）"援"的宾语"之"指代上文"嫂"，应靠近，故工具语"以手"后置；例（40）"以"的宾语"殷"重复上文动词宾语，故前置；例（41）中"就"和"说"是两个连续动作，应尽量靠拢，故"以"带宾语后置于动词。

李佐丰（1986）提出类似观点，文中称"上下文影响"。他指出："当 VP 中动词所带宾语表示的人、物在上文刚刚出现过的时候，经常取 B 式；并用'之'指代该事物，'之'则充当动词的宾语。……在 VP 都是'V+之'的情况下，使用 B 式，还是使用 A 式，经常与下文有关。B 式之后的文字所着重陈述的事物，往往与'以'的宾语有关。……反之，A 式之后的文字，所陈述的事物往往与动词的宾语有关。"②

不论是"调节论"，还是"上下文影响"，实际上都是指在线性话语结构中，当"以~V"／"V 以~"中 V 的宾语或"以"的宾语与上下文某句法成分所指相同，或者 V 与其他动词构成并列的谓词性结构时，同指成分、并列的谓语动词要尽量靠近，这种语义上的作用力，我们不妨称为"邻近原则"。事实上，邻近原则对"以~"分布上的作用力不限于所修饰谓语是"V+之"的情况，谓语是"V+N/NP"的情况也适用邻近原

---

① 鲁国尧：《〈孟子〉"以羊易之"、"易之以羊"两种结构类型的对比研究》，载程湘清主编《先秦汉语研究》，山东教育出版社 1982 年版，第 274—293 页。

② 李佐丰：《〈左传〉以宾结构作状语和补语的用法》，《内蒙古大学学报》（哲学社会科学版）1986 年第 3 期。

则。在没有语用表达上的需要（凸显焦点）的情况下，邻近原则与上文提到的时间顺序原则一起控制"以~"的分布，处于相同语义句法结构中的"以~"在二者的作用下进行位置的分配。

通过对《国语》"以~"作状语和补语的穷尽性调查分析，我们认为，"以~"的两种句法分布首先受上文所述语义和句法结构的制约，也正是这些制约使得"以~V"在数量上远远超过"V以~"。这些结构中的"以~"不受邻近原则的控制，只遵循时间顺序原则。

离开这些特定的语义句法环境，相同环境下的"以~"便在邻近原则和时间顺序原则的共同作用下分布。其中，邻近原则不是对所有"以~"都有作用力，但控制权优于时间顺序原则，即：当一个"以~"与VP组合时，如果"以"的宾语或动词宾语在上下文有同指成分，或该话语结构中除"以~"修饰的动词外还有其他动词，那么"以~"的分布要服从邻近原则的分配，或前置，或后置，此时时间顺序原则服从邻近原则。若无邻近原则的控制，便仅遵循时间顺序原则前置。鲁、李二文谈到的"以"的宾语的长度等因素完全可以统一在这两个原则之下。

在《国语》的133例"以~V"结构中，无邻近原则控制，仅遵循时间顺序原则的有86例，如：

(42) 薄德而以地赂诸侯，二也。（周语中）
(43) 展禽使乙喜以膏沐犒师。（鲁语上）
(44) 梁山崩，以传召伯宗。（晋语五）
(45) 王命工以良金写范蠡之状而朝礼之。（越语下）

以上各例中，无论是"以"的宾语还是动词宾语，在上下文都没有与之同指的成分，也不处于连谓结构中，因此不受邻近原则控制，只按时间顺序原则置于V前。试比较例（42）和"晋文公既定襄王于郏，王劳之以地"（周语中），由于动词"劳"的宾语"之"回指上文"晋文公"，依邻近原则需与"晋文公"靠近，从而采用"劳之以地"的语序；而例（42）没有这种需要，因此只需遵从时间顺序原则。

受邻近原则支配的有46例，如：

(46) 楚成王以周礼享之，九献……（晋语四）

(47) 夫宣子尽谏于襄、灵，以谏取恶，不惮死进，可不谓忠乎？（晋语五）

(48) 心类德音，以德有国。（楚语上）

(49) 敬所以……也，恪所以……也，恭所以……也，俭所以……也。以敬承命则不违，以恪守业则不懈，以恭给事则宽于死，以俭足用则远于忧。（周语中）

(50) 克也以君命命三军之士。三军之士用命，克也何力之有焉？（晋语五）

(51) 汤以宽治民而除其邪。（鲁语上）

(52) 边遽乃至，以越乱告（吴王）。吴王惧……（吴语）

(53) 若以邪临民，（民）陷而不振。（鲁语上）

(54) 既得道，犹不敢专制，使以象旁求圣人。既得（圣人）以为辅……（楚语上）

(55) 夫粲，美之物也。众以美物归女，而（女）何德以堪之？（周语上）

例（46）"享"和"献"是两个连续的动作，应靠近，故"享"的工具语采用"以～V"结构。例（47）—（49）"以"的宾语"谏""德""敬""恪""恭""俭"因分别回指上文的谓语动词、定语和主语而要求前置于V。例（50）（51）动词宾语"三军之士"和"民"因分别与下文主语和定语同指而要求采用"以～V"。同指成分有时可省，如例（52）动词"告"的宾语与下文主语"吴王"同指，此为蒙后省略。例（53）"陷而不振"的主语与上文"民"同指，例（54）"得以为辅"中"得"的宾语与上文"圣人"同指，此为承前省略。例（55）"以"的宾语"美物"回指上文"美之物"，同时"归"的宾语"女"即下文主语，此处因同指而未现，作用于两个成分的邻近原则都要求采用"以～V"式。

有些用例，如果离开更大的上下文，不易看出邻近原则的作用，如：

(56) 夫长国者,唯知哀乐喜怒之节,是以导民。不哀丧而求国，难；因乱以入，殆。以丧得国，则必乐丧，乐丧必哀生。（晋语二）

(57) 梗阳人有狱,将不胜,请纳赂于魏献子,献子将许之。阎

没谓叔宽曰:"与子谏乎!吾主以不贿闻于诸侯,今以梗阳之贿殃之,不可。"(晋语九)

(58) 今我以忠谋诸侯,而以信覆之。(晋语八)

例(56)看上去像是应采用"得国以丧"的形式,使之与后面"乐丧"的"丧"邻近,但实际上"丧"在上一句已经出现,采用"以丧得国",正是为了使"以"的宾语"丧"与上文邻近,符合邻近原则。例(57)动词"殃"的宾语"之"当是指"吾主以不贿闻于诸侯"的令名,按说应该采用"今殃之以梗阳之贿"的形式,但是,"梗阳之贿"实即上文梗阳之人"请纳赂"的"赂",所以该句仍然符合邻近原则。例(58)"之"回指上文"诸侯",按邻近原则应为"覆之以信",此处违背该原则,首先是为追求结构上的整齐,与前一分句结构保持一致而调整词序;其次,从更大的语境看,"忠""信"皆在上文出现过,故此例亦不为反例。从后两例可以看出,当"以"的宾语和动词宾语在前文都有回指的成分,方向相反的两个邻近原则的作用力互相抵消,"以~"依PTS原则居VP前。

只有1例,按邻近原则应采用"V以~"却采用了"以~V":

(59) 余听狱,虽不能察,必以情断之。(鲁语上)

该例"断"的宾语"之"回指前文的"狱",依邻近原则,"以情"应后置。此处采用与邻近原则相悖的语序,可能与句子所表达事件的实现与否有关。该句所陈述的事件是尚未发生的,采用"以~V"语序,大概用来表示主观态度,相反地,如果"断狱"是已实现的事件,则应采用"V以~",此时表达客观陈述,符合邻近原则的要求。① 这与形容词作状语和补语时的区别相似,如"早去早回"表示主观态度,而"去早了"表示与预先愿望相悖的客观结果。

---

① 本小节内容曾在第七届海峡两岸汉语语法史研讨会(浙江金华,2011年8月)上宣读,当时,台湾学者徐富美的与会论文《古汉语受事主语句的"我者"与"他者"》中提出古汉语受事主语句在表达上有"'我者'取向"和"'他者'取向"的差异,前者采用无标形式,后者则需采用有标形式(显性形式),用来表达信息焦点。蒙北京大学蒋绍愚先生指教,借鉴这一观点分析例(59)。对于"以"词组来说,"以~V"是无标形式,"V以~"是有标形式。

127例"V以~"结构中,有124例受邻近原则支配,如:

(60) 文王质文,故天祚之以天下。(周语下)
(61) 结诸侯之信,重之以婚姻,申之以盟誓。(鲁语上)
(62) 旦暮从事,施于四方,以饬其弟子。相语以事,相示以巧,相陈以功。(齐语)
(63) 乃使取申胥尸,盛(之)以鸱鹏,而投之于江。(吴语)

以上4例中动词宾语与上文同指而与之靠近,采用"V以~"结构。例(60)(61)"之"分别回指上文主语、宾语;例(62)"相"为指代性副词,此处指代"其弟子";例(63)"盛"的宾语即上文"申胥尸",此处因同指而未出现。因动词宾语回指上文某句法成分而需采用"V以~"的另有"劝之以高位重畜""填之以土""御究以德,御奸以刑"等。

(64) 今将惠以小赐,祀以独恭。小赐不咸,独恭不优。(鲁语上)
(65) 加之以社稷、山川之神,皆有功烈于民者也。(鲁语上)
(66) 事君以敬,事父以孝。受命不迁为敬,敬顺所安为孝。(晋语一)
(67) 王以晋君为德,故劳之以阳樊。阳樊怀我王德……(周语中)

以上4例中,前3例"以"的宾语与下文同指。例(64)(65)"以"的宾语与下文主语同指,其中例(65)"皆有功烈于民者也"的主语因同指而未出现;例(66)"以"的宾语与下文判断动词"为"的宾语同指;例(67)"劳"的宾语"之"回指上文"晋君",同时"以"的宾语"阳樊"与下文主语同指。因"以"的宾语与下文某成分同指而需采用"V以~"的另如"身钧以年,年同以爱""辞焉以沐"等。

余下3例用于排比句中:

(68) 古者分同姓以珍玉,展亲也。分异姓以远方之职贡,使无忘服也。故分陈以肃慎氏之贡。君若使有司求诸故府，其可得也。
（鲁语下）

前两个"以~"并无邻近原则支配，应置于V前；最后一个"以"的宾语"肃氏之贡"一面回指前一个"以"的宾语"远方之职贡"，一面与下文"求"的宾语同指，依照例（56）的分析，亦应采用"以~V"。该句三个"以~"都后置，应该是为凸显句子的焦点。

如上所述，上古汉语"以~"的分布并非是随意的，"以~V"和"V以~"有着不尽相同的句法语义分布。"以~V"所适用的句法语义结构广，除去句法和语义环境的影响，"以~V"和"V以~"在邻近原则和时间顺序原则的作用下进行分布。"以~V"是两个原则起作用，"V以~"都是邻近原则起作用，时间原则对"V以~"不起作用，服从邻近原则。由此可见，邻近原则是导致上古汉语"以~V"和"V以~"共存的根本原因。《国语》如此，验之《左传》《论语》《孟子》等语料，情形基本一致。此外，语用上突出焦点的需要也会产生一部分"V以~"。可见，上古汉语"以~"的分布问题是一个复杂的语言现象，其中包含了句法、语义、认知和语用等多种因素的作用力。到上古汉语末期，随着方位词的产生、新兴介词的涌现以及VP的复杂化，汉语介词组发生了从动词后至动词前的整体位移，"以~"的位置也随之逐渐移至动词之前。至于其分布如何脱离邻近原则的控制而统一于时间顺序原则之下，我们相信这与语言系统内部的变化密切相关，此不论。

二 "自"词组的语序演变及分布规律

"自"是汉语最古老的介词之一，甲骨文中就在使用，"自"带宾语充当谓语中心的修饰成分，表示空间的起点以及在空间基础上隐喻而来的时间的起点。甲骨文和金文的"自~"语序不定，但总的来说后置多于前置。到上古汉语，"自~"的分布经历了从前置于V和后置于V皆有到以前置为主的演变过程，最晚到《史记》，"自~"绝大多数都前置了。本小节观察"自~"在上古汉语的分布及演变过程，总结背后的规律。

（一）上古汉语"自~"的分布及演变

自《马氏文通》云"记从来之处者，其转词概以'自'为介，而先后无常"① 以来，谈到上古汉语"自~"的语序，一般的说法都是"自~"相对于谓语中心的位置可前可后，但事实并非如此。殷国光（2008）将"自~"的位置按所表达语义的不同分别论述，指出："'自'引进时间、对象（指抽象的空间位置），位置只在述谓中心语之前。'自'只有引进处所，位置才可前可后。"② 为观察上古汉语"自~"的分布情况，我们选取《尚书》《诗经》《春秋经》《左传》《论语》《孟子》《国语》《战国策》《吕氏春秋》和《史记》为调查对象，发现结果并不完全如殷著所言。不同语义小类的"自~"在分布上有不同的表现，"引进时间、对象"的"自~"不完全固定在 V 前，而"引进处所"的"自~"在分布上也有其规律，不是"可前可后"那么简单。我们将指示空间起点（包括抽象空间位置）的"自~"简称"自1"，表达时间起点的"自~"简称"自2"，以下分别讨论它们各自的分布情况。

1. "自1"的分布及演变

"自1"内部可再分类，一类表示具体的空间起点（以下简称"自1_J"），一类表示抽象的空间概念（以下简称"自1_C"），两小类的分布表现不同。

A. "自1_J"

"自1_J"在《尚书》和《诗经》中多与位移动词搭配。《尚书》"自1_J" 6 例，修饰位移动词 3 见，皆后置：

（1）王朝步自周，则至于丰。（尚书·召诰）
（2）昔朕来自奄，予大降尔四国民命。（尚书·多士）
（3）惟五月丁亥，王来自奄，至于周宗。（尚书·多方）

另有 3 例修饰行为动词"导"，亦后置：

（4）导淮自桐柏，东会于泗、沂，东入于海。导渭自鸟鼠同穴，东会于沣，又东会于泾，又东过漆沮，入于河。导洛自熊耳……（尚书·禹贡）

---

① 马建忠：《马氏文通》，商务印书馆 1983 年版，第 166 页。
② 殷国光：《〈吕氏春秋〉词类研究》，商务印书馆 2008 年版，第 337—338 页。

例（4）"自$_1$"后置是为了凸显对比焦点，在当时应属于"自~"修饰行为动词的非常规语序。

《诗经》中"自$_1$"修饰行为动词只有3例，两例前置，一例后置：

(5) 自牧归荑，洵美且异。（诗经·邶风·静女）
(6) 自天子所，谓我来矣。（诗经·小雅·出车）
(7) 依其在京，侵自阮疆。（诗经·大雅·皇矣）

修饰位移动词则能看出开始前移的痕迹，"自$_1$"和[-终点/返还]义的位移动词搭配时既有后置，如例（8）—（10），也有前置，如例（11）—（13）：

(8) 退食自公，委蛇委蛇。（诗经·召南·羔羊）
(9) 出自幽谷，迁于乔木。（诗经·小雅·伐木）
(10) 我来自东，零雨其濛。（诗经·豳风·东山）
(11) 委蛇委蛇，自公退食。（诗经·召南·羔羊）
(12) 挚仲氏任，自彼殷商；来嫁于周，曰嫔于京。（诗经·大雅·大明）
(13) 不殄禋祀，自郊徂宫。（诗经·大雅·云汉）

例（8）—（13）中，"出"是[+起点]义位移动词，"来"是[+方向]义位移动词，"退"和"徂"是[+过程]义位移动词。

"自$_1$"和[+终点/返还]义的位移动词搭配时后置：

(14) 我入自外，室人交遍讁我。（诗经·邶风·北门）
(15) 来归自镐，我行永久。（诗经·小雅·六月）

由此可见，"自$_1$"的前移是从与[-终点/返还]义位移动词搭配使用开始的。

"自$_1$"相对于不同小类位移动词的位置在《春秋经》中固定，形成"自$_1$~+V[-终点/返还]""V[+终点/返还]+自$_1$~"的整齐格局。"自$_1$"若前置于[+终点/返还]义位移动词，则动词前后一定有其他修饰语。举例如下：

(16) 秋，郑詹自齐逃来。(春秋·庄公十七年)
(17) 曹伯归自京师。(春秋·成公十六年)
(18) 夏四月，楚公子比自晋归于楚，弑其君虔于乾溪。(春秋·昭公十三年)

例(16)"自齐"位于[+过程]义位移动词"逃"前；例(17)"自京师"位于[+返还]义位移动词"归"后；例(18)的"自~"前置于[+返还]义位移动词"归"，但V后有处所补语。《春秋经》里和"自$_1$"搭配的都是位移动词，居"自$_1$"后的另有[+起点]的"出"和[+方向]的"来"，居"自$_1$"前的另有"至"和"还"，"还+自$_1$~"仅2见，"归+自$_1$~"仅例(17)1见，其余皆为"至"，处于"S至自L（L指处所成分）"中，[+终点]义位移动词"入"只见于"自$_1$~+入"，但"入"后一定有处所补语，有时"入"前还有其他状语，如：

(19) 秋，莒去疾自齐入于莒。(春秋·昭公元年)
(20) 冬，陈宗竖自楚复入于陈，陈人杀之。(春秋·哀公十四年)

《左传》的"自$_1$"仍居[-终点/返还]义位移动词前，同时，本位于[+终点/返还]义位移动词后的"自$_1$"开始前移，且V前后无其他修饰语。如：

(21) 郑伯自栎入，缓告于楚。(左传·庄公十六年)
(22) 昭子自阚归，见平子。(左传·昭公二十五年)
(23) 楚子自棘泽还，使薳启强帅师送陈无宇。(左传·襄公二十四年)

"自$_1$"前置于光杆动词"入"多见，共15例，前置于光杆的"归"和"还"各2见，未见"自$_1$"前置于"至"的用例。从《春秋经》到

《左传》,"自 1"的位置一直固定在"至"后。

除修饰位移动词外,《左传》的"自 1"开始大量与行为动词搭配,且前置于行为动词,如:

(24) 颍考叔取郑伯之旗蝥弧以先登,子都自下射之,颠。(左传·隐公十一年)

(25) 郑厉公自栎侵郑,及大陵,获傅瑕。(左传·庄公十四年)

(26) 雩,讲于梁氏,女公子观之。圉人荦自墙外与之戏。(左传·庄公三十二年)

与"自 1"搭配的行为动词都不是光杆动词,这是因为动作行为有诸多关联项,除施事外,还有受事、与事、对象、工具等,这些成分在语义上限制或补足谓语中心动词,表现在句法结构上则居行为动词前后,使得行为动词不能以光杆形式出现。

《孟子》共 5 例"自 1"修饰位移动词,"自 1"全部前置,包括 2 例修饰 [+终点/返还] 义的"反"和"至"的:

(27) 世子自楚反,复见孟子。(孟子·滕文公上)

(28) 其兄自外至,曰:"是鶂鶂之肉也。"出而哇之。(孟子·滕文公下)

《国语》"自 1"修饰位移动词的语序与《左传》相同,而《史记》"自 1"和位移动词的位置关系证实了"自 1"确已完成前移,只有个别"入、还、至"仍在"自 1"前,但都出于《史记》(上),据宋亚云(2005),《史记》(上)记录西汉以前的历史,并不能反映西汉时期的实际语言。

如上,上古汉语文献清晰地反映出"自 1"的分布以及"自 1"和位移动词搭配时的语序演变。魏培泉(2009)认为"'自'词组的前置可能在战国时期亦大抵完成"[①],这一说法基本成立。东汉以后的传世文献中仍有少数"自 1"后置于 V 的情况,可能是由于文人仿古造成的。

[①] 魏培泉:《介词组语序的演变》,2009 年全国暑期语言学高级讲习班讲义。

B. "自1_C"

"自1_C"在《尚书》《诗经》中就多居 V 前，如：

(29) 天聪明，自我民聪明；天明畏，自我民明威。(尚书·皋陶谟)

(30) 东方未明，颠倒衣裳。颠之倒之，自公召之。东方未晞，颠倒裳衣。倒之颠之，自公令之。(诗经·齐风·东方未明)

两部文献中"自1_C"跟"降、生、出"搭配使用时前置后置皆有，前置的如例(31)(32)，后置的如例(33)(34)：

(31) 人之彦圣，其心好之，不啻若自其口出，是能容之。(尚书·泰誓)

(32) 将自天降康，丰年穰穰。(诗经·商颂·烈祖)

(33) 蛇蛇硕言，出自口矣。(诗经·小雅·巧言)

(34) 乱匪降自天，生自妇人。(诗经·大雅·瞻卬)

先秦到西汉所调查文献不见"降、生"和"自1_C"搭配，① "出"和"自1_C"搭配时"自1_C"居"出"后，并逐渐成为定式，如：

(35) 昔我先君桓公与商人皆出自周。(左传·昭公十六年)

(36) 狄，隗姓也，郑出自宣王，王而虐之，是不爱亲也。(国语·周语中)

前置于"出""来"的"自1_C"多可以解释，如：

(37) 是贱其所欲而贵其所恶也，所欲奚自来？(吕氏春秋·贵直论)

(38) 大夫陈子，陈之自出。(左传·哀公二十七年)

---

① 《吕氏春秋·季春纪》"有狼入于国，有人自天降"的"自天"是表示具体空间起点的，属于"自1_J"。

例（37）"自1c"位于"来"前是因为"自"的宾语是疑问代词，前置于"自"，一旦介词的宾语前置，介词组就只能位于 V 前。例（38）同，"自"的宾语前置了，故"自"词组位于动词"出"前，该例中的"陈"之所以前置于"自"，应该是为强调焦点而改变语序。

刘丹青（2003）认为，介词宾语前置时介词组位于 V 前可以用 Dik（1989）提出的"联系项原则"概括。"联系项"包括很多成分，如连词、介词、格标记等，"作用是将两个有并列或从属关系的成分连结成一个更大的单位，并且标明两个成分之间的关系，"① 联系项的优先位置在两个被联系成分之间。就上古汉语介词组和谓语中心的位置关系而言，介词是"联系项"，介词宾语（O）和谓语中心（V）是被联系成分。介词组修饰谓语中心时，既表现出 SVO 语言的优势语序（介词采用前置词，介词组位于 V 后），又有少数属于 SOV 语言的优势语序（介词采用后置词，介词组位于 V 前），这时联系项都处于优先位置。上古汉语同时还有介词采用前置词而整个介词组位于 V 前的语序，但没有介词采用后置词的同时介词组位于 V 后的语序。可总结为表 6-1：

表 6-1　　　　　　上古汉语介词组的分布及介词的位置

Pre+O+V	V+Pre+O
O+Pre+V	*V+O+Pre②

2. "自2"的分布

"自2~"表时间，修饰谓语中心一般前置，如：

（39）自十有二月不雨，至于秋七月。（春秋·文公二年）

很多时候，"自2"的宾语不是时间词，而是用 NP 或指称化的 VP 指代时间，如：

（40）自成汤至于帝乙，罔不明德恤祀。（尚书·多士）

---

① 刘丹青：《语序类型学与介词理论》，商务印书馆 2003 年版，第 69 页。
② 目前只发现两处例外——使天下生民之属，皆知之所愿欲之举在是于也，故其赏行；皆知之所畏恐之举在是于也，故其罚威。（荀子·富国）由北京大学中文系郭锐老师提供。

(41) 厉之役，郑伯逃归，自是楚未得志焉。（左传·宣公十一年）

(42) 自始合，苟有险，余必下推车，子岂识之？（左传·成公二年）

例（40）"自"的宾语是指人名词；例（41）"自"的宾语"是"指代"厉之役"，是由体词性结构表达的事件；例（42）"自"的宾语是谓词性结构表达的事件。这几例"自~"借人物或事件所在的时间表示句子所表达命题的时间起点。此后的上古典籍中，这些"自2"一直保持在V前。

《春秋经》共有23例"自2"，除3例是"自+时间词"前置外，余下20例"自2"的宾语都是指称化的谓词性结构"伐/侵/围/救+国名"，"自2~"修饰位移动词"至"，后置。如：

(43) 十有二月，公至自救陈。（春秋·襄公五年）
(44) 三月，公至自侵齐。（春秋·定公八年）
(45) 公至自围许。（春秋·僖公二十九年）
(46) 五月，公至自伐齐。（春秋·哀公十年）

《左传》有3例该类结构：

(47) 楚公子元归自伐郑，而处王宫。（左传·庄公三十年）
(48) 师归自伐秦。（左传·襄公十四年）
(49) 楚子囊还自伐吴，卒。（左传·襄公十四年）

这些后置于位移动词的"自2+VP"在《史记》中前移至V前，共3例：

(50) 栾布自破齐还，乃并兵引水灌赵城。（史记·楚元王世家）
(51) 得俞侯栾布自平齐来，乃下赵城，灭赵，王自杀，除国。（史记·樊郦滕灌列传）
(52) 婴自破布归，高帝崩，婴以列侯事孝惠帝及吕太后。（史

记·樊郦滕灌列传）

至此，"自2"全部前置。

上古汉语介词"自"还能与其他成分构成固定结构，如"自~+至于/及/抵""自~+以+方位词""自……以来"等，指示空间或时间上的范围。如：

（53）公会尹武公、单襄公及诸侯伐郑，自戏童至于曲洧。（左传·成公十七年）
（54）自郢及我九百里，焉能害我？（左传·僖公十二年）
（55）周驰为阁道，自殿下直抵南山。（史记·秦始皇本纪）
（56）魏筑长城，自郑滨洛以北，有上郡。（史记·秦本纪）
（57）自有生民以来，未有孔子也。（孟子·公孙丑上）

在上述例句的这些结构中，"自~+至于/及/抵"的"至、及、抵"等还是动词，可以看作"自~"前置于这些动词形成的固定用法，"自~+以+方位词""自……以来"则多位于小句之前表示范围。

大约从战国起，介词"自"的功能逐渐被新兴介词"从、由"取代，由于当时"自~"已大致完成前移，故"从、由"引介起点皆前置于V，如：

（58）十月庚寅，蝗虫从东方来，蔽天。（史记·秦始皇本纪）
（59）政由羽出，号为"霸王"，位虽不终，近古以来未尝有也。（史记·项羽本纪）
（60）公等皆去，吾亦从此逝矣。（史记·高祖本纪）
（61）由此陈余张耳遂有郤。（史记·张耳陈余列传）

例（58）（59）的"从东方"和"由羽"指示空间起点，前者为具体的，后者为抽象的；例（60）（61）"从此"和"由此"表示时间起点。

（二）上古汉语"自~"的分布规律

以上我们描写了从《尚书》《诗经》至《史记》"自~"的分布和演

变情况，概括起来有以下几点：

1. 上古汉语"自~"后置首先要受"自~"本身语义和所修饰 V 的语义的限制。总的来说，"自 2"带谓词性结构修饰位移动词经历了从后到前的演变过程；"自 1_C"仅在与"出"和个别其他［-终点/返还］位移动词配搭时居后，余皆前置于 V；"自 1_J"与行为动词搭配（从《左传》起大量使用）亦前置。"自~"所谓的"可前可后"主要表现在与位移动词的搭配上，我们推测修饰位移动词的"自~"最开始可能都后置，后逐渐实现前移。

"自 1_J"的前移是从修饰［-终点/返还］位移动词开始的，《诗经》已见前置例，到《春秋经》完成，《春秋经》"自 1_J"前置于［+终点/返还］位移动词是有条件的，动词前后需有其他修饰语。《左传》起，"自 1_J"开始自由前置于［+终点/返还］位移动词，前置于"入"最多。到《史记》"自 1_J"完成前移的演变。大致过程见表6-2。

表 6-2   "自 1_J"的前移过程

自 1_J \ V	《诗经》		《春秋经》		《左传》		《史记》	
	[-终点/返还]	[+终点/返还]	[-终点/返还]	[+终点/返还]	[-终点/返还]	[+终点/返还]	[-终点/返还]	[+终点/返还]
V 前	√	—	√	有条件	√	√	√	√
V 后	√	√	—	√	—	√	—	—

注："—"代表没有该分布，个别例外忽略不计。

2. 后置的"自~"所处句法结构也受限，只能出现在"S+光杆 V+自~"的句式中，V 不能有其他修饰成分，且句中只能有一个动词。当"S+V1+O+V2"（V2 为光杆位移动词）这样的连动结构需要交代空间起点时，"自~"只能居 V2 前，如：

（62）公使昭子自铸归。（左传·昭公二十五年）

10 种文献"自 1_J"的分布见表 6-3-1 至表 6-3-10。①

---

① "自"表空间范围的固定搭配不计入各书统计中。

表 6-3-1　　　　　　　　　　《尚书》

V	自 1ⱼ ~	V 前		V 后	
		数量	V 全部列举	数量	V 全部列举
行为动词		0	—	3	导
位移动词	[-终点/返还]	0	—	3	来步
	[+终点/返还]	0	—	0	—
合计		0		6	

表 6-3-2　　　　　　　　　　《诗经》

V	自 1ⱼ ~	V 前		V 后	
		数量	V 全部列举	数量	V 全部列举
行为动词		2	归（馈）谓	1	侵
位移动词	[-终点/返还]	8	退出来徂	9	退出来
	[+终点/返还]	0	—	3	入归
合计		10		13	

表 6-3-3　　　　　　　　　　《春秋经》

V	自 1ⱼ ~	V 前		V 后	
		数量	V 全部列举	数量	V 全部列举
行为动词		0	—	0	—
位移动词	[-终点/返还]	4	逃出来	0	—
	[+终点/返还]	14	归入（非光杆）	74	至还归
合计		18		74	

表 6-3-4　　　　　　　　　　《左传》

V	自 1ⱼ ~	V 前		V 后	
		数量	V 全部列举	数量	V 全部列举
行为动词		41	射侵伐击刺夹戏使虐吊遗召求告要缚揖布观见会聘随噪	0	—
存在动词		1	无	0	—
位移动词	[-终点/返还]	26	出来济踰奔往适如迁行逆	4	出济涉
	[+终点/返还]	24	入反还归（光杆：19，非光杆：5）	31	入归反还至
合计		92		35	

表 6-3-5　　　　　　　　　　《论语》

V \ 自1ᴊ~		数量	V 前 V 全部列举	数量	V 后 V 全部列举
行为动词		1	执	0	—
位移动词	[-终点/返还]	1	来	0	—
	[+终点/返还]	1	反	0	—
合计		3		0	

表 6-3-6　　　　　　　　　　《孟子》

V \ 自1ᴊ~		数量	V 前 V 全部列举	数量	V 后 V 全部列举
行为动词		1	葬	0	—
位移动词	[-终点/返还]	3	之	0	—
	[+终点/返还]	2	反至	0	—
合计		6		0	

表 6-3-7　　　　　　　　　　《国语》

V \ 自1ᴊ~		数量	V 前 V 全部列举	数量	V 后 V 全部列举
行为动词		0	—	0	—
位移动词	[-终点/返还]	3	过逃趋	1	退
	[+终点/返还]	4	入反	6	反还至
合计		7		7	

表 6-3-8　　　　　　　　　　《战国策》

V \ 自1ᴊ~		数量	V 前 V 全部列举	数量	V 后 V 全部列举
行为动词		3	使献闻	0	—
位移动词	[-终点/返还]	5	迎之往	1	循
	[+终点/返还]	0	—	0	—
合计		8		1	

表 6-3-9　　　　　　　　　《吕氏春秋》

V \ 自₁ⱼ~	V 前 数量	V 前 V 全部列举	V 后 数量	V 后 V 全部列举
行为动词	0	—	1	生
位移动词 [-终点/返还]	6	降坠奔往来	1	登
位移动词 [+终点/返还]	1	至	0	—
合计	7		2	

表 6-3-10　　　　　　　　　《史记》

V \ 自₁ⱼ~	V 前 数量	V 前 V 全部列举	V 后 数量	V 后 V 全部列举
行为/状态动词	14	始修望溢戏遗拜幸通属为被	0	—
位移动词 [-终点/返还]	25	出来如下度渡迁徙过往之迎送西	2	巡
位移动词 [+终点/返还]	22	入归复反还至	6	归入还至
合计	61		8	

三　"于"词组的分布

和"自"一样,"于"也是甲骨文中就频繁使用的介词,来源于"去、到"义动词"于"。虚化后"于"的用法不断扩展,类目繁多,各家分类也不尽相同。但从甲骨文到整个上古汉语,介词"于"的核心用法不变,分别为:引介处所、引介时间和引介动作行为涉及的对象,后两种用法是从前一种用法同时扩展而来的。关于"于"的详细用法,可参见解惠全、洪波(1988)。

(一)"于"的虚化途径

甲骨文中绝大多数的"于"已用为介词,由于缺乏更早的书面材料,我们无法看到"于"虚化前的面貌,但一定程度上仍可从甲骨卜辞中觅得"于"的虚化路径。郭锡良(1997)对此有所论述,结合郭文,我们将"于"的虚化路径总结如下:虚化前的"于"是[+方向](与说话人所在位置方向相反)、[+终点]义的位移动词,用在[-终点]义位移动词（如"出、步、往"）后，带处所宾语，在时间顺序原则作用下形成连动结构。当 V1 扩展为 ［+方向］（与说话人所在位置方向相同）、［+终点］义位移动词（如"入、至"等）时，由于同表终点，且方向相反，"于"便在 V1 的压制下丧失位移动词的身份，成为引介位移终点的处所标记，如：

(1) 辛酉卜，壳贞：今二月王入于商？（合，7774）
(2) 自瀍至于膏，亡灾？（合，28188）

裘锡圭（2010）也谈到甲骨文中"于"的虚化，不同的是，裘文认为卜辞中"步/往"后的"于"就已经是介词。也就是说，他们在"于"的虚化途径的问题上态度一致，只是对虚化时间早晚的认定有不同看法，这是目前尚有争议的问题，本小节暂不讨论。

V1 再扩展到非位移动词，"于"就成了引介动作行为所在的处所标记，如：

(3) 土方征于我东鄙。（合，6507）[①]

至于"于"作为处所标记引介位移起点的用法，甲骨文尚无，当时的"出+于+处所名词"仍指示位移终点，对此已有学者进行论证，如沈培（1991）等。"于"引介位移起点是后起用法，与本义距离也更远了。

（二）"于~"的分布

1. 殷墟卜辞中"于~"的语序

介词组"于~"在殷墟卜辞中主要有三种用法，即上文说到的核心用法：一是引介动作行为相关的处所，二是引介动作行为进行的时间，三是引介祭祀的对象。各家研究表明，引介处所和祭祀对象的"于~"多后置，但也有不少前置的；引介时间的则前置明显多于后置。

如前所述，"于"是在连动结构中后一动词的位置上虚化的，重新分析后原有句法结构不变，"于~"应该后置于 V，这也是上古汉语绝大

[①] 例（1）—（3）转引自郭锡良《介词"于"的起源和发展》，《中国语文》1997 年第 2 期。

数"于~"都后置的原因。殷墟卜辞中前置的"于~"除引介时间的外，都是有条件的，一般认为是语用表达的需要。沈培（1991）在前人研究基础上详细讨论了甲骨卜辞介词组的语序，认为"凡是既有前置用法又有后置用法的非时间介词结构，在前置时都是命辞的焦点，也就是说，它们是为了特定的目的而前置的"①。对于引介时间的"于~"多前置，沈培（1991）解释如下："汉语介词结构的语序本来可能都是以后置为常的。时间介词结构的语序最早发生变化，在殷墟甲骨卜辞中，已经变为以前置为常。"② 魏培泉（1993）也认为"于~"前置于V"有可能是焦点的移转所致"③。与此同时还提出语言接触的设想，推测有可能"在远古曾有一中心语在前的语言及一中心语在后的语言在中原地区发生接触，这个时期甚至远在殷商之前"④。

我们认为"焦点"说是有道理的，详细论述可参见沈培（1991）。魏培泉（1993）还列举了不少前置的"于""惠"同用之例，"惠"用于凸显其后的NP，多位于"惠+NP+V"中，是焦点标记，魏文所举各组例句中，很明显可以看出前置的"于"有与"惠"相同的功能。这可以作为"于~"前置是为了凸显焦点的佐证。

除此之外，殷墟卜辞中"于~"有为数不少的前置现象，似乎与当时"于"的虚化程度较低也不无关系。裘锡圭（2010）指出："殷墟卜辞介词'于'的虚化程度，明显不及后世，主要反映在殷墟卜辞引介时、地的'于'，绝大部分还含有'到'义，以及介词'于'的某些虚化较甚的用法，在殷墟卜辞中尚未出现这两点上。"⑤ 换句话说，"于"在当时还不是地地道道的介词，"于"还有"去到"义的痕迹。加上卜辞特有的性质，占卜必定是针对未来事件的，因此"'于'+处所+V"可理解为去到某地进行某行为，"'于'+时间+V"可理解为（等）到某时进行某行为，"'于'+祭祀对象+V"可理解为去到某祭祀对象处进行祭祀活动，V都

---

① 沈培：《殷墟甲骨卜辞语序研究》，博士学位论文，北京大学，1991年，第158页。
② 同上。
③ 魏培泉：《古汉语介词"于"的演变略史》，《中央研究院历史语言研究所集刊》1993年第4期。
④ 同上。
⑤ 裘锡圭：《谈谈殷墟甲骨卜辞中的"于"》，2010年8月，复旦大学出土文献与古文字研究中心（http://www.gwz.fudan.edu.cn/）。

是非位移动词，这使得"'于~'+V"符合时间顺序原则。到上古汉语，"于"已彻底虚化，也产生诸多新的用法，这些用法多与"于"的本义相去较远，连同介词"于"的原有用法一起后置于 V。至于引介时间的"于~"为什么没有像其他用法一样后置，沈培（1991）的观点或可备一说。

2. 先秦至西汉"于~""於~"的语序

A. 主要研究之回顾

何乐士（1989）曾对《左传》"于"和"於"的位置作过详细描写，由于文章着重比较二者的不同用法，且对"于""於"带宾语所构成介词组的语义分类过于零散，故不大容易清楚地看到它们的分布面貌，但该文还是为以后的研究打下了扎实的基础。

魏培泉（1993）谈到先秦"於"的分布时说："就'於'的词序而言，除了某些特定的类型外，'於'词组几乎都是在主要动词之后的。会放在动词前的，除了表时间点的'於'词组几乎总在动词前，就只有表示和主语有某种对待关系的'於'词组可放在动词前。""表示行为所在的'於'词组……，放在动词之前的例子是极罕见的。"① 这就比较清晰地勾勒出"於~"在当时的分布情况。

张赪（2002）对引介处所和对象的"於~"的分布及演变进行了详尽的观察和分析，所得结论与魏培泉（1993）相同，并对这两类"於~"的前置从句法和语用两个角度分别作出解释：句法上，"於~"前置时 V 多带宾语；语用上，"於~"前置主要见于表示对比或强调的句子中，这实际上暗含了前置的"於~"是语用表达上的焦点的思想。

B. "於~"的分布再研究②

何乐士（1989）指出：先秦的"于~"只有引自古书的前置，余皆后置，鲜有例外。验之本小节所调查的语料，何说为是，《史记》亦同。故先秦至西汉存在两种分布的只有"於~"。

众所周知，上古汉语"於~"多后置于 V。如《左传》"於~"共

---

① 魏培泉：《古汉语介词"于"的演变略史》，《中央研究院历史语言研究所集刊》1993 年第 4 期。

② 本小节观察上古汉语"于""於"的分布，以《左传》《论语》《孟子》《国语》《史记》为调查语料。

1732例，前置于 V 的只有 201 例，① 多集中在表示动作行为所关涉的时间和对象两类。以下主要以《左传》为据分析前置的"於~"。

a. 表示时间的"於~"

前文所言"於~"表时间的三个小类多数前置于 V。如《左传》"於~"表时间共 156 例，152 例前置。

"於~"表时间起点，多为"於是"和"於是乎"，② 前置于 V，如：

(4) 鲁於是始尚羔。（左传·定公八年）
(5) 及景王多宠人，乱於是乎始生。（国语·周语下）
(6) 吴於是始通于中国。（史记·吴太伯世家）

"於是"和"於是乎"修饰 V 前置很容易解释：因为"於"的宾语"是"指代前文的事件，故二者具有句外关联功能，相当于前后两句的联系项，置于 V 前，起到承接上文、引起下文的作用。有时"於是"的位置越过主语而居句首，如：

(7) 於是天下诸侯知桓公之非为己动也，是故诸侯归之。（国语·齐语）

之后在这一位置上词汇化为因果连词。

在我们调查的语料中，《左传》有 2 例"於是乎"和 3 例"於此(乎)"，《国语》各有 1 例"於是乎"和"於此乎"修饰动词"在"前置：

---

① "於~"总数的统计来自台湾"中研院"上古汉语标记库。何乐士（1989）所得前置的"於~"的数量为 230，与我们稍有出入，这可能由于所据版本不同，还因为有时"於~"属上还是属下不易确定。如"凡公女嫁於敌国，姊妹，则上卿送之，以礼于先君；公子，则下卿送之。於大国，虽公子，亦上卿送之。於天子，则诸卿皆行，公不自送。於小国，则上大夫送之"（桓公三年）中的"於大国""於天子""於小国"，何文将三者视为前置，我们则看作"於~"前承前省略了动词"嫁"，是后置用法。

② "於是"根据所修饰谓语中心词语义特征的不同而有不同的表现：在与［+持续］动词搭配时，"於是"通常可以理解为该动词所表示动作或状态的起始时间，多与时间副词"始"共现，居"始"前，如例(4)(6)；与［—持续］动词搭配，则只表示动作发生的时点，无"起始"义，如：於是已破秦军，项羽召见诸侯将。（史记·项羽本纪）

(8) 闰以正时，时以作事，事以厚生，生民之道於是乎在矣。(左传·文公六年)

(9) 栾黡死，盈之善未能及人，武子所施没矣，而黡之怨实章，将於是乎在。(左传·襄公十四年)

(10) 礼之本末将於此乎在，而屑屑焉习仪以亟。言善于礼，不亦远乎？(左传·昭公五年)

(11) 蒍子曰："败楚、服郑，於此在矣，必许之。"(左传·宣公十二年)

(12) 亡郢之始於此在矣。(左传·昭公二十四年)

(13) 继文之业，定武之功，启土安疆，於此乎在矣！(国语·晋语四)

(14) 夫民之大事在农，上帝之粢盛於是乎出，民之蕃庶於是乎生，事之供给於是乎在，和协辑睦於是乎兴，财用蕃殖於是乎始，敦庞纯固於是乎成，是故稷为大官。(国语·周语上)

这种用法相当于现代汉语的"在于是/此"，乍看像是"不合常规"的语序。实际上这里的"於是乎"和"於此（乎）"仍可理解为表示时间的介词组，义为某事理、趋势或契机"于此时存在"或"在此时得以体现"，"在"的主语是由抽象事物充任的当事。例（14）"於是乎"修饰"出""生""兴""始""成"与此同。

先秦未见"在於是/此"或"在乎是/此"，但有"在此"，语义与"於是/此（乎）在"相同，如：

(15) 夏，宋公伐郑。子鱼曰："所谓祸在此矣。"(左传·僖公二十二年)

到《史记》有"在於此"，如：

(16) 安危之本在於此矣。(史记·秦始皇本纪)

"於是乎在""於此（乎）在"与"在此"的关系，以及它们和后起"在於此"之间的消长，是另待研究的问题。

"於"引进动作行为进行的时间一般也居 V 前，① 如：

(17) 郑僖公之为大子也，於成之十六年与子罕适晋，不礼焉。（左传·襄公七年）

(18) 於子蟜之卒也，将葬，公孙挥与裨灶晨会事焉。（左传·襄公三十年）

(19) 孔子曰："於斯时也，天下殆哉，岌岌乎！"（孟子·万章上）

(20) 於是楚王已得张仪而重出黔中地与秦，欲许之。（史记·张仪列传）

个别后置用在排比句中，如：

(21) 先主之正时也，履端於始，举正於中，归余於终。（左传·文公元年）

(22) 繁启蕃长於春夏，蓄积收藏於秋冬。（荀子·天论）②

这种句式是为了表达的需要而产生的。例（21）中，"始""中"和"终"是句子对比的重点，例（22）的"春夏"和"秋冬"是对比的重点，通过改变语序的手段将它们置于分句之末，凸显它们作为对比焦点的身份。

动作行为或状态特征的时间终点多用"於今"表示，两种分布都有，前置的如：

(23) 主相晋国，於今八年，晋国无乱，诸侯无阙，可谓良矣。（左传·昭公元年）

(24) 殷受夏，周受殷，所不辞也，於今为烈，如之何其受之？（孟子·万章下）

---

① 有时后置的"於~"看上去像是表示动作行为发生的时间，实际上却是表处所。如"使张仪、苏秦与仆并生於今之世，曾不能得掌故，安敢望常侍侍郎乎？"（史记·滑稽列传）

② 例（22）转引自解惠全、洪波《"于""於"介词用法源流考》，载《语言研究论丛》第五辑，南开大学出版社 1988 年版，第 116—139 页。

"於今"在这里实为借时点表示时间范围，前面必定隐含了该动作行为或状态特征的时间起点。例（23）的用法很常见，"於今"义为"从主相晋国起至于今"，谓语中心"八年"是对这个时间范围的判断。例（24）"於今"前没有明确交代时间起点，但这个起点仍然存在，"为烈"是对处在终点上的"今"的陈述。

"於今"在句法结构上联系的是其后的谓语部分，深层结构却是属上的，因此前置于谓语中心词。若在句首加上介词"自"，这种关系就很明朗了，如：

（25）维天不飨殷，自发未生於今六十年，麋鹿在牧，蜚鸿满野。（史记·周本纪）

由于"於今"是某时间范围上的终点，"於"有很强的"到达"义。"於今"后置时，V限于"至"，如：

（26）由孔子而来至於今，百有余岁。（孟子·尽心下）
（27）故庄王之世，灭若敖氏，唯子文之后在，至於今处郧，为楚良臣。（国语·楚语下）

这种用法是"於"引介处所终点的用法在时间范畴的隐喻，其中例（27）"至於今"后还有动词，这时"至"不再是句子的主要动词，后逐渐虚化为介词。

b. 表示对象的"於~"

根据前面所引解惠全、洪波（1988）对"于"（"於"）引进对象的分类，只有"议论的对象和与议论对象相关涉的对象"一律置于动词之前，余皆置于V后。

"於"引介"议论的对象和与议论对象相关涉的对象"有"对于"义，用于陈述句和一般问句时前置，如：

（28）不义而富且贵，於我如浮云。（论语·述而）
（29）先王之於民也，懋正其德而厚其性，阜其财求而利其器用，明利害之乡，以文修之，使务利而避害，怀德而畏威，故能保世

以滋大。(国语·周语上)

（30）高帝於颛顼为族子。(史记·五帝本纪)

（31）子贡曰："必不得已而去，於斯三者何先？"(论语·颜渊)

《左传》"对于"义的"於~"共36例，有30例在陈述句中，全部居V前。

若用于反问句，则既有前置，如例（32）（33）；又有后置，如例（34）（35）。《左传》"对于"义的"於~"用于反问句6例，前后各3例。

（32）右宰谷曰："子鲜在，何益？多而能亡，於我何为？"(左传·襄公二十六年)

（33）由也果，於从政乎何有？(论语·雍也)

（34）齐侯将行，庆封曰："我不与盟，何为於晋？"(左传·襄公二十八年)

（35）出则事公卿，入则事父兄，丧事不敢不勉，不为酒困，何有於我哉？(论语·子罕)

例（32）（34）"於~"修饰的谓语动词都是"为"，例（33）（35）都是"有"，却采用了相反的语序。

含"对于"义的"於"是甲骨文中没有的，有学者认为应视为动词，如郭锡良（1997）等。我们认为先秦时期的"於"应该已经虚化为介词，但必须承认这类"於"的虚化程度还不高，带有很强的动词意味，尤其是像例（29）那样处于"主之谓"结构中的"於~"，似乎将"於"看作动词更容易解释。解惠全、洪波（1988）认为介词"於"的这种用法来源于"对于"义动词"於"。至于反问句中表对待的"於~"位置不定，可能与语气的表达有关。

此外有个别表示其他类对象的"於~"置于V前，或可看作例外：

（36）荀蒥不可，曰："我辞礼矣，彼则以之。犹有鬼神，於彼加之。"(左传·襄公十年)

(37) 於己取之而已矣。(孟子·告子上)

例(36)表给予的对象,例(37)表索取的对象。
c. 表示范围的"於~"①
"於~"表范围一般前置,如:

(38) 於虞人之箴曰:"芒芒禹迹,画为九州。"(左传·襄公四年)
(39) 於齐国之士,吾必以仲子为巨擘焉。(孟子·滕文公下)
(40) 以为儒者所谓中国者,於天下乃八十一分居其一耳。(史记·孟子荀卿列传)

"於"的这种用法也是甲骨文之后才出现的,由表处所的"於"进一步虚化而来,用在V前,先交代一个范围,再呈现要叙述的对象。句法结构上这种"背景→目标"的表达路径反映了当时人们的认知方式。

有些后置的"於~"像是表范围的,实际上可以归入其他语义类,如:

(41) 乃有大事于群望,而祈曰:"请神择於五人者,使主社稷。"(左传·昭公十三年)
(42) 且立长故顺,以仁孝闻於天下,便。(史记·吕太后本纪)

例(41)"於"的宾语"五人"还可以看作动作行为索取的对象(即抽象的起点),例(42)的"天下"又可认为是"闻"的主体,此时"闻"义为"被听见"。

下例"於~"的用法只能理解为表范围,用在V后,或为特例:

(43) 于是齐最强於诸侯,自称为王,以令天下。(史记·田敬仲完世家)

---

① 这里所说的"范围"包含在魏培泉(1993)所言"和主语有某种对待关系的'於'词组"中,文中称"多中选一",我们依解惠全、洪波(1988)将其单列一类。而魏文所说的"表范围的'於'词组"指引介对象后置中的某类,如"舜明於庶物,察於人伦"(孟子·离娄下)。

d. O+於+VP

这种结构在《左传》中出现次数最多，共有 9 例，其他典籍则非常罕见，如：

(44) 谚所谓"室於怒，市於色"者，楚之谓矣。(左传·昭公十九年)

(45) 私族於谋，而立长亲。(左传·昭公十九年)

(46) 鳖於何有？(国语·鲁语下)

"於"的宾语前置时，"於～"必居 V 前，且不限语义。例 (44) "室於""市於"表处所，例 (45) "私族於"表交互对象，例 (46) "鳖於"属于"对于"义，表动作行为所关涉的对象。关于介词宾语前置时介词组置于 V 前的规则，上文已论及，此不赘。

e. 表示动作行为或状态所在的处所的"於～"

这种用法的"於～"只有极少前置例，如：

(47) 季孙於鲁相二君矣。(左传·成公十六年)

(48) 或谓孔子於卫主痈疽，於齐主侍人瘠环，有诸乎？(孟子·万章上)

魏培泉 (1993) 曾讨论前置于 V 的表示行为所在的"於～"，认为它们同时也可以视为表时间的，不是纯粹的处所状语。

《史记》中有纯粹表处所的"於～"居 V 前，或许可以看作"於～"开始前移的端倪，如：

(49) 今陛下亲祀后土，后土宜於泽中圜丘为五坛……(史记·孝武本纪)

f. 表示凭借的"於～"

这种用法始见于《史记》，见本章第一节。

g. "私於 NP 曰" 辨析

先秦时期有"S+私+於 NP+曰"结构，看上去很像"於～"修饰动词

"曰"前置。如：

(50) 赵孟辞，私於子产曰……（左传·昭公元年）
(51) 范子私於原公，曰……（国语·周语中）

然而这种句式中的"於~"并不是"曰"的状语，因为"曰"为一价动词，只能带施事论元，同为言说类动词的"告""问"等则不同，它们是二价动词，除施事外，还能带对象论元，对象论元可以直接位于 V 后，也可由"於"引介居 V 后。如：

(52) 士蒍告晋侯曰："可矣。不过二年，君必无患。"（左传·庄公二十四年）
(53) 邾人告於郑曰："请君释憾于宋，敝邑为道。"（左传·隐公五年）
(54) 王弗听，问之伶州鸠。（国语·周语下）
(55) 王将铸无射，问律於伶州鸠。（国语·周语下）

我们认为，"私於 NP 曰"中的"於 NP"无论在语义还是句法结构中都应属前，语义上"於 NP"是"私"的对象论元，句法上是"私"的补语。这里的"私"应视为带方式义的动词，深层语义结构为"私+V"，这在注释语言中得以体现。如例（50）杜预在"私"下注曰"私语"。上古文献中另有"私於 NP""私焉"，句中除"私"外无其他动词，可以证明"私"在结构中为谓语中心词。如：

(56)（郑）请师于邾，邾子使私於公子豫。（左传·隐公元年）
(57) 八年春，晋侯使韩穿来言汶阳之田，归之于齐。季文子饯之，私焉，曰……（左传·成公八年）

杜预于例（56）"私"下注"私，请师"；例（57）注"私与之言"。"私"是谓语动词无疑。

依据本章第一节所列"于~"的语义类型，我们总结得出上古汉语"於~"的分布见表 6-4：

表 6-4　　　　　上古汉语各语义类型"於~"的分布

语义分布	方所	时间			对象		范围、方向		凭借
		起点	所在	终点	对于	其他	范围	在……方面	
V 前		√	√	√	√		√		《史记》
V 后	√		对举	V 限"至"	反问	√		√	√

介词"于"由"去到"义动词在"V+于~"（V 为位移动词）结构中虚化而来，甲骨卜辞中有引介处所、时间和祭祀对象三种用法。甲骨文中的"于~"在句法结构中多居 V 后，也有不少置于 V 前的，是卜辞独特的语体在表达上的需要，前置的"于~"是卜问的焦点，且"于"在当时虚化程度不高，很多还有"到"义。到先秦，"于"进一步虚化，同时没有了语体上的限制，除表时间、对待关系和范围的外，其他"于~"的位置固定在 V 后，很少有例外。

第三节　小结

1. 上古汉语各介词组的分布与不同介词的虚化程度有关

上古汉语常用的各介词，带有动词性的由于虚化程度低而居 V 前，彻底虚化的位于 V 后。刘景农（1994）指出："'于'是纯粹的介词，'以''为''与'就带有动词性。"① 理由如下：动词的宾语可用"之"代替，② 宾语是疑问代词必须倒置，前可有"所"，这几个特点"以""为""与"都具备。"自"的动词性不如"以""为""与"，因为其宾语不能用"之"代替，但当疑问代词作宾语时仍前置于"自"，且"自"前也可出现"所"，故仍有一定的动词性。"于"没有这些用法，是纯粹的介词。"以""为""与"三个词中，"为""与"前都可出现"相"，"以"则不能。如果把位于前置宾语和"相"之后的介词看作"后置词"，以上说法也能得到类型学上的印证。C. Lehmann（1992）认为：

---

① 刘景农：《汉语文言语法》，中华书局 1994 年版，第 78 页。
② "自"的宾语个别可用"之"指代，如"政自之出久矣，隐民多取食焉"（左传·昭公二十五年）。

"语法化程度较低、刚从实词中来的介词,既可作前置词,也可作后置词。……语法化程度较高的介词,本身在介词短语内的位置已固定。"①

以上表明,"为""与"的虚化程度最低,"以"次之,"自"再次之,"于"的虚化程度最高。用上古汉语介词组的分布来检验这一论断,我们发现"为~""与~"必居 V 前,"以~"多居 V 前,它们身上还保留着各自的来源义,即动词义项"协助""参同"和"凭借";"自~"的语序尚在演变中,但也是前置多于后置;只有"于~"多在 V 后,由于介词用法的使用频率太高,摆脱了身上滞留的动词义而居后。介词组的分布从一个侧面映射出介词虚化程度的高低。

就整体趋势来看,上古汉语已经表现出介词组前置于 V 的强烈要求,之所以后置的数量超过前置,是因为"于~"后置占绝对多数,其使用频率远远超出其他介词组,甚至多于其他介词组使用数量的总和。

2. 汉语介词组的前移是在时间顺序原则(PTS)作用下进行的

魏培泉(1993)认为"甲骨文的介词组倾向于后置于动词后"②,但同时也指出有不少前置于 V。此后汉语介词组开始有规律有选择地逐一前移。上古汉语常用介词组中,"与~"和"为~"一直居 V 前,战国后逐渐兴起的"从~"和"由~"亦居 V 前,"以~"在上古诸文献中前置远多于后置,"自~"的后置亦有条件,限于修饰位移动词的那部分。介词组的前移实际上指少数"以~"、修饰位移动词的"自~"以及部分"于~"(主要包括表动作行为进行的处所和引介动作行为所关涉的方面两类),后置的"于~"后来逐渐被其他介词组(居 V 前)替换,或者"于"被省略,V 后"于~"的衰微过程详见魏培泉(1993)。介词组的替换虽不同于介词组的前移,但二者的结果是相同的,即使得汉语的词序依时间顺序而排列。

洪波(1998)探讨汉语处所成分的语序演变机制时指出:"六种处所成分的分布由上古的总体不遵循 PTS 到现代汉语的总体遵循 PTS。"③ 事实上,不仅处所成分如此,时间、对象、凭借、施事等修饰成分也逐渐遵循时间顺序原则。时间成分和处所一样,表行为起点和所在的在动作行为

---

① Lehmann, Christian, "Word order change by grammaticalization",转引自刘丹青《语序类型学与介词理论》,商务印书馆 2003 年版,第 66 页。

② 魏培泉:《古汉语介词"于"的演变略史》,《中央研究院历史语言研究所集刊》1993 年第 4 期。

③ 洪波:《汉语处所成分的语序演变及其机制》,载《纪念马汉麟先生学术论文集》,南开大学出版社 1998 年版,第 171—207 页。

之前，表终点的在后。对象（表给予对象的除外）、凭借和施事依照时间顺序原则都在 V 前，即在认知域里，对象（目标）先于针对目标进行的动作行为而存在，比较基准先于比较结果而存在，动作行为凭借的工具先于动作行为本身而存在，施事先于施事发出的动作而存在。

时间顺序原则大概从上古汉语末期开始才逐渐成为控制汉语介词组语序的基本原则，此前汉语介词组有一部分不遵循时间顺序原则。蒋绍愚（1999）引用谢信一"临摹原则"和"抽象原则"的概念，认为先秦汉语不适用临摹原则是由于抽象原则在起作用，并进一步指出："在同一种语言的历史发展中，对同一种语义（比如动作的处所）的表达，也可能发生'抽象原则'和'临摹原则'之间的变化。"① 就我们关注的上古汉语介词组的分布来看，抽象原则（体现为语序类型的共性）要求介词组后置，而时间顺序原则要求部分前置，二者是竞争关系。随后时间顺序原则显露出对介词组分布上的控制优势，约从战国时起，除了表示空间终点的介词组外，原本居 V 后的介词组要么前置于 V，如"自~"和表空间所在的"于~"，要么被其他结构替代，替代结构以各种介词组为主，这些介词组既有旧有的（如"以""为"等），又有新兴的（如"从""在""向"等），旧有的介词组本来就在 V 前，而新兴的介词组从出现伊始便也一律前置于 V。至唐宋时期已经形成介词组的语序依其所表示的语义进行分布的局面。

3. 语序的和谐与不和谐②

汉语介词组的前移曾引发汉语是否经历了从 SVO 语言向 SOV 语言演变的讨论。根据语序类型学理论，介词的语序包括两方面，"一方面是介词相对其所支配的 NP 的语序，即介词在介词短语内的语序。这一参项下有前置词（即'介词+名词'语序）和后置词（'名词+介词'语序）这两种情况及两者并存的情况。另一方面是介词相对于统辖整个介宾短语的 VP 的语序，即介词短语整体的语序，有'介词短语+VP'和'VP+介词短语'两种情况"③。类型学研究成果表明：SVO 型语言介词的语序是

---

① 蒋绍愚：《"抽象原则"和"临摹原则"在汉语语法史中的体现》，《古汉语研究》1999 年第 4 期。

② 这一部分依据北京大学中文系杨荣祥老师《汉语语法史研究专题》课程笔记整理而来，未特别标注来源的引号内为讲义内容。

③ Lehmann, Christian, "Word order change by grammaticalization", 转引自刘丹青《语序类型学与介词理论》，商务印书馆 2003 年版，第 66 页。

"前置词+名词"、"VP+介词短语"，SOV 型语言相反。上古汉语介词的语序表现倾向于 SVO 语言。介词组后来的前移并不能作为汉语语序类型改变的依据，理由是："OV 型语序应该是后置词语言，而汉语的介宾结构前移后，仍然是前置词语言，而且动词的宾语是后置的。"但是介词组的前移确实在一定程度上影响了语序的和谐性。

然而换个角度来看，介词组前移造成了语序上的另一种一致性。"就修饰成分位于中心成分之前这一点来说，介宾结构前移倒是与汉语中别的修饰成分与中心成分的语序位置和谐了——汉语从古到今都是名词中心语的修饰成分位于名词之前（不管代词、形容词、从句都位于名词中心语之前），动词中心语的修饰成分位于动词之前（副词、形容词、上古汉语的名词作状语）。介宾结构位于动词之前，也是修饰语位于中心动词之前。"汉语语序有其自身的特殊性，这使得它在众多语言中看起来像是"另类"，但 SVO 语言的语序特征还是很明显的，如动词在宾语前、助动词在主要动词前、介词使用前置词等，我们不能因为某方面语序的不和谐就作出汉语已转向 SOV 型语言的简单论断。介词组前移虽然与 SVO 语序不和谐（整体不和谐），但作为动词中心的修饰语，前移取得了与其他的动词中心的修饰语一致的语序，同时也取得了与名词中心的修饰语一致的语序，从而实现了语序的局部和谐。由此推知，部分介词组由动词后移至动词前，可能也有保持局部语序和谐的动因。

4. 介词组在上古汉语状语中的地位

介词组是上古汉语状语的重要构成形式，是上古汉语状语中数量居第二位的成员，表示的语义类型包括方所、时间、范围、凭借、对象等。但上古汉语中，介词组并不都是出现在谓语中心前充当状语，而是大部分置于谓语中心之后充当补语。大致从春秋时期开始，介词组就出现了前移的迹象，而从战国后期开始，由陆续新产生的介词引介宾语构成的介词组也基本上都出现在谓语中心之前作状语。

介词组语序的位置变化不仅关系到汉语语序类型的变化，也使得汉语的状语构成形式和语义类型更加丰富，大量的介词组充当状语，还使得多项状语连用变得更为复杂。

第七章

状语的语义指向

第一节 上古汉语状语语义指向概述

语义指向是近些年来学者们关注的热点问题之一。"语义指向"作为一个术语在国内语法学界正式提出是在 20 世纪 80 年代,而其萌芽却可以追溯至更早,甚至有学者认为《马氏文通》对"状字"和"约指代字"的分析中就暗含着朴素的语义指向思想(税昌锡,2003)。何谓语义指向?陆俭明(1997)为其下的定义是:"所谓语义指向就是指句中某一成分在语义上跟哪个成分直接相关。"[①] 周国光(2006)对其略作修订,认为"在句法结构中,句法成分之间具有一定方向性和一定目标的语义联系叫做语义指向"[②]。修订后的定义使得讨论语义指向的范围不仅仅停留在句子层面,也可以在短语层面,且着重突出语义直接相关的两个成分之间"指"与"被指"的角色关系。语义指向的考察对象主要是补语和状语,可以从不同的角度考察,如按语义所指的方向,可分为前指和后指;按所指目标充当的句法成分,可分为指向主语、谓语中心、宾语(包括动词宾语和介词宾语)等;按所指向目标所属的词性范畴,可分为指向谓词性成分、指向名词性成分和指向数量成分;如果指向名词性成分,又可按名词的语义角色分为指向施事、指向受事、指向工具等。本章讨论上古汉语状语的语义指向,将状语分为单一语义指向的、复杂语义指向的和不易确定语义指向的三类,这三类状语不是按照同一标准划分的:单一指向和复杂指向的划分依据的是所指目标的数目,只能指向固定一种成分的

[①] 陆俭明:《关于语义指向分析》,载黄正德编《中国语言学论丛》第一辑,北京语言文化大学出版社 1997 年版,第 34—48 页。

[②] 周国光:《试论语义指向分析的原则和方法》,《语言科学》2006 年第 4 期。

状语是单一指向的，可以指向两种或两种以上成分的状语是复杂指向的；不易确定语义指向的状语是指目前对其语义指向的分析存在争议或尚无人关注的，该类成员既包括单一语义指向的状语，也包括复杂指向的。按照这样的分类，本章着重在后两类中选出能够反映上古汉语状语语义指向特点的几种状语，分别分析它们的语义指向。

一 单一语义指向的状语

单一语义指向的状语又可细分为两小类：一类为只能指向其后的谓语中心词或整个谓语部分的；另一类为只能指向其后数量成分的。

只能指向其后的谓语中心词或整个谓语部分的在单一指向的状语中数量最多，副词中有程度副词、时间副词、情态副词以及加复副词中表重复的（"复""更"等）和表频率的（"数""屡""亟"等）两类，副词之外的数词、时间词、方位词、介词组和疑问代词作状语也只能指向其后谓语部分。其中介词组由于语义滞留原则还与主语在语义上保存些许联系，但我们认为其语义主要还是指向其后的谓语中心。

只能指向其后数量成分的是总括副词中表统计的副词，上古汉语一般用"凡"，表统计的副词的语义指向从古至今一直保持不变，它们在近代汉语和现代汉语中的表现已多有论述，上古汉语如：

(1) 陈皇后求子，与医钱凡九千万，然竟无子。（史记·外戚世家）
(2) 凡生三女一男。男名据。（史记·外戚世家）
(3) 凡六出奇计，辄益邑，凡六益封。（史记·陈丞相世家）

"凡"指向的数量成分在句中充当不同的句法成分，"凡"在例（1）中指向"九千万"，"九千万"充当谓语；例（2）中指向宾语"三女一男"，"三女一男"是句子的宾语；例（3）中指向其后状语"六"，"六"是修饰谓语中心的数量状语。

二 复杂语义指向的状语

复杂语义指向的状语包括两类：一类所指方向单一但所指目标成分复杂；另一类所指方向、目标成分都复杂。限定副词属第一类，总括副词

(除"凡")和加复副词中表类同的"亦"、表累加的"又"属第二类。

杨荣祥(2005)比较详尽地分析了近代汉语限定副词的语义指向,上古汉语的情况略同。限定副词语义必定后指,当表示对动作行为的限定时,语义指向其后的VP;表示对数量的限定时,语义指向其后的数量成分;表示对与事、受事、处所等论元的限定时,语义指向其后相应的名词性成分。以"独"为例:

(1) 彼无异故,智略绝人,独患无身耳。(史记·魏豹彭越列传)
(2) 自古受命帝王及继体守文之君,非独内德茂也,盖亦有外戚之助焉。(史记·外戚世家)
(3) 夫关中左殽函,右陇蜀,沃野千里,南有巴蜀之饶,北有胡苑之利,阻三面而守,独以一面东制诸侯。(史记·留侯世家)
(4) 人皆集于苑,己独集于枯。(国语·晋语二)
(5) 汉王逃,独与滕公出成皋北门。(史记·项羽本纪)
(6) 项王已死,楚地皆降汉,独鲁不下。(史记·项羽本纪)
(7) 所患独吕产,今已诛,天下定矣。(史记·吕太后本纪)

"独"在例(1)中语义指向其后VP"患无身",指除此之外,其他方面都无可挑剔;例(2)中指向其后主谓谓语"内德茂";例(3)中指向"以"的宾语"一面";例(4)—(7)中,"独"的语义都指向其后的名词性成分,只是各名词性成分在句中充当的句法成分不同:"独"在例(4)中语义指向补语"于枯"中的"枯","枯"本为形容词,这里发生转指,与"苑"相对;例(5)指向介词"与"的宾语"滕公";例(6)的"独"是句首状语,语义指向该分句的主语"鲁";例(7)"独"的语义指向"吕产","吕产"是句中的名词性谓语。

除"凡"外的总括副词由于各自来源不同,语义指向也呈现纷繁复杂的局面。"毕、胜、举、咸、多"等基本前指主语,主语可能是施事,也可能是受事,如:

(8) 四罪而天下咸服。(尚书·舜典)
(9) 郑师毕登。(左传·隐公十一年)

(10) 王如用予，则岂徒齐民安，天下之民举安。（孟子·公孙丑下）

(11) 不违农时，谷不可胜食也；数罟不入洿池，鱼鳖不可胜食也；斧斤以时入山林，材木不可胜用也。（孟子·梁惠王上）

(12) 吴大败，士卒多饥死，乃畔散。（史记·吴王濞列传）

以上各总括副词的语义分别指向各句主语，其中例（11）"胜"指向的是句子的受事，"胜"出现的句法环境固定，只能用在"S+不可+胜+Vt"中，S是Vt的受事。

"皆"多数前指，但也有一些后指的情况，"悉"和"尽"则前后指都很常见。为了展现总括副词内部成员语义指向的差异及造成这种差异的原因，下文将从词义基础和语义指向两方面将"咸""皆""悉""尽"进行比较，详见本章第二节。"举""毕""胜"的词义基础和语义指向可参见马景仑（1987）。

加复副词是我们为了避免给副词分类系统造成负担而拼凑起来的一个大的副词次类，内部成员的语义指向各不相同，上面说过，表重复和表频率两小类加复副词的语义仅指向其后谓语中心词，表类同的"亦"和表累加的"又"的语义指向则比较复杂，"亦"指向类同后项，"又"指向累加后项，表现在句法结构上，类同或累加的后项如果是行为主体，则在"亦"或"又"前，如果是其他名词性论元、谓语中心词或整个被饰VP，则在"亦"或"又"之后。"亦"在近代汉语的语义指向已有人讨论（杨荣祥，2005），上古汉语的表现无差别，此处不再赘述。"又"在传统语法中常被误认为"复"的同义词，为揭示二者的区别，下文将对"又""复"的词义基础和语义指向进行比较分析，详见本章第三节。

三 不易确定语义指向的状语

首先是情状副词，情状副词为单一语义指向的状语，描摹动作行为状貌的情状副词如"阴、私、窃、盗、强、直、暴"等语义明确，都指向谓语中心词，但有一部分情状副词的语义或多或少和主语有内在联系，在所指目标成分的确定上有争议。不易确定语义指向的情状副词指"协同"义（"共、同、偕、并"等）、"交互"义（"互、相"）和"亲自"义（"亲、自"）情状副词。杨荣祥（2005）认为这些副词都指向其后的VP，并提出检验办法:"这些'副词(+VP)'是说明'怎么样 VP',即当提问'怎样 VP?'时,可以用'副词+VP'来回答。"① 这个问题可以再讨论,单从副词的语义上看,这些副词具有一定的指代性,语义都与一个名词性成分存在天然联系,"协同"义和"交互"义副词必然关联一个复数概念,"亲自"义副词必然关联一个单数概念,从这一点看,它们的语义不应是指向其后 VP,而应是指向句法结构中的名词性成分。至于确定它们语义指向的检验方法,我们认为也可以用"谁"来提问,即"谁一块儿/互相/亲自",如此一来,这些副词便是说明名词性成分的。

上古汉语"协同"义副词多指向非单一行为主体,② 如"共、同、偕"等,非单一行为主体可能是主语,也可能是"主语+与+NP"结构。以"共"为例:

(1) 周苛、枞公谋曰:"反国之王,难与守城。"乃共杀魏豹。(史记·项羽本纪)
(2) 诸将相与琅邪王共立代王为天子。(史记·荆燕世家)

例(1)"共"的语义指向主语"周苛、枞公"二人,例(2)"共"的语义指向主语"诸将相"和"与"的宾语"琅邪王",都是非单一行为主体。

"并"的语义指向更复杂些,它既能前指主语,也能后指宾语,如:

(3) 皇天弗福,庶民弗助,祸乱并兴,共工用灭。(国语·周语下)
(4) 浑邪王杀休屠王,并将其众降汉。(史记·匈奴列传)

例(3)的"并"指向主语"祸乱","祸乱"是复数概念,并列指天灾人祸。例(4)的施事"浑邪王"是单数,与"并"的语义相悖,故不可能是"并"指向的目标,"并"在这里只能是指向动词"将"的宾语"其众"。

---

① 杨荣祥:《近代汉语副词研究》,商务印书馆2005年版,第217页。
② 这里的"非单一"指行为主体在数量上不是单数。第八章讨论"与~"在多项状语中的位置时还将用到"单一"和"非单一"的概念,与此处不同,到时将再次注明。

"交互"义和"亲自"义副词的语义指向比较简单,前者指向复数主语,后者指向单数主语,主语都是施事,如:

(5) 王从之,使于晋者,道相逮也。(国语·周语上)
(6) 王后亲织玄纮……(国语·鲁语下)

例(5)"相"指向复数主语"使于晋者",例(6)"亲"指向单数主语"王后"。

名词、形容词和动词的语义指向也颇难判断。名词作状语是古汉语特有的,尤其是表比况性施事和比况性受事的(分别为本书中的C、D两类)。对于古汉语名词状语的语义指向,学界有不同看法。汤建军(1990)着眼于描写性名词状语(C、D两类)的语义指向,认为虽然在形式上二者修饰中心动词,但语义上却另有所指,前者指向主语(如"豕人立而啼"中的状语"人"指向主语"豕"),后者指向宾语(如"今而后知君之犬马畜伋"的状语"犬马"指向宾语"伋")。袁本良(2004)将名词作状语分为四类——甲:"庭教之"等(B类);乙:"剑斩之"等(A类);丙:"蚁附之"等(C类);丁:"瓜分之"等(D类)。认为"甲、乙两类状语的语义指向是单向的;丙、丁两类状语的语义指向是多向的"①,丙类状语的语义同时指向主语和中心动词,丁类则同时指向中心动词和宾语。本章第四节将在此基础上继续探讨上古汉语C、D两类名词状语的语义指向问题。

对于形容词状语和动词状语的语义指向,现代汉语成果甚丰,而汉语史上却少之又少,本书研究上古汉语状语,有必要对形容词和动词作状语的语义指向进行分析,这个问题跟上古汉语连谓和状中结构的辨析密切相关。作为典型的谓词,形容词和动词都有很强的陈述性,具有独立陈述主语的功能。但上古汉语没有状语标记"de",若承认这些形容词、动词状语的语义指向主语,会给结构关系的辨析带来很大困扰,如:

(7) 我竭力耕田,共为子职而已矣。(孟子·万章上)

---

① 袁本良:《从"N$_{状}$·N·之"看古汉语语义结构分析问题》,《语言科学》2004年第5期。

如果认为"共"（恭）的语义指向主语"我"，便等于承认"共"与主语"我"之间是陈述和被陈述的关系，既然形容词陈述的是主语，它便不是状语而应该是谓语，"共为子职"也不是状中而是连谓了，而"恭"在"恭+VP"中确是陈述 VP 的，这在第五章中已经证明。如此一来，承认"恭"作状语和承认它的语义指向主语是相矛盾的，如何处理这一矛盾，将在第四节作一交代。

第二节 副词语义指向例析（一）："咸""皆""尽""悉"

总括副词在各个历史阶段的面貌及其来源、历时演变一直备受关注，相关论述也很丰富，涵盖总括副词的词义基础、语义指向及其与谓语中心词的选择关系等问题，其中不乏真知灼见，但仍有一些没有讨论或有待继续讨论的问题。本节拟在封闭的语料中描写总括副词"咸""皆""尽""悉"的语义指向，揭示它们与后世总括副词语义指向的不同。上古汉语总括副词的语义指向不限于前指，这与它们的语义基础有关，故我们先交代"咸""皆""尽""悉"各自的语义特征及出现的语义环境，在此基础上分析它们不同的语义指向。

一 "咸""皆""尽""悉"的语义特征及出现的语义环境

"咸""皆""尽""悉"作为总括副词都有"全、都"义，但四者的词义基础、虚化后的语义特征以及各自出现的语义环境都有差别。以下简要分析：

（一）"咸"

《说文》："咸，皆也，悉也。"对于总括副词"咸"的来源，学界意见有分歧，或认为来源于"完备、完结"义动词（李宗江，1999），或认为来源于表"共同拥有或承受"的动词（白银亮，2000；张亚茹，2008）。"咸"另有形容词义项，义为"周遍"，如：

(1) 周遍咸三者，异名同实，其指一也。（庄子·知北游）
(2) 小赐不咸，独恭不优。不咸，民不归也；不优，神弗福也。

(国语·鲁语上)

我们认为，总括副词"咸"可能是由"周遍"义形容词虚化而来。统观西周至西汉诸文献，"咸"作副词，基本格式为"NP 咸 VP"，NP 是 VP 所代表动作行为或性质特征的主体，多为"天下""四方""四海""众""庶""民"或带有这些构成成分的词组。NP 作为由若干个体合成的一个大整体，其内部成员的数量一般不容易计量，各个个体不具有独立性。"咸"用来总括这一整体，表示 VP 所代表的动作行为相对于 NP 内部来说具有普遍性。换言之，NP 内部的成员不一定无例外地发出某行为，但说话者并不关注是否无例外，如：

(3) 允厘百工，庶绩咸熙。(尚书·尧典)
(4) 流共工于幽州，放欢兜于崇山，窜三苗于三危，殛鲧于羽山：四罪而天下咸服。(尚书·舜典)
(5) 南抚交址、北发，西戎、析枝、渠廋、氐、羌，北山戎、发、息慎，东长、鸟夷，四海之内咸戴帝舜之功。(史记·五帝本纪)
(6) 天子躬于明堂临观，而万民咸荡涤邪秽，斟酌饱满，以饰厥性。(史记·乐书)
(7) 骠骑将军去病率师攻匈奴西域王浑邪，王及厥众萌咸相奔……(史记·卫将军骠骑列传)

(二)"皆"

对"皆"的来源也有不同看法，不过总的来看倾向于认为"皆"来源于"在一起"义的动词。"皆"在西周金文中从"从"，表二人从行，虚化为总括副词后，强调其总括的非单一主体（这里的"非单一"指非单数）同样、没有差异地发出某种动作行为或具有某种性质特征，这个非单一主体内部的各个个体具有独立性。

"皆"用作总括副词，语义多前指，基本格式为"A、B、C…，皆 VP"或"NP 皆 VP"（NP 为集体名词）。前者的主语是不同个体的逐一列举，后者的主语是由集合概念表达的一个整体，该整体由有限的个体构成。无论哪种格式，都强调不同个体的独立性，如：

(8) 以郜大鼎赂公，齐、陈、郑皆有赂，故遂相宋公。（左传·桓公二年）

(9) 管仲卒，五公子皆求立。（左传·僖公十七年）

例（8）"皆"总括的是"齐、陈、郑"三个诸侯国，例（9）"皆"总括"五公子"。

《尚书》中"咸"作总括副词出现23例，"皆"8例，到《左传》，"咸"只有4例，而"皆"有330例，此后二者的使用频率一直相差悬殊。《史记》中"皆"出现有1400余次，而"咸"只有73次（含引用古书的）。从春秋以后语料中的用例来看，"皆"兼并了"咸"的语义特征，并逐渐取而代之，如：

(10) 今罪无所，而民皆尽忠以死君命，又可以为京观乎？（左传·宣公十二年）

(11) 今始皇为极庙，四海之内皆献贡职，增牺牲，礼咸备，毋以加。（史记·秦始皇本纪）

此二例"皆"总括的对象分别为"民"和"四海之内"，语义特征与"咸"相同。

"咸"在《史记》中也偶有总括几个个体的情况，① 如：

(12) 古禹、皋陶久劳于外，其有功乎民，民乃有安。……后稷降播，农殖百谷。三公咸有功于民，故后有立。（史记·殷本纪）

(13) 寡人以眇眇之身，兴兵诛暴乱，赖宗庙之灵，六王咸伏其辜，天下大定。（史记·秦始皇本纪）

例（12）"咸"总括的是"三公"，指"禹""皋陶"和"后稷"，例（13）总括的是"六王"，这里"咸"的用法就和"皆"相同了。

(三)"尽"

《说文》："尽，器中空也，从皿㶳声。"与"盈"（《说文》"满器

---

① 《尚书》中也有一例"咸"的用法和"皆"相同的，并与"皆"同时出现在一个句子中：太保暨芮伯，咸进，相揖，皆再拜稽首。（尚书·顾命）

也")相对。由本义引申出"竭、完"义,这个意义同时用作及物动词和不及物动词:作不及物动词时,义为"全部完了",基本格式为"S尽","尽"陈述S;作及物动词时,义为"全部用出"①,基本格式为"S尽O","尽"在陈述S的同时,也表示O全部无例外地承受"尽"这一动作行为。"尽"虚化为总括副词后,其语义指向相应地有前指、后指之别。不管前指还是后指,总括副词"尽"的语义特征是将其总括的对象看作一个整体,整体内部所有成员无例外地发出某动作行为或具有某性质特征。白银亮(2000)指出:"'尽'虚化为范围副词可能是从它与表消失或离去意义的动词如'灭'、'杀'、'死'、'用'、'弃'、'去'等连用作连谓成分开始的。"② 这一说法是有道理的,"尽"在虚化之始与这些"消失"或"离去"义的动词搭配使用,表示"一点不剩",还能看到本义的影子。后来逐渐扩大使用范围,与其他动词搭配,"尽"的语义也从表示"一点不剩"到表示"无例外",如:

(14) 秋,大熟,未获,天大雷电以风;禾尽偃,大木斯拔。(尚书·金縢)

(15) 晋士蒍使群公子尽杀游氏之族,乃城聚而处之。(左传·庄公二十五年)

(16) 尝从武安侯饮,坐中有年九十余老人,少君乃言与其大父游射处,老人为儿时从其大父行,识其处,一坐尽惊。(史记·孝武本纪)

例(14)中"尽"总括"禾",例(15)总括"游氏之族",例(16)总括"一坐"。它们都是由很多独立的个体合成的一个整体,在这个整体中,个体的独立性被取消,"尽"强调整体内部的无例外。

有时,"尽"总括的对象是单一主体,强调这一个体内部的无例外,如:

(17) 行雪中,履有上无下,足尽践地。(史记·滑稽列传)

---

① "全部完了"和"全部用出"引自白银亮(2000)。
② 白银亮:《〈史记〉总括范围副词研究》,《燕山大学学报》2000年第3、4期。

(18) 故上二分而脓发，至界而臃肿，尽泄而死。(史记·扁鹊仓公列传)

例(17)"尽"总括的是"足"，例(18)总括的是"脓"，"足"和"脓"都是单一主体，内部不能拆分为单个个体。"足尽践地"强调整个脚底都裸露着踏在雪地上，没有哪一部分是没和地面接触的；"(脓)尽泄"强调脓水一点不剩地流出，更能看出与本义"器中空"的引申关系。

"尽"在使用过程中也会受到"咸"和"皆"的影响，因此我们能看到如下用例：

(19) 暴强有乡，仁义有时。万物尽然，不可胜治。(史记·龟策列传)
(20) 故天下尽以扁鹊为能生死人。(史记·扁鹊仓公列传)
(21) 萧、曹等皆文吏，自爱，恐事不就，后秦种族其家，尽让刘季。(史记·高祖本纪)
(22) 自关以东，大氐尽畔秦吏应诸侯，诸侯咸率其众西乡。(史记·秦始皇本纪)

例(19)"尽"总括的是"万物"，例(20)总括"天下"，用法与"咸"趋同。例(21)总括主语"萧、曹等"文吏，为几个单独的个体相加，例(22)总括"自关以东"的民众，这两例用法与"皆"相同。例(22)"自关以东"是一个整体，但与"天下""万物"等不同。《史记》"大抵皆"数见，一方面可以证明例(22)"尽"的用法与"皆"相同，另一方面也能看出"皆"没有"强调无例外"的语义特征。《史记》另有"皆城守""尽城守"；"皆亡其奴""尽亡其军"；"皆已得赵王将""尽得其军将吏"等"皆"和"尽"用法相同的例子，说明二者已经发生了语义中和，在使用上有交叉。

(四)"悉"

《说文》："悉，详尽也。""悉"表"详尽"，用于"S+悉"中，"悉"陈述的对象是行为主体S，后无宾语。如：

(23) 虎圈啬夫从旁代尉对上所问禽兽簿甚悉,欲以观其能口对响应无穷者。(史记·张释之冯唐列传)

"悉"又有"尽其所有"之义,用于"S+悉+O"中,如:

(24) 九月,诸侯悉师以复伐郑。(左传·襄公十一年)

这一意义的"悉",其后宾语多为"兵""师""众""卒""士民"等表军队或民众的集合名词,总括副词"悉"就是由这一意义虚化而来的,多与"召、发、取、引、出、兴、起、举"等具有"发动、兴起"义的动词搭配使用。"悉"作总括副词充当状语,其谓语中心词必须是及物动词,谓语动词所表示的动作行为一定是由人发出的,动作发出者不一定出现在句子中。谓语动词之后一定涉及对象,这个对象便是"悉"总括的对象,必须是群体概念,可以是有生命的,也可以是无生命的,但即使有生命,它们在语义上也不具备自主发出动作行为的特征,如果其后还有动词,动词所代表的动作行为也是受作为主体的人的支配而发出的,如下举例(26)。作为后指总括副词,"悉"与其他总括副词的区别除了语义指向不同外,还在于它强调动作行为所涉及对象具有"众多"的语义特征,对象中每个个体的独立性被取消。如:

(25) 天子曰:"司马相如病甚,可往从悉取其书;若不然,后失之矣。"(史记·司马相如列传)
(26) 东瓯请举国徙中国,乃悉举众来,处江淮之间。(史记·东越列传)

例(25)"悉"总括的是"其书","取"的动作是由某人发出的,这里没有出现;(26)"悉"总括的是"众","举"的动作由"东瓯"发出,"东瓯"本是地名,在这里指这一地域的统治者,所以是指人名词,除"举"外,句子中还有一个动词"来","来"陈述的是"众",但不是由"众"自主发出的,而是在"东瓯"的支配下发生。两例中,"其书"是无生名词,"众"是有生名词,它们的共同点是都有"众多"义。

"悉"一般不具备上文"皆"的"逐一列举不同个体"的语义,但由于都有"全、都"义，少数"悉"在实际使用中也能用于"A、B、C…，悉VP"格式，如：

(27) 怀王使宋义为上将，范曾为末将，项籍为次将，英布、蒲将军皆为将军，悉属宋义，北救赵。（史记·黥布列传）

此例中"悉"总括的是"范曾、项籍、英布、蒲将军"几个个体对象，先逐一对每个人进行陈述，然后再进行总括。"悉"的这种用法实际是受了总括副词"皆"的影响，语义指向也由后指变为前指。

综上，"咸""皆""尽""悉"虽同为总括副词，但由于各自的词义基础不同，故虚化后的语义特征和使用环境也不尽相同。从被总括对象是一个整体还是多个个体来看，"皆"表示具有独立性的不同个体无差别地发出同样的动作行为或具有相同的性质特征；而"咸""尽""悉"更注重强调所总括对象的整体性，构成整体的各个个体进入整体后，独立性被取消，其中"咸"强调整体内部的普遍性，"尽"侧重整体中各成员或某个体中各部分的"无例外"，"悉"则着重突出所总括对象的成员众多。从被总括对象是否具有自主发出动作行为的能力来看，"咸""皆"属前者，"悉"属后者，而"尽"兼有两种可能，依"尽"的语义指向而定，前指时同"咸""皆"，后指时与"悉"相同。这一区别与各总括副词虚化之前的语义、句法特征有关。

但在实际语言运用中，这几个总括副词互相影响，尤其是"皆""尽""悉"，《史记》中有些用例很难看出他们的区别，用法上已经趋同了，用法趋同的同时伴随着语义中和。如：

(28) a. 胡兵亦以为汉有伏军于旁欲夜取之，胡皆引兵而去。（史记·李将军列传）
　　　b. 遂独遣浑邪王乘传先诣行在所，尽将其众渡河，降者数万，号称十万。（史记·卫将军骠骑列传）
　　　c. 项羽乃悉引兵渡河，皆沈船，破釜甑，烧庐舍……（史记·项羽本纪）

(29) a. 遂北烧夷齐城郭室屋，皆坑田荣降卒，系虏其老弱妇女。（史记·项羽本纪）

b. 长平之战，赵卒降者数十万人，我诈而尽坑之，是足以死。（史记·白起王翦列传）

c. 括军败，数十万之众遂降秦，秦悉坑之。（史记·廉颇蔺相如列传）

(30) a. 上怜淮南厉王废法不轨，自使失国蚤死，乃立其三子：阜陵侯安为淮南王，安阳侯勃为衡山王，阳周侯赐为庐江王，皆复得厉王时地，参分之。（史记·淮南衡山列传）

b. 齐田单后与骑劫战，果设诈诳燕军，遂破骑劫于即墨下，而转战逐燕，北至河上，尽复得齐城，而迎襄王于莒，入于临菑。（史记·乐毅列传）

c. 燕兵引归，齐悉复得其故城。（史记·燕召公世家）

(31) a. 诸男皆尚秦公主，女悉嫁秦诸公子。（史记·李斯列传）

b. 其相吕嘉年长矣，相三王，宗族官仕为长吏者七十余人，男尽尚王女，女尽嫁王子兄弟宗室，及苍梧秦王有连。（史记·南越列传）

上面四组例句中，各组之内的句子具有相同的句法语义环境，谓语动词和被总括的对象也相同，而句子对总括副词的选择却呈现出不确定性，说明不同的总括副词在一定环境下可以互换，从而使得它们的使用出现交叉情况。

二 "咸""皆""尽""悉"的语义指向

总括副词的语义指向是人们关注的热点，共时的描写和历时的比较都有很多研究。与现代汉语总括副词单一的语义指向不同，[①] 上古汉语一部分总括副词有前后两种语义指向，"皆""咸"多前指，"尽"前指和后指的情况大致相当，"悉"多后指。不同的语义指向是由它们各自的词义基础决定的，对此，白银亮（2000）已有很好的论述。简言之，"皆"和"咸"做动词，位于"S+皆/咸"格式中，"皆/咸"是陈述主语的，故虚

[①] 现代汉语最常用的总括副词是"都""全"，"都""全"的语义多指向主语，指向宾语时很受限制，具体参见马真（1983）。

化为副词后总括的是前面的主语；"悉"作动词时后面一定有动作行为涉及的对象，即"S+悉+O"，O必须是集合名词，"悉"在陈述S的同时，也表示O全都承受"悉"这一动作行为，故虚化后指向动词后的宾语；而"尽"为动词时两种用法都有，因此虚化后也有两种语义指向。

需要指出的是，当它们虚化为总括副词后，所在的句法结构也越来越复杂，前指的不一定指向主语，后指的也不都指向宾语。同时，实际使用中也有少数前指的"悉"和后指的"皆""咸"，这可能是由于：（1）语义中和。即原来是对立的两种事物，在使用过程中相互影响，从而出现对立面的特征；（2）"尽"虚化为副词后，语义既能前指，又能后指，这也会类推影响到其他几个总括副词的用法。

目前还没有人对上古汉语各总括副词的语义指向进行合理详尽的分类描写，大多只是简单分为指向主语和指向宾语，并将指向主语对等于前指，指向宾语对等于后指。这种表述实际上是不准确的，前指和后指是相对总括副词所总括的对象在线性结构中相对于总括副词的位置而言的，而指向主语或宾语是按总括副词所总括对象充当的句法成分划分的，两种分类有交叉。总括副词前指时，所总括的对象可以是句法结构中的主语、兼语、前一分句宾语，甚至可以是整个前面的分句；后指时，所总括的对象也不限于动词宾语。下面我们仅以《史记》为考察对象，将"皆""咸""尽""悉"的语义指向情况逐一作详尽描写。

（一）"皆"的语义指向

"皆"在《史记》中共出现1409次，其中1408次都是作为总括副词使用的。[①]"皆"作总括副词，只有36例语义指向后面的成分，余下1372例都前指。"皆"不论前指还是后指，内部的情况都很复杂，这是因为"皆"是上古乃至中古汉语见频最高的总括副词，"皆"最初虚化时，总括的应该是施事主语，而随着高频率大范围的使用，"皆"所总括的对象越来越多样化，所在的句法格式也越来越复杂。

1. 前指

上古汉语"皆"主要用于前指，"皆"前指时，其总括的对象在语义上既可能是其后动作行为的施事，也可能是受事，甚至是工具语。

[①] "皆"的数据统计来自台湾"'中研院'上古汉语标记库"，"咸""尽""悉"同。

(1) 指向施事①

总括副词"皆"语义前指，指向 VP 的施事的用例最多。② "皆"所总括的施事在句法结构中可充任主语、兼语或前一分句的宾语。

A. 施事充当主语

"皆"所总括的对象是语义结构中的施事，同时又是句法结构中的主语，这种情况又见于以下几种句法格式：

a. S（与/及 NP）皆 VP

这种格式是"皆"指向施事主语的最常见用法，如：

(1) 宾于四门，四门穆穆，诸侯远方宾客皆敬。(五帝本纪)
(2) 二世怒，召左右，左右皆惶扰不斗。(秦始皇本纪)
(3) 幽王二年，西周三川皆震。(周本纪)
(4) 十四年，灵公与其大夫孔宁、仪行父皆通于夏姬，衷其衣以戏于朝。(陈杞世家)
(5) 宛之宗姓伯氏子及子胥皆奔吴，吴兵数侵楚，楚人怨无忌甚。(楚世家)

有时主语可根据上下文省略，如：

(6) 大王起微细，诛暴逆，平定四海……大王不尊号，皆疑不信。臣等以死守之。(高祖本纪)

此例"皆"总括的应是"四海"，由于上文已出现，故"皆"前省略。

有时 S 是指称化的谓词性结构，可看作句子的话题，如：

(7) 黄帝以上封禅，皆致怪物与神通……（封禅书）

---

① 这里的"施事"是广义上的，不限于动作行为的发出者，也包括通常所说的"感事""当事"等。
② VP 在这里包括充当谓语的形容词性成分和名词性成分。

一部分 a 式位于更大的句子中，构成"（S_1）V_1S_2 皆 V_2"，"皆"总括的是 S_2，"S_2 皆 V_2"是 V_1 的宾语，V_1 多为感知动词，如：

（8）郦生闻其将皆握齱好苛礼自用，不能听大度之言，郦生乃深自藏匿。（郦生陆贾列传）

（9）项王见秦宫室皆以烧残破，又心怀思欲东归，曰："富贵不归故乡，如衣绣夜行，谁知之者！"（项羽本纪）

还有一部分"皆"与其总括的施事主语间隔有其他动作行为，构成"SVP_1，皆 VP_2"的格式，"皆"总括 S，修饰限定 VP_2。如：

（10）群臣罢酒，皆喜曰："雍齿尚为侯，我属无患矣。"（留侯世家）

例（10）"皆"修饰句子中的 VP_2"喜曰"，总括主语"群臣"，"皆"和"群臣"间有 VP_1"罢酒"。有时"皆"与主语间隔不止一个动作行为。

个别情况下，主语发出的两个动作行为前都有"皆"，两个"皆"总括同一对象，VP_1、VP_2 陈述的是同一主体，有时两个"皆"修饰的 VP 之间又有其他 VP 隔开，如：

（11）天下卿相人臣及布衣之士，皆高贤君之行义，皆愿奉教陈忠于前之日久矣。（苏秦列传）

（12）三百人者闻秦击晋，皆求从，从而见缪公窘，亦皆推锋争死，以报食马之德。（秦本纪）

例（11）两个"皆"总括的都是主语"天下卿相人臣及布衣之士"；例（12）两个"皆"总括的对象都是主语"三百人"，分别修饰"求从"和"推锋争死"，中间有"从而见缪公窘"相隔。

b. S_1，（S_2）皆 VP

S_2 是指人（单一）名词，S_1 是与 S_2 相关的行为特征，充当话题，"皆"总括的是 S_1，如：

(13) 起曰："此三者，子皆出吾下，而位加吾上，何也？"（孙子吴起列传）

(14) 斯曰："此五者（斯）皆不及蒙恬，而君责之何深也？"（蒙恬列传）

这两例的"皆"分别总括"此三者"和"此五者"，其中例（14）的 S_2 是李斯，对话中省略。

c. S_1VP_1，S_2VP_2，……皆 VP_n

(15) 八年，秦昭王为西帝，齐愍王为东帝，月余，皆复称王归帝。（魏世家）

(16) 慎到，赵人。田骈、接子，齐人。环渊，楚人。皆学黄老道德之术，因发明序其指意。（孟子荀卿列传）

例（15）皆总括的是"秦昭王"和"齐愍王"，例（16）总括的是"慎到""田骈""接子"和"环渊"。先分别对各单一施事主语进行陈述，再用"皆"总括，陈述他们共同的动作行为。

B. 施事充当兼语

这一类的句法结构是"SV_1O 皆 V_2"，"皆"总括的是 O，O 是 V_1 的受事，但相对于"皆"所陈述的 V_2 来说，O 是施事，结构中的 V_1 通常是"使"和"令"。例如：

(17) 向使二世……，使天下之人皆得自新，更节修行，各慎其身，塞万民之望，而以威德与天下，天下集矣。（秦始皇本纪）

(18) 于是高帝令士皆持满傅矢外乡，从解角直出，竟与大军合，而冒顿遂引兵而去。（匈奴列传）

(19) 其令天下吏民，令到出临三日，皆释服。（孝文本纪）

也有普通动词用作 V_1 的，如：

(20) 文帝复封淮南厉王子四人皆为列侯。（屈原贾生列传）

例（20）的 V_1 为"封"，《史记》中另有"立""召""诏""算""填抚"充当此类结构的 V_1。

C. 施事充当前一分句的宾语

a. SV_1O，皆 V_2

此类句法结构中的"皆"总括的是上一分句中的 O，同时 O 也是 V_2 的行为主体，如：

(21) 于是尧乃试舜五典百官，皆治。（五帝本纪）

(22) 吾令人望其气，皆为龙虎，成五采，此天子气也。急击勿失。（项羽本纪）

(23) （老父）相鲁元，亦皆贵。（高祖本纪）

b. $(S)\ V_1O_1,\ V_2O_2\cdots\cdots$皆 V_n

"皆"总括的对象包括前面数个分句的"O_1、$O_2\cdots$"，"O_1、$O_2\cdots$"又是 V_n 的主体，如：

(24) 四曰阴主，祠三山。五曰阳主，祠之罘。六曰月主，祠之莱山。皆在齐北，并勃海。（封禅书）

例（24）"皆"总括的是前三个分句中"祠"的处所宾语"三山""罘"和"莱山"，三个"祠"共有同一个行为主体，未出现。有时，"皆"前各分句的主语不相同，如：

(25) 当是时，魏有信陵君，楚有春申君，赵有平原君，齐有孟尝君，皆下士喜宾客以相倾。（吕不韦列传）

(2) 指向受事

这一类"皆"亦属前指，但总括的对象同时是"皆"所修饰 V 的受事，V 后通常有"之"复指这一受事。① 对于这一类，很多人将有"之"

---

① 对于先秦"受事（+施事）+动词+之"的受事主语句，蒋绍愚（2004）已有介绍，多出现在肯定句中。至于这类受事主语中动词后面必须有"之"回指受事主语的原因，蒋绍愚（2004）认为和汉语中及物动词的发展有关，详见蒋文。

复指的看成后指，或犹豫不定，如申红玲（1999）一面将"皆"指向充当主语的受事的例子处理为前指，一面却将"皆"指向充当前一分句宾语的受事的例子处理为后指。下举申文例句（着重号为后加）：

（26）此三人者，君皆师之。（魏世家）
（27）（秦始皇）乃自除犯禁者四百六十余人，皆坑之咸阳。（秦始皇本纪）

依申红玲（1999），例（26）的"皆"前指，例（27）的"皆"后指。这样处理显然不妥，实际还是受将主语等同于"前"，宾语等同于"后"的观点的影响。例（26）"皆"总括的是全句的大主语"此三人者"，例（27）"皆"总括的是上一分句的宾语"犯禁者四百六十余人"，它们虽然是谓语动词"师"和"坑"的受事，但在线性结构中都位于"皆"前，故应视为前指。虽然二例在"皆"修饰的动作行为后都有"之"复指这两个受事成分，但"皆"总括的不是"之"，"之"只是起到复指上文出现的成分的作用。反之，如果"皆"后没有"之"，就不会产生上述将前指错归入后指的情况，如：

（28）诸项氏枝属，汉王皆不诛。（项羽本纪）
（29）孟尝君在薛，招致诸侯宾客及亡人有罪者，皆归孟尝君。（孟尝君列传）

将例（28）与例（26），例（29）与例（27）比较可以看出，除了"之"的有无，句法和语义结构并无不同。因此，将如例（26）（27）之类全部或部分看成"皆"后指都是不正确的。

"皆"前指受事的情况大致可细分为以下几小类：

A. 受事充当主语

此类用法是指"皆"总括的对象在语义上是"皆"后动作行为的受事，但在句法结构中充当主语，"皆"和其所总括的受事或位于同一句法结构，或分属前后两个分句。又可细分如下：

a. S 皆 VP

这一小类在"皆"前指受事的用法中最多，"皆"与 S 位于同一句法结构，有时动词后有"之"复指S，如：

(30) 八年，王弟长安君成蟜将军击赵，反，死屯留，军吏皆斩死，迁其民于临洮。(秦始皇本纪)

(31) 上曰："列侯从高帝入蜀、汉中者六十八人皆益封各三百户……"(孝文本纪)

(32) 二世元年七月，发闾左适戍渔阳，九百人屯大泽乡。陈胜、吴广皆次当行，为屯长。……失期，法皆斩。(陈涉世家)

(33) 诛季君之乱，而逐武王后出之魏，昭王诸兄弟不善者皆灭之，威振秦国。(穰侯列传)

以上4例"皆"分别总括"军吏""列侯从高帝入蜀、汉中者六十八人""九百人"和"昭王诸兄弟不善者"，其中(32)"皆"总括的对象由于在前文已出现，故"皆"前主语省略，(33)动词"灭"后有"之"复指"昭王诸兄弟不善者"。

有时，S后还有一个动词，构成"SV_1，皆V_2（之）"格式，S是V_1的施事，V_2的受事。V_2后或有"之"复指S。如：

(34) 庶长壮与大臣诸侯公子为逆，皆诛，及惠文后皆不得良死。(秦本纪)

(35) 其礼颇采太祝之祀雍上帝所用，而封藏皆秘之，世不得而记也。(封禅书)

(36) 春，匈奴王二人率其徒来降，皆封为列侯。(孝景本纪)

例(34)中S为"庶长壮与大臣诸侯公子"；例(35)的S是"其礼"，后有"之"复指；例(36) S是"匈奴王二人"，与上两例不同的是，V_2"封"后还有一个动词"为"，而"匈奴王二人"是"为"的主体。

a式中还有一例为"$S_1V_1S_2$皆V_2"：

(37) 于是冒顿知其左右皆可用。(匈奴列传)

"皆"总括"其左右","其左右皆可用"位于更大的句法结构中，作动词"知"的宾语。

b. S（,）皆 V_1V_2

该格式中，"皆"总括 S，S 是 V_1 的受事，同时也是 V_2 的施事。V_1 多由"使""命""令"等使令动词充当，也有"封""立""招"作 V_1 的，如：

(38) 高祖所教歌儿百二十人，皆令为吹乐，后有缺，辄补之。(高祖本纪)

(39) 其三弟皆封为侯，各千三百户，一曰阴安侯，二曰发干侯，三曰宜春侯，贵震天下。(外戚世家)

c. S 皆以 VP

该格式中，"皆"总括 S，S 同时是"皆"后介词的宾语，是 V 的受事，如：

(40) 民所上书皆以与相国，曰："君自谢民。"（萧相国世家）

例(40)"皆"总括的是主语"民所上书"，同时是"以"的宾语（"以"后省略），语义上是动词"与"的受事。

d. S_1，皆 S_2V 之

"皆"总括的是句子的大主语 S_1，即通常所说话题，是 V 的受事，V 后有"之"回指，S_2 是 V 的施事。《史记》共 3 例，其中两例为同一例句的重复出现：

(41) 凡六祠，皆太祝领之。(孝武本纪/封禅书)
(42) 督利孔父妻，乃使人宣言国中曰："殇公即位十年耳，而十一战，民苦不堪，皆孔父为之，我且杀孔父以宁民。"（宋微子世家）

例(41)的 S_1 是"六祠"，是动词"领"的受事，后用"之"回指；例(42)的 S_1 为"殇公即位十年耳，而十一战，民苦不堪"，指称化了的动作行为位于句首作全句话题,"之"复指这一话题。
　　e. S_1,S_2 皆 V(之)

"皆"总括的对象以及结构中各成分的语义角色和 d 相同,只是"皆"的位置由 S_2 前移至 S_2 后。d 和 e 的区别在于:d 强调 S_1 所代表的行为(两项以上)全都由 S_2 来实现,e 则表示 S_2 对 S_1 代表的事物(非单一)施加了某种动作行为。e 的例子如上文例(26)和例(28)。有时 S_2 省略不现,如:

　　(43)公所事者且十主,皆面谀以得亲贵。(刘敬叔孙通列传)

此例 S_1 是"公所事者",S_2 未出现,应为"公",是发出"面谀"的施事主体,而"公所事者"是"面谀"的受事。

有时 S_2 前还有由 S_1 发出的其他动作行为,构成"S_1V_1,S_2 皆 V_2 之",如:

　　(44)天下初定,远方黔首未集,诸生皆诵法孔子,今上皆重法绳之,臣恐天下不安。唯上察之。(秦始皇本纪)

例(44)S_1 为"诸生",是"绳"的受事,S_2 为"上","绳"的施事,"绳"后用"之"回指受事"诸生"。
　　f. S_1VP_1,S_2VP_2……皆 VP_n

该句法结构同上文(1)A→c,不同的是"皆"总括的对象"S_1,S_2,…"在语义上是 VP_n 的受事。《史记》共3见,此举1例:

　　(45)骑将军敖亡七千骑;卫尉李广为虏所得,得脱归:皆当斩,赎为庶人。(卫将军骠骑列传)

以上各小类,a 类使用最多,b、e 次之,余下几个小类用得很少,数量最多的也只有10例。
　　B. 受事充当前一分句的宾语
　　《史记》"皆"指向的受事充当前一分句宾语的情况较少出现,约占所有前指用法的2%。基本格式是"(S)V_1O,皆 V_2(之)","皆"总括的是前一分句的 O，O 是 V_2 的受事，结构中的 S 可省，V_2 后有时用"之"复指受事，如：

(46) 上乃诏赵群臣宾客有敢从王皆族。(张耳陈余列传)

(47) 始皇九年，有告嫪毐实非宦者，常与太后私乱，生子二人，皆匿之。(吕不韦列传)

(48) (吕不韦)而复以五百金买奇物玩好，自奉而西游秦，求见华阳夫人姊，而皆以其物献华阳夫人。(吕不韦列传)

例(46)"皆"总括的是 V_1"诏"的宾语"赵群臣宾客有敢从王"，是 V_2"族"的受事；例(47)"皆"总括例 V_1"生"的宾语"子二人"，是 V_2"匿"的受事，用"之"回指；例(48)"皆"总括"买"的宾语"奇物玩好"，是"献"的受事，"皆"后"以"的宾语"其物"实为对"奇物玩好"的回指，故此例"皆"为前指受事而非后指。

个别用例在 V_2 后又出现 V_3，O 是 V_3 的主体，如：

(49) 烈公十九年，周威烈王赐赵、韩、魏皆命为诸侯。(晋世家)

此例"皆"总括的是 V_1"赐"的宾语"赵、韩、魏"，它们是 V_2"命"的受事，同时又是 V_3"为"的行为主体。

此外，《史记》"皆"指向受事，受事充当前一分句宾语，在格式上还有"S_1V_1O，S_2 皆 V_2 之"和"V_1O_1，V_2O_2……皆 V_n"各 1 例：

(50) 当是时，公子威振天下，诸侯之客进兵法，公子皆名之，故世俗称魏公子兵法。(魏公子列传)

(51) 二世元年，东巡碣石，并海南，历泰山，至会稽，皆礼祠之，而刻勒始皇所立石书旁，以章始皇之功德。(封禅书)

(3) 指向工具语

该用法只有 4 例，格式为"……皆以 VP"。这里"皆"总括前一分句的某成分，该成分是"皆"后介词"以"的宾语，是 VP 的工具格。

（52）亦有决疑之卜，或以金石，或以草木，国不同俗，然皆可以战伐攻击，推兵求胜，各信其神，以知来事。(龟策列传)

（53）朕追念前事，薄物细故，谋臣计失，皆不足以离兄弟之欢。(匈奴列传)

（54）定楼兰、乌孙、呼揭及其旁二十六国，皆以为匈奴。(匈奴列传)

（55）臣愚以为陛下得胡人，皆以为奴婢以赐从军死事者家……(郑汲列传)

例（52）"皆"指向"决疑之卜"，例（53）指向"前事"，例（54）指向动词"定"的宾语"楼兰、乌孙、呼揭及其旁二十六国"，例（55）指向动词"得"的宾语"胡人"，它们都同时是"以"的宾语，充当"皆"所在小句的工具论元。

2. 后指

"皆"后指的用法比较简单，一般指向动作行为的受事，即句法结构中的宾语，基本格式为"S 皆 VO"，"皆"的语义指向 O：

（56）项羽乃悉引兵渡河，皆沈船，破釜甑，烧庐舍，持三日粮，以示士卒必死，无一还心。(项羽本纪)

（57）（王温舒）素居广平时，皆知河内豪奸之家，及往，九月而至。(酷吏列传)

例（56）"皆"指向"船"，（57）"皆"指向"河内豪奸之家"。

另有 2 例，"皆"的语义后指，指向其后介词的宾语，语义上是动作行为的旁格：

（58）布已论输丽山，丽山之徒数十万人，布皆与其徒长豪桀交通，乃率其曹偶，亡之江中为群盗。(黥布列传)

（59）（匈奴）乃悉远北其辎重，皆以精兵待幕北。(卫将军骠骑列传)

例（58）"皆"指向"其徒长豪桀"，是"交通"的与事；（59）

"皆"指向"精兵",是"待"凭借的对象。

(二)"咸"的语义指向

总括副词"咸"在《史记》中共73例,只有1例后指,余下72例都前指。无论前指还是后指,"咸"所处的句法结构都远不如"皆"那样复杂,总起来说可分以下几种:

1. 前指

(1) 指向施事

A. 施事充当主语

这一类型又可分两种句法格式:

a. S 咸 VP

(60) 于是轩辕乃习用干戈,以征不享,诸侯咸来宾从。(五帝本纪)

(61) 遂灭有扈氏,天下咸朝。(夏本纪)

有时"咸"总括的对象出现在上一分句,和"咸"之前隔一个动作行为,如:

(62) 今夫子上遇明天子,下得守职,万事既具,咸各序其宜,夫子所论,欲以何明?(太史公自序)

此例"咸"总括"万事"。

b. S_1VP_1,S_2VP_2,咸 VP_3

(63) 康叔以祖考显,而伯禽以周公立,咸为建国诸侯,以相傅为辅。(三王世家)

此例"咸"总括前两个分句的主语"康叔"和"伯禽"。《史记》共5例b类结构。

B. 施事充当兼语

(64) 方今田时,重烦百姓,已亲见近县,恐远所溪谷山泽之民不遍闻,檄到,亟下县道,使咸知陛下之意,唯毋忽也。(司马相如

列传)

例(64)"咸"总括的是"使"的宾语,也是"知"的主体。此处由于上文出现过而省略,应为"远所溪谷山泽之民"。《史记》仅此1例。
(2) 指向使事

(65) 今礼废乐崩,朕甚愍焉。故详延天下方正博闻之士,咸登诸朝。(儒林列传)

此例"咸"总括的是前一分句中"延"的宾语"天下方正博闻之士",在语义上,"天下方正博闻之士"是"登"的行为主体,但"登"这一行为不是主体主动发出的,而是在外力"朕"的驱使下发出,故称该主体为"使事"。《史记》仅此1例。
(3) 指向受事

(66) 而胶西、胶东、济南、菑川王咸诛灭,地入于汉。(齐悼惠王世家)

"咸"总括的是主语"胶西、胶东、济南、菑川王",是"诛灭"的对象。也只有1例。
2. 后指
上古汉语"咸"后指的情况很少,《史记》仅有1例:

(67) 应时动事,是维皇帝。匡饬异俗,陵水经地。忧恤黔首,朝夕不懈。除疑定法,咸知所辟。(秦始皇本纪)

"咸知所辟"的主语是"皇帝",承上省,"咸"总括的是"知"的受事"所辟"。
(三)"尽"的语义指向
《史记》"尽"用作总括副词共340例,前指和后指数量大致相当,前指内部又分指向施事、指向受事和指向旁格三类,前两类的使用数量也大致相当。

1. 前指
(1) 指向施事
A. 施事充当主语
《史记》"尽"语义前指，总括其所修饰谓语的施事，施事一般充当主语，如：

  (68) 吴士民罢弊，轻锐尽死于齐、晋。(越王句践世家)
  (69) 张仲曰："平贫不事事，一县中尽笑其所为，独奈何予女乎？"(陈丞相世家)
  (70) 叩头对言："（此）非臣之力，尽陛下神灵威武之所变化也。"(滑稽列传)

例(68)"尽"总括"轻锐"；例(69)"尽"总括的是"一县中"；例(70)"尽"总括的是上文出现的"治北海，令盗贼不起"，此处承上省。该例"尽"修饰的是名词性谓语结构，"尽"前省略的主语是谓语陈述的对象。

有时，"尽"总括的施事主语跟"尽"之间隔一个先行的动作行为，如：

  (71) 豳人举国扶老携弱，尽复归古公于岐下。(周本纪)

例(71)"尽"总括"举国"，"举国"和"尽"之间隔有"扶老携幼"。

B. 施事充当兼语
《史记》仅2例，列举如下：

  (72) 即欲以佗鄙县，驱驰国中，以夸诸侯，令天下尽知太后、帝爱之也。(韩长孺列传)
  (73) 襄子使其兄弟宗人尽为齐都邑大夫，与三晋通使，且以有齐国。(田敬仲完世家)

例(72)"尽"总括"天下"，"天下"是"令"的宾语、"知"的主语；例（73）总括"其兄弟宗人"，是"使"的宾语、"为"的主语。
C. 施事充当前一分句宾语
个别时候"尽"总括的是上一分句的宾语，如：

（74）即后九日不死，其家复召臣意。臣意往问之，尽如意诊。（扁鹊仓公列传）

"尽"总括前一分句中"问"的宾语"之"，"之"在此泛指病情。
（2）指向受事
A. 受事充当主语
a. S 尽 VP（之）

（75）项王遂烧夷齐城郭，所过者尽屠之。（田儋列传）
（76）今期而多后，（十余人）不可尽诛，诛最后者一人。（魏豹彭越列传）
（77）赵卒反覆，非尽杀之，恐为乱。（白起王翦列传）

例（75）"尽"总括"所过者"，是"屠"的受事，后有"之"复指；例（76）"尽"总括上文后至的十余人，此处省略，是"诛"的受事；例（77）"尽"总括的对象"赵卒"出现在上一分句，与"尽"隔有"反复"的行为，"赵卒"是动词"杀"的受事，后有"之"回指。
b. S_1，S_2 尽 VP
b 式中的"尽"总括 S_1，S_1 是"S_2 尽 VP"中 VP 的受事，如：

（78）阖庐曰："子之十三篇，吾尽观之矣，可以小试勒兵乎？"（孙子吴起列传）
（79）二年，昭公子因文公母弟须与武、缪、戴、庄、桓之族为乱，文公尽诛之，出武、缪之族。（宋微子世家）

c. $S_1 VP_1$，$S_2 VP_2$，尽 VP_3
c 式中"尽"总括的是"S_1 和 S_2"，它们是 VP_3 的受事，如：

(80) 王武反于外黄，程处反于燕，往击，尽破之。(曹相国世家)

例(80)"尽"总括上文两个分句各自的主语"王武"和"程处"，它们在语义上是"破"的受事，"破"后用"之"回指。"破"另有施事，此处省略。

B. 受事充当前一分句宾语

(81) 秦令少府章邯免郦山徒、人奴产子生，悉发以击楚大军，尽败之。(陈涉世家)
(82) 宋以兵车百乘文马四百匹赎华元。未尽入，华元亡归宋。(宋微子世家)

"尽"在例(81)中指向前一分句动词"击"的宾语"楚大军"；例(82)中指向前一分句介词"以"的宾语"兵车百乘文马四百匹"。

(3) 指向旁格

《史记》"尽"前指，有时指向动作行为的旁格，如：

(83) 故齐别郡尽以王悼惠王子……(齐悼惠王世家)
(84) 及天马多，外国使来众，则离宫别观旁尽种蒲萄、苜蓿极望。(大宛列传)
(85) 每诏令议下，诸老先生不能言，贾生尽为之对，人人各如其意所欲出。(屈原贾生列传)

例(83)"尽"总括"故齐别郡"，是发出"王"这一行为所凭借的工具；例(84)"尽"总括"离宫别观旁"，是动作"种"的处所；例(85)"尽"总括前一分句主语"诸老先生"，介词"为"后有"之"复指，是"对"的受益者。

2. 后指

(1) 指向受事

A. 受事充当动词宾语

与"皆"一样，"尽"后指时也一般指向受事，且受事充当的是"尽"所修饰的动词的宾语，如：

(86) 庆年七十余，意得见事之，谓意曰："尽去而方书，非是也。……"（扁鹊仓公列传）

(87) 十九年，王翦、羌瘣尽定取赵地东阳，得赵王。（秦始皇列传）

例（86）"尽"指向动词"去"的宾语"而方书"，例（87）"尽"指向并列动词"定取"的共同宾语"赵地东阳"。
B. 受事充当介词宾语

(88) 曲沃武公伐晋侯缗，灭之，尽以其宝器赂献于周釐王。（晋世家）

"尽"总括的是"以"的宾语"宝器"，是"赂献"的受事。
(2) 指向旁格

(89) 始大臣诛吕氏时，朱虚侯功尤大，许尽以赵地王朱虚侯，尽以梁地王东牟侯。（齐悼惠王世家）

(90) 建又尽与其姊弟奸。（五宗世家）

以上两例"尽"总括的"赵地""梁地"和"其姊弟"分别是动词"王"和"奸"所代表动作行为的工具和与事。
(四)"悉"的语义指向
《史记》共有总括副词"悉"112例，其中34例前指，余下78例后指。
1. 前指
上面说到，"悉"在虚化之初应指向受事宾语，受"皆""咸""尽"的渗透产生少数前指用法，但由于"悉"在各文献中使用本来就不多，故前指的情况更少。
(1) 指向施事
A. 施事充当主语
a. S 悉 VP

(91) 诸侯悉至，至而无寇，褒姒乃大笑。（周本纪）

b. SVP$_1$,悉 VP$_2$

（92）余小臣不得上，乃悉持龙髯，龙髯拔，堕，堕黄帝之弓。（孝武本纪）

c. S$_1$VP$_1$，S$_2$VP$_2$……悉 VP$_n$

（93）怀王使宋义为上将，范曾为末将，项籍为次将，英布、蒲将军皆为将军，悉属宋义。（黥布列传）

以上三例中，例（91）"悉"指向"诸侯"，例（92）指向"余小臣"，例（93）指向动词"使"的宾语"宋义""范曾""项籍""英布"和"蒲将军"，他们在各分句中充当主语。

B. 施事充当兼语

"皆""咸""尽"也有这种用法，但结构中的前一个动词多是使令义的，《史记》中"悉"指向施事兼语，兼语前的动词是"遣"或"发"，共3例，此举一例：

（94）为君计，莫若遣君子孙昆弟能胜兵者悉诣军所，上必益信君。（萧相国世家）

"悉"指向动词"遣"的宾语"君子孙昆弟能胜兵者"，同时也是"诣"的主语。

(2) 指向受事

A. 受事充当主语

（95）谓韩王曰："不谷国虽小，已悉发之矣。"（韩世家）

例（95）"悉"总括"国"中之民。《史记》中"悉"前指受事主语，动词后有"之"复指。

B. 受事充当宾语

（96）我家给富，心爱公，欲尽以我禁方书悉教公。（扁鹊仓公列传）

例（96）"悉"总括的是"以"的宾语"我禁方书"，是"教"的受事。

2. 后指
（1）指向受事

（97）陈余悉发三县兵，与齐并力击常山，大破之。（项羽本纪）
（98）二十六年，秦悉拔我上党。（韩世家）

例（97）（98）中的"悉"分别总括"三县兵"和"我上党"，作动词"发"和"拔"的宾语。
（2）指向工具

（99）愿君让封勿受，悉以家私财佐军，则上心说。（萧相国世家）

例（99）"悉"指向"家私财"，是用来"佐军"的工具。

以上是"皆""咸""尽""悉"四个总括副词在《史记》中的语义指向情况，从中我们可以看出上古汉语总括副词的语义指向呈现出较为复杂的面貌。大概从中古汉语开始，各总括副词语义指向开始趋同为前指。

第三节 副词语义指向例析（二）："又"和"复"

上古汉语出现在状语位置上的"又"和"复"有什么区别？通常人们认为这两个副词都表示"重复"的意义，从而将它们视为同义词。各辞书的释义亦看不出二者之别，如《辞源》"又"下义项（二）"更，再次";"复"下义项（十）"再，又一次"。《汉语大字典》"又"下副词义项（1）"表示将要重复的动作，相当于'再'"，（2）"表示动作的重复或继续";"复"下副词义项（1）"表示重复或继续，相当于'再'"。有的则直接将二者互训，如《词诠》："又，复也，更也。""复，又也，更也，再也。"《王力古汉语字典》"又"下义项（二）"副词，复，一般略带感叹语气";"复"下义项（六）"又"。

不过也有个别工具书尝试对二者进行辨析，如王凤阳《古辞辨》比较分析了几个都表"重复出现"的副词"再、复、重、更、仍、又"的用法，指出"复"侧重"行为的反复出现"，"'又'只表行事的次序"，这为我们对二者作进一步深入区分提供了很好的思路。

我们在对《左传》（含《春秋经》）和《史记》中的"又"和"复"进行穷尽考察之后发现：它们的用法虽偶有相同，但二词的差别是很明显的，各自的词义基础、基本用法、语义指向、对被饰成分的选择以及在多项状语中的位置都不同，而后几种差异都直接取决于二者语义的不同。"又"和"复"在多项状语中的位置详见第八章第二节，本节主要讨论二者在其他方面的差异：

一 "又""复"的词义基础

《说文》："又，手也，象形。""又"的本义为右手，后假借为副词。高鸿缙《中国字例》："字原象右手形，手本五指，只作三者，古人皆以三表多。后借为又再之又，乃通假右助之右以代之。久而成习，乃加人旁作佑，以还右助之原。"① 用为副词的"又"表动作、状态或情况的累加，详见下文。

《说文》："复，往来也。""复"的本义为"返回"，动词，如"淳于公如曹，度其国危，遂不复"（左传·桓公五年）。用在状语位置表示"重返某处"，发生重新分析，如"夏。楚子、郑伯伐宋。宋鱼石复入于彭城"（左传·成公十八年）。在此用法上进一步虚化，脱离"返回"义，单纯表示"重复进行某一动作行为"，从而形成"复"的典型用法，如"晋侯复假道于虞以伐虢"（左传·僖公五年）。

由于二者的词义基础不同，它们在使用时各方面都表现出差异。以下

---

① 转引自《汉语大字典》"又"字条。

将详细分析"又""复"在《左传》中的用法和语义指向,必要时补以《史记》用例。

二 "又"的用法及语义指向

"又"是如何从"右手"义假借为副词的,我们不得而知,传世文献中见到的"又"基本上都是副词。《马氏文通》早就关注到"又"的用法,称为"继事之辞",从马氏的论述中可以看出,他已经认识到"又"有"累加"义。《现代汉语八百词》将现代汉语"又"的用法归纳为三种:"一,表示相继,与时间有关;二,表示累积,与时间无关;三,表示某种语气。"① 邵敬敏、饶春红(1985)在此基础上把"又"的用法概括为表示"同类动作、状态或性质的加合关系",并补充说明:"同类并非只是等同,而主要是指同属一个意义范畴,对此应作广义的理解。"② 我们认为,上古汉语"又"的基本用法是表累加,既可以是相同或不同动作行为的累加,又可以是不同性质、事物等的累加;既可以是动作行为本身的累加,又可以是动作行为相关项(施事、受事、处所、与事、说话内容等)的累加。

《左传》中共有"又"375例,③ 一例用在谓语位置上,应视为动词:

(1) 将击子车,子车射之,殪。其御曰:"又之。"(昭公二十六年)

余皆用为副词。

(一) 相同项的累加

首先,"又"可以表示相同动作行为或状态的累加,累加的动作行为有时间间隔,如:

(2) 秋,虢人侵晋。冬,虢人又侵晋。(庄公二十六年)
(3) 秋七月上辛,大雩;季辛,又雩。(昭公二十五年)

---

① 吕叔湘主编:《现代汉语八百词》(增订本),商务印书馆1999年版,第633页。
② 邵敬敏、饶春红:《说"又"——兼论副词研究的方法》,《语言教学与研究》1985年第2期。
③ "又"和"复"在《左传》中的总数统计来自台湾"'中研院'上古汉语标记语料库"。

以上两例都是先进行某动作行为，继而又重复这一动作行为；或先呈现出某种状态，然后重复出现该状态，前加"又"。例（3）杜预注："言又，重上事。"

有人认为这时的"又"和"复"相同，不过，表相同动作行为或状态的累加时，"又"可连续使用，这种用法是"复"没有的，如：

（4）公果、公贲使侍人僚柤告公。公寝，将以戈击之，乃走。公曰："执之！"亦无命也。惧而不出，数月不见。公不怒。又使言，公执戈以惧之，乃走。又使言，公曰："非小人之所及也。"（昭公二十五年）

（二）不同项的累加

《左传》余下的"又"都表示不同动作、状态、事件或事物的累加，累加的内容有的有时间先后，有的无时间关系。"又"表不同项的累加，可分以下几小类：

1. 累加同一施事的不同动作行为或状态

（5）既而大叔命西鄙、北鄙贰于己。……大叔又收贰以为己邑，至于廪延。（隐公元年）

（6）初，楚子将以商臣为大子，访诸令尹子上。……既，又欲立王子职，而黜大子商臣。（文公元年）

（7）晋侯烝于贾君，又不纳群公子，是以穆姬怨之。（僖公十五年）

以上几例中，"又"前后的施事主语相同，分别是"大叔""楚子"和"晋侯"，只是前后动作行为不同。例（5）和例（6）中两个动作行为间有时间先后，例（5）累加的是"命西鄙、北鄙贰于己"和"收贰以为己邑"，例（6）累加的是"将以商臣为大子"和"欲立王子职，而黜大子商臣"。例（7）累加的是"烝于贾君"和"不纳群公子"，两个行为之间无时间先后。

有时，"又"前有时间副词"既"，形成"既……，又……"的格式，如：

(8) 夫晋，何厌之有？既东封郑，又欲肆其西封。不阙秦，将焉取之？(僖公三十年)

2. 累加不同事件

"又"累加不同事件时，前后分句的施事和动作行为都不同，两个事件间一般没有时间关系，如：

(9) 狄固贪惏，王又启之。(僖公二十四年)
(10) 齐师克城而骄，其帅又贱，遇，必败之，不如从齐。(定公九年)

例(9)"又"累加的是"狄贪惏"和"王启之"两个事件，例(10)累加"齐师克城而骄"和"其帅贱"的状态。

3. 累加同一动作行为的不同相关项

有时前后两个分句的谓语中心词相同，但中心词所代表动作行为的施事、受事、处所、与事等不同，这些动作行为的不同相关项也可以用"又"来累加，如：

(11) 王崩，周人将畀虢公政。四月，郑祭足帅师取温之麦。秋，又取成周之禾。周、郑交恶。(隐公三年)
(12) 颍考叔取郑伯之旗蝥弧以先登，子都自下射之，颠。瑕叔盈又以蝥弧登，周麾而呼曰："君登矣！"郑师毕登。(隐公十一年)
(13) 吴师败楚师于雍澨，秦师又败吴师。(定公五年)
(14) 古人有言曰："畏首畏尾，身其余几？"又曰："鹿死不择音。"(文公十七年)
(15) 公敛处父帅成人自上东门入，与阳氏战于南门之内，弗胜；又战于棘下，阳氏败。(定公八年)
(16) 竖牛欲乱其室而有之，强与孟盟，不可。……牛又强与仲盟，不可。(昭公四年)
(17) 于是乎有朝聘而终、以尸将事之礼，又有朝聘而遭丧之礼。(哀公十五年)

例（11）"又"累加的是"取"的两个不同受事——"温之麦"和"成周之禾"；例（12）累加的是"登"的不同施事——"颍考叔"和"瑕叔盈"；例（13）前后分句谓语中心词"败"的施事和受事都不同，"又"同时累加了不同的施事（"吴师""秦师"）和受事（"楚师""吴师"）；例（14）累加的是两个"曰"的不同内容；例（15）累加的是两次"战"的不同处所——"南门之内"和"棘下"；例（16）累加的是"盟"的不同对象，即与事"孟"和"仲"；例（17）累加的是不同性质的两种"礼"。其中，例（11）—（13）以及例（15）（16）"又"的前后项有时间先后，例（14）和例（17）的前后项则与时间无关，是并存关系。

有时，"又"前后项的谓语中心词不同，但助动词相同，如：

(18) 我实不能御楚，又不能庇郑，郑何罪？（襄公十年）

不管是相同项的累加还是不同项的累加，"又"所累加的对象都不限于两项，当"又"累加两项以上内容时，"又"有时用在最后一项之前，如：

(19) 公孙挥能知四国之为，而辨于其大夫之族姓、班位、贵贱、能否，而又善为辞令。（襄公三十一年）

有时用在除第一项外的每一项前，如例（4），又如：

(20) 公欲平宋、郑。秋，公及宋公盟于句渎之丘。宋成未可知也，故又会于虚。冬，又会于龟。（桓公十二年）

例（19）累加了公孙挥的三个优点，在最后一项前用"又"；例（20）累加的是鲁桓公和宋公会见的三个不同处所，每两项之间都用"又"，形成"又"的连用，《马氏文通》称为"历叙（历数）"。

有些句子中的"又"不容易看出"累加"义，如：

(21) 齐公孙灶卒。司马灶见晏子，曰："又丧子雅矣。"（昭公三年）

此例"又"前没有分句,"又"的"累加"义似无处落实。然而仔细分析上下文,可以发现"又"前隐含着一个假设的前项。该句的下文是:

(22) 晏子曰:"惜也!……二惠竞爽,犹可,又弱一个焉,姜其危哉!"(昭公三年)

例(22)将"又"的前项呈现出来,即"二惠竞爽,犹可","二惠"指惠公的两个孙子"子雅"和"子尾"。整个句子要表达的意思是"(如果)惠公的两个孙子刚强明白还可以维持姜氏,(如今却)又丧失了一个,姜氏危险啊!"例(21)将"又"所累加的前项隐含起来,但不影响"又"的语义。

"又"在以上各句中语义指向的对象不定,但总是指向累加的后项,在线性结构上呈现出前指和后指两种可能。当后项居于"又"之后时,"又"的语义后指;当后项出现在"又"前时,"又"的语义前指。前述"(一)"和"(二)—1"的"又"累加的是动作行为(相同或不同),动作行为在"又"后,因此"又"的语义指向其后的整个谓词性结构。"(二)—3"的"又"累加动作行为的相关项,当累加的是施事以外的其他项时,"又"的语义后指,但不指向整个谓词性结构,仅指向后一相关项,如例(11),"又"的语义指向"成周之禾";当累加的是不同施事时,"又"指向后一个施事,由于施事在"又"前,故"又"的语义前指,如例(12),"又"指向"瑕叔盈"。"(二)—2"的"又"由于累加的是两个不同事件,故指向后项代表的整个事件,语义后指。

(三) 关于反问句中的"又"

对于这一类"又",早前一般认为是用来加强反问语气的,如《现代汉语八百词》,但也有人认为"又"仍然与它的基本语法意义有密切关系,如邵敬敏、饶春红(1985)。其实,《马氏文通》就注意到了反问句中"又"的用法,《马氏文通》举两例:

(23) 彼王不能用君之言任臣,又安能用君之言杀臣乎?(史记·商君列传)

(24) 方存乎见少,又奚以自多?(庄子·秋水)

连同另外6例陈述句中的"又",《文通》并称"继事之辞"。这2例中"又"的前后项有明显的对比,故能比较容易地看出"又"的累加义。从《文通》中我们也能看出马建忠对虚词力求作出统一的解释,这对我们分析汉语虚词的用法有指导意义。

《左传》有56例"又"用在反问句中,我们认为这些"又"仍然表累加,如:

(25) 十年春,齐师伐我。公将战,曹刿请见,其乡人曰:"肉食者谋之,又何间焉?"(庄公十年)

(26) 大子不得立矣,分之都城,而位以卿,先为之极,又焉得立?(闵公元年)

例(25)"乡人"的话实际上交代了两个事件——"肉食者谋之"、曹刿"间",副词"又"将这两个事件累加在一起。不过在累加的后项中加入了说话者"乡人"的主观态度,认为曹刿不应该参与,这一态度用疑问代词"何"来表达,如此一来,"又"的后项就成了"(汝)何间焉";例(26)"又"累加的是有时间先后的两项内容,前项是对太子所获封赐的陈述,后项是对太子能否得以立为君主的判断。所谓反问语气是由句中的疑问代词承担的,"又"自身并没有这种功能,其用法仍然是表示累加。

三 "复"的用法及语义指向

《左传》有248例"复",其中用作副词的有82例,"复"作状语只表示相同动作行为或状态的重复,重复的内容在时间上有先后,且限两次,"复"的语义指向其后整个谓词性结构。① 具体可分为以下几种用法:

(一) 表返还

1. 重返诸侯国

《左传》中有14例"复"专指诸侯国王或王族内某人由于某种原因出奔别国或被俘后重返诸侯国,用在动词"入""归"前,这种用法是由

---

① 有时"复"的语义指向其后谓词性结构的一部分,如"后十四岁,以因杆将军筑受降城。七岁,复以因杆将军再出击匈奴"(史记·卫将军骠骑列传),重复的只是工具语"以因杆将军",后面的"再出击匈奴"是新信息。

"复"的本义直接引申而来的。如"穆伯生二子于莒，而求复"（文公十四年）。当"返回"义的动词"复"后又有一个主要动词时，"复"便发生重新分析，开始向副词转化。这时的"复"还有较实的词汇意义，且其后主要动词（即 V2）固定，我们倾向于将这种处于重新分析阶段的"复"看成动词，不计入副词用法总数中。《左传·成公十八年》专门对"复"的这种用法作了说明："凡去其国，国逆而立之曰'入'；复其位，曰'复归'；诸侯纳之，曰'归'；以恶曰'复入'。"

"复入"和"复归"前必定交代施事离开自己诸侯国的情形。以下面一段话为例：

(1) 三月丙午，a 晋侯入曹，执曹伯。畀宋人。夏四月己巳，晋侯、齐师、宋师、秦师及楚人战于城濮，楚师败绩。楚杀其大夫得臣。b 卫侯出奔楚。五月癸丑，公会晋侯、齐侯、宋公、蔡侯、郑伯、卫子、莒子，盟于践土。陈侯如会。公朝于王所。六月，b'卫侯郑自楚复归于卫。c 卫元咺出奔晋。陈侯款卒，秋，杞伯姬来。公子遂如齐。冬，公会晋侯、齐侯、宋公、蔡侯、郑伯、陈子、莒子、邾子、秦人于温。天王狩于河阳。壬申，公朝于王所。晋人执卫侯，归之于京师。c'卫元咺自晋复归于卫。诸侯遂围许。a'曹伯襄复归于曹，遂会诸侯围许。（春秋经·僖公二十八年）

例（1）a、b、c 分别交代曹伯、卫侯和卫元咺离开自己诸侯国的情形，a'、b'、c'则用三个"复归"分别陈述三人重返国家这一事件。"复入"例如：

(2) 元年春，不称即位，公出故也。公出复入，不书，讳之也。（僖公元年）

当 V2 扩展为别的动词，"复"便演变成副词。

2. 返回某处或恢复某种状态

(3) 城者讴曰："睅其目，皤其腹，弃甲而复。于思于思，弃甲复来。"（宣公二年）

(4) 秋，郯伯姬来归，出也。为毛、召之难故，王室复乱，王孙苏奔晋。晋人复之。(宣公十六年)

《左传》中表示返回某处或恢复某种状态的"复"共 8 例。这种用法也是由"复"的本义直接引申而来的，比较例（3）前后两句的"弃甲而复"和"弃甲复来"便能看出二者的关系。

3. 返还某人某物或某权力

(5) 以一命命郤缺为卿，复与之冀，亦未有军行。(僖公三十三年)

(6) 若寡人得没于地，天其以礼悔祸于许，无宁兹许公复奉其社稷，唯我郑国之有请谒焉，如旧昏媾，其能降以相从也。(隐公十一年)

例（5）杜预注："还其父故邑"，例（6）指返还"奉其社稷"的权力。这种用法的"复"共 10 例。

从以上分析可以看出：首先，这三种用法都从"复"的本义直接引申而来，都表"重返"，还有比较实在的词汇意义，只是由于用在状语位置才有重新分析为副词的可能。

其次，我们说"复"的基本用法是表示相同动作行为或状态的重复，但后两种用法中并没有重复出现的谓语中心词，也就是没有构成"SVP……复 VP"的格式。我们认为这时的"复"仍然是表重复的，因为"复 VP"本身就暗含着施事主语先前有过 V 所代表的动作行为或状态，如"复归"暗含曾经是在国内的，只是由于某种原因不得不离开，"复"是对先前"在国内"这种状态的重复，其他用例亦如此。例（3）—（5）中"复"所重复的动作行为或状态中间是有时间间隔的，例（6）有些特殊，"复奉其社稷"与此前隐含着的"奉社稷"之间没有时间间隔，是原有动作行为的继续。这时"复"仍表重复，只是本来持续的动作行为被人为地分成两段，每段都保持各自的独立性。类似的例子又如"赵孟不复年矣"（昭公元年）。

（二）表相同动作行为或状态的重复

"复"由表"返还"义的副词进一步虚化，就成了单纯表重复的副词,《左传》中这种用法的"复"最多,通常用于"SVP……复 VP"中,"复"是对 VP 所代表动作行为或状态的复制。

(7) 曹人请于晋曰……戊午,郑子罕宵军之,宋、齐、卫皆失军。曹人复请于晋。(成公十六年)

(8) 四月,诸侯伐郑。……九月,诸侯悉师以复伐郑……(襄公十一年)

(9) (三年)十月,郑伯如楚,子产相。楚子享之,赋吉日。既享,子产乃具田备,王以田江南之梦。……四年春王正月,许男如楚,楚子止之,遂止郑伯,复田江南,许男与焉。(昭公四年)

例(7)"复"是对"曹人请于晋"的完全复制,施事、动作以及动作指向的对象都完全相同;例(8)的"复"也是对"诸侯伐郑"的完全复制;例(9)的"复"重复的是"田江南"这一动作行为,而且有共同的施事——楚子和郑伯。杜预注:"前年楚子已与郑伯田江南,故言复。"

有时"复"没有前项,只有"复 VP",这就与(一)的格式相同,如:

(10) 大败华氏,围诸南里。华亥搏膺而呼,见华貙,曰:"吾为栾氏矣!"貙曰:"子无我迂,不幸而后亡。"使华登如楚乞师,华貙以车十五乘、徒七十人犯师而出,食于睢上,哭而送之,乃复入(南里)。(昭公二十一年)

与(一)一样,这里的"复入"暗含着先前有"在南里"的状态,而上文的"围诸南里"和"华貙以车十五乘、徒七十人犯师而出"证实了这一暗含事实的存在,"复"正是对"在南里"这种状态的重复。

有时,"复"前后的主语不同,但从大的范围看,仍然表示同一行为主体,如:

(11) 十一年春,楚子伐麇。成大心败麇师于防渚。潘崇复伐麇,至于锡穴。(文公十一年)

例（11）"复"是对"伐糜"的复制，前项主语是"楚子"，后项主语是"潘崇"，楚成王时的太师，实际上都代表楚国，故该例"复"表示"楚伐糜"的重复。

前面提到"又"累加的内容不限于两项，且"又"可连用，"复"则没有这种用法，"复"重复的动作行为或状态限出现两次，如上诸例。个别用例需作单独解释，如：

(12) 使问弦多以琴，曰："吾不复见子矣。"（哀公十一年）

按通常理解，"见"的动作在之前不会只出现一次，但由于用了"复"，就人为地在心理上把从前所有"见子"的动作行为划定为一个整体，以说话时间为界，"不复见子"是对重复这一动作行为的可能性进行否定。所以，"又"和"复"的差别还在于：前者表多项（含两项）累加，后者表单次重复。

另有2例"复"的用法与"又"相同，不表重复而表累加，列举如下：

(13) 既不受矣，而复缓师，秦将生心。（文公七年）
(14) 楚子将围宋，使子文治兵于睽，终朝而毕，不戮一人。子玉复治兵于蒍，终日而毕，鞭七人，贯三人耳。（僖公二十七年）

例（13）"复"与"既"连用，例（14）虽然"复"的前后都有"治兵"，但动作的施事和处所都不同，所以还是不同事件的累加。这两个"复"应该是受"又"的类推出现的。

四 "又""复"对谓语中心的选择

《左传》中"又"修饰的谓语中心词多为动词，见"又"下所举诸例。同时也有少数形容词，如"又"下例（10），又如：

(1) 既不能强，又不能弱，所以毙也。（僖公十一年）

甚至还有一例"又"修饰主谓结构的：

(2) 或告子旗，子旗不信，则数人告。将往，又数人告于道，遂如陈氏。(昭公八年)

"又"修饰主谓结构的用法到《史记》增至 12 例，《史记》中另有个别"又"修饰名词性谓语，如：

(3) 人或说秦昭王曰："孟尝君贤，而又齐族也，今相秦，必先齐而后秦，秦其危矣。"(史记·孟尝君列传)

"又"对被饰成分的选择范围宽泛，是因为"又"的前后项可以没有时间关联，所以像性质、数量、事物这些非时间范畴的成分都可以成为"又"累加的对象。

《左传》"复"所修饰的谓语中心词范围较小，一般只限行为动词，只有一例是修饰状态动词的，即"复"下例（4）"王室复乱"。"复"在搭配上所受的限制是由其语义决定的，由于它只表示相同内容的重复，且有时间先后，因此"复"重复的对象必须是属时间范畴的动作行为。"复"与具有［-动作］属性的中心词搭配时，中心词都会带上"变化"义，"复乱"隐含了此前就存在"乱"的状态，之后一段时间内有所改变，随后又由于某种原因重复这一状况。

综上，我们可以看到"又""复"在语法意义、语义指向和修饰的谓语中心词上的差别，列表 7-1：

表 7-1　　　　　　　　"又""复"之比较

	累加/重复的内容						语义指向		被饰成分的选择	
	相同	不同	单次重复	多项累加	有时间关系	无时间关系	前	后	动词	其他
又	√	√	√	√	√	√	√	√	√	√
复	√		√		√			√	√	

从表 7-1 中不难看出，"又"和"复"的用法存在诸多差异，绝不能视为同义词。只有当"又"用于同一行为主体的相同动作行为或状态的单次累加时，"又"和"复"才相同。

大约从西汉开始，"复"的用法不断扩展，不仅表相同动作行为或状态的重复，也产生了表累加的用法，东汉以降更为多见。姚振武（1993）讨论了中古时期"复"的这一发展变化，总结为两点："不同事件的前后相续，甚或说话者主观感觉其有前后相续之意，也可用'复'"；"'又'还可'表示几个动作、状态、情况累积在一起'，'与时间无关'。中古的'复'也具备这种性质。"① 下举姚文例句：

（4）客以剑拟王，王头随堕汤中；客亦自拟己头，头复堕汤中。（搜神记·卷十一）

（5）赉还白母，母即令诣充家，迎儿试之。诸亲悉集。儿有崔氏之状，又复似充貌。（搜神记·卷十六）

例（4）指"王头与客头相继堕入汤中"，有时间先后；例（5）指"儿"的容貌同时具备两个人的特征，无时间关系，"复"与"又"形成同义连用。可以说，中古汉语的副词"复"逐渐和"又"成为同义词，但最终还是被"又"淘汰，现代汉语已不见"复"作状语。

五 "又""复"的划类问题

早前语法书将"又""复"看成时间副词，后逐渐认识到应将二者从时间副词中分离出来，但各家划类不一，如易孟醇（2005）将"又""复"都归表数副词，殷国光（2008）"复"属情状副词，"又"分属连接和情状两类，属情状时用法同"复"。

副词次类的划分对深入研究副词内部的差异乃至全面认识整个副词系统都有重要意义。杨荣祥（2005）提出用语义和语法功能互为印证的方法为副词划分次类，即依语义划分出来的次类要得到功能方面的验证，同次类副词的语法功能应大致相同，将副词的语法功能分为三方面："一、对被饰成分的语法属性的选择；二、在句法结构中的语义指向；三、不同次类在句法结构中共现时的顺序位置。"② 依照这一划分副词次类的原则，我们不难发现，将"又""复"划入同一次类是不合理的，因为它们在语法功能的三个方面的表现都不同。"又"既可以修饰动词谓语，又可以修

---

① 姚振武：《关于中古汉语的"自"和"复"》，《中国语文》1993年第2期。
② 杨荣祥：《近代汉语副词研究》，商务印书馆2005年版，第48页。

饰形容词和名词性谓语，甚至可以修饰小句；"复"一般只能修饰动词谓语。"又"在句中的语义指向可前指也可后指，依其累加的对象的不同而不同；"复"则总是后指，指向它所修饰的谓语部分。它们在多项状语中的位置也不同，"又"较比"复"靠前。语法功能上得不到验证，划分出来的"语义"类也就不可取。实际上，"又""复"的语义也不同，一表累加，一表重复。之所以有人会把它们划归为一类副词，应该是由于它们都能对译为现汉的"又、再"，从而误把"又、再"当作"又"和"复"的语义，认为它们是同类副词了。

根据"又""复"的语义特征和语法功能，我们认为它们应分属两个不同次类。至于殷国光（2008）将"又"一分为二，应该是考虑到一部分"又"表相同动作行为或状态的累加，但是如上所言，这时的"又"可累加两次，形成"S+VP……又 VP……又 VP"或"S+VP……VP……又 VP"格式，这又是"复"所不具备的。由此我们认为即便"又"前后是相同的 VP，它的语义依然是表累加，与"复"不同。只是考虑到上古汉语没有和"又"语义和语法功能都大致相同的副词，将"又"单立一类会增加副词次类系统的负担，我们暂且把"又"和"复"归为一类，连同表类同的"亦"以及其他表重复等语法意义的副词一起，称"加复副词"。

第四节　名词、形容词、动词状语的语义指向

一　名词作状语的语义指向

本书第三章将上古汉语的名词状语分作四类：A. 表凭借，B. 表方所，C. 表比况性施事，D. 表比况性受事。四类名词状语中，A、B 两类的语义指向没有争议，与其他表凭借和方所的状语一样，所指方向和目标成分都是单一的，指向谓语中心词。如：

（1）商君归还，惠王车裂之，而秦人不怜。（战国策·秦策一）
（2）未至，道逢赵王姊出饮，从百余骑。（史记·张耳陈余列传）

例（1）"车"的语义指向谓语中心"裂"，袁本良（2004）在讨论状语"车"的语义指向时提出"动核"和"动元"的概念，"动核"指动词谓语句中的核心动词，"动元"指句中的名词性成分。他指出："各个动元（如施事、受事、与事等）跟动核之间的关系是直接的；而动元与动元之间则是通过动核的枢纽才建立起联系，所以这种关系在大多情况下是间接的。比如'惠王车裂之'这个句子，施事'惠王'、受事'之（商鞅）'、表工具的与事'车'都是跟动作'裂'直接相关的语义成分，而它们互相之间的联系是间接的。在这种情况下，名词状语'车'跟主语'惠王'、宾语'之'没有直接的语义关系，因此它的语义特征仅仅指向动词。"① 例（2）"道"的语义指向谓语中心"逢"，道理与例（1）相同。

然而，不同学者在C、D两类语义指向上的意见却有所分歧，汤建军（1990）认为这两类名词状语和谓语中心之间只是句法上的修饰与被修饰关系，不具有语义关联，与主宾语之间才有语义上的直接联系，如：

(3) 豕人立而啼。（左传·庄公八年）
(4) 今而后知君之犬马畜伋。（孟子·万章下）

依汤建军（1990）所言，例（3）名词状语"人"和谓语中心词"立"之间、例（4）"犬马"和"畜"之间只有句法关系，没有语义关联，两个名词状语的语义分别指向句中与之相关联的名词性成分。"人"的语义指向"豕"，因为二者是比喻关系；"犬马"的语义指向"伋"，因为二者在说话人心理上是对等关系。

袁本良（2004）则认为这两类状语的语义指向是多向的，C类名词状语的语义同时指向主语和中心动词，D类则同时指向中心动词和宾语。该文将句子的语义结构分为"行为态"（动词谓语句）、"性状态"（形容词谓语句）和"联系态"（判断句、比喻句）三种类型，"行为态"语义结构如例（1）(2)，"性状态"和"联系态"如袁文所举下两例：

---

① 袁本良：《从"N$_{状}$·V·之"看古汉语语义结构分析问题》，《语言科学》2004年第5期。

(5) 边伯之宫近于王宫。(左传·庄公十九年)
(6) 越之于吴也，譬若心腹之疾也。(吕氏春秋·贵直论)

依袁说，"这种'联系态'的语义结构中，其语义核心是事物之间的某种关联，处于这种关联的两端的语义成分，它们之间的关系是直接的而不是间接的"[①]。如此，例(6)中作为本体和喻体的"越"和"心腹之疾"之间具有直接语义关系。袁本良认为C、D两类名词状语所在的句子具有双重语义结构，名词状语一方面与谓语中心之间存在"行为态"语义关系，另一方面与句子的施事(主语)或受事(宾语)存在"联系态"语义关系，它们具有双重语义指向。

面对这个问题，首先要弄清某一修饰成分在一个句子中能不能同时具有两种不同的语义指向。必须承认，很多词在入句之前都具有两种或两种以上可能的语义指向，如总括副词、限定副词等，但到具体语境中只能实现其中一种语义指向(即便生成的句子有歧义，也是信息接收时造成的)。按照袁本良(2004)的说法，现代汉语的比喻句如"他像孩子一样哭起来"之类的状语也应该是双指的，我们目前没见到也不大认同这种分析。

否定"多指"说之后，就需要确定C、D两类名状的语义指向是主宾语还是谓语部分。我们认为，上古汉语C、D两类名词状语的语义指向其后整个谓语部分，而不是句子的主宾语。以上两种观点之所以都认定状语和句子的主宾语之间有直接语义关系，源于认为C类名词状语和主语、D类名词状语和宾语间存在类比关系。仍以例(3)(4)为例，按照他们的观点，这两例的语义结构应该重写为：

(7) 豕如人，豕立。
(8) 君畜伋，伋如犬马。

这种看法似乎可以商榷。例(3)"豕人立"的深层语义为"豕像人立一样立"。单独的"人立"在句法上是主谓结构，语义上"人"是动作

[①] 袁本良：《从"$N_{状}·V·之$"看古汉语语义结构分析问题》，《语言科学》2004年第5期。

"立"的施事；在本句中"人立"为状中结构，"立"是主语"豕"发出的动作，这一动作类比状语"人"的动作特征，"豕立"与"人立"之间是比喻关系。例（4）"犬马畜伋"义为"像畜犬马一样畜伋"，"畜"是主语"君"发出的动作，"畜"的对象是"伋"，"畜伋"的语义关系类比"畜犬马"（参见第三章第一节）。

由上可以看出，存在类比关系的不是名词状语和主宾语，而是每句深层语义结构中的两个事件。C类名词状语所在的句子中，主语（施事）的动作行为和名词状语所代表事物的动作行为（隐含）相类比，如例（3）"豕立"和"人立"；D类所在的句子中，主语（施事）对宾语（受事）的态度和对名词状语所代表事物的态度相类比，如例（4）"畜伋"和"畜犬马"。事实上例（3）（4）的语义结构应该重写为：

（9）豕立，立如人。→豕立如人立。
（10）君畜伋，畜伋如犬马。→君畜伋如畜犬马。

例（3）"人"的语义指向"立"，例（4）"犬马"的语义指向"畜伋"。

二 形容词、动词作状语的语义指向

学界对状位形容词和动词语义指向的研究成果集中体现在现代汉语上，诸多研究表明，现代汉语谓词性状语（动、形等）的语义指向不限于谓语，还可能指向句中主语和宾语（包括动词的宾语和介词的宾语）。汉语史上状位形容词的语义指向如何？相关论述不多，目前见到的有黄增寿（2005）、何洪峰（2006）和何洪峰、彭吉军（2009）。

状位形容词从古至今都可以指向谓语动词，这是毋庸置疑的；同时又存在少数语义指向宾语的，何洪峰、彭吉军（2009）认为先秦至宋代指宾状语只出现于韵文中，如"其雨其雨！杲杲出日"（诗经·卫风·伯兮），状态义形容词"杲杲"在句法上充当动词"出"的状语，语义上却指向宾语"日"。实际上先秦散文中就有语义指向宾语的状位形容词，如例（1）—（4）中的b句。

黄增寿（2005）认为上古汉语形容词作状语有主语指向，我们认为这个问题还可以进一步讨论，这和第五章谈到的连谓和状中结构的鉴别密切相关。现代汉语之所以存在指向主语的谓词性状语，是因为有状语标记"de"，即使认为"de"所附着的谓词是陈述主语的，也不会引起句法分析上的歧义。而上古汉语谓词性状语没有形式标记，如果强调状语和主语之间的陈述关系，会对连谓和状中结构的区分造成很大干扰。尽管前面我们找到两条形式上的鉴别方法，但仍有相当一部分"Adj+VP"没有相应的转换句式，如第五章第二节所列"慈、伪、严、暴、宁、闲、勤"，若承认形容词状语有指向主语的，这些"Adj+VP"应该都归入连谓结构，这种划分恐怕不符合大多数人的语感。同时，对使用"转换法"鉴别出的状中结构来说，"NP+Adj+VP"中的形容词既然能转化为VP的谓语，就证明它陈述的主要对象是VP而非NP。为保持前后论述的一致性，我们不承认上古汉语谓词性状语（即形容词和动词充当的状语）有主语指向，但这并不等于抹杀谓词性状语和主语之间的语义关系。我们认为，在"NP+Adj+VP"结构中，受状位语义制约，形容词和主语的语义关系疏离，而更倾向于说明VP的情状方式，动词作状语的情形与形容词相同。

据此，我们认为上古汉语形容词状语有指动和指宾两种语义指向。现搜集到的状位形容词中，"多、寡、重、厚"等同时有指动和指宾两种语义指向，如：

（1）a. 多闻，择其善者而从之，多见而识之，知之次也。（论语·述而）
　　　b. 公子商人骤施于国，而多聚士。（左传·文公十四年）
　　　c. 乃多以金啖豨将，豨将多降者。（史记·高祖本纪）
（2）a. 故古之为军也，军有左右，阙从补之，成而不知，是以寡败。（国语·晋语一）
　　　b. 乐岁，粒米狼戾，多取之而不为虐，则寡取之。（孟子·滕文公上）
（3）a. 晋郤芮使夷吾重赂秦以求入。（左传·僖公九年）
　　　b. 重为之礼而归之。（左传·成公三年）
（4）a. 说以语王，王厚贿之。（国语·周语中）
　　　b. 淮南王大喜，厚遗金财物。（史记·魏其武安侯列传）

以上各组例句中，a句的形容词状语指向谓语中心"闻""见""败"

"赂""贿"; b 句的形容词状语指向动词的宾语"士""之（回指上文'粒米'）""礼""金财物"; 例（1）c 中"多"的语义指向介词"以"的宾语"金"。

"满、少、大、新"等只能指向宾语：

(5) 韩信乃夜令人为万余囊，满盛沙，壅水上流，引军半渡，击龙且。（史记·淮阴侯列传）
(6) 王怒，少与之师。（左传·僖公二十八年）
(7) 秋，大雨雹，为灾也。（左传·僖公二十九年）
(8) 二十九年春，新作延厩。（左传·庄公二十九年）

除此之外，状位形容词都只能指向谓语中心词，如：

(9) 徐行后长者谓之弟，疾行先长者谓之不弟。（孟子·告子下）
(10) 太史赞王，王敬从之。（国语·周语上）
(11) 歌曰："鸿鹄高飞，一举千里。……"（史记·留侯世家）
(12) 天子复令路中大夫还告齐王："善坚守，吾兵今破吴楚矣。"（史记·齐悼惠王世家）

形容词的语义指向受形容词分类的直接影响，艾彦（2005）发现："形容词作状语的语义指向跟且仅跟形容词内部的语义属性有关，指向动词、表人名词和表物名词的情况与形容词具有的［+运动］、［+人物］、［+事物］语义特征一一对应。"① 这种对应关系，文中称为"语义相配原则"，这一结论和我们对上古汉语状位形容词的观察大致相符。在第五章所分各类形容词中，饰行状位形容词只能指向谓语中心词，指向宾语的只能是饰物状位形容词。

状位动词的语义指向比形容词简单，由于本书不认为上古汉语有指向主语的谓词性状语，状位动词一般就仅指向中心动词，只有"生"的语义指向动词的宾语，而"生"用在状位时的词性似乎还可以讨论。如：

---

① 艾彦：《形容词作状语的语义指向研究》，硕士学位论文，北京大学，2005 年，第 1 页。

(13) 楚下荥阳城,生得周苛。(史记·项羽本纪)

例(13)"生"的语义指向宾语"周苛"。由于谓词进入状位后凸显状态义,"生"在此表示"周苛"被抓获时的状态是"活着",这时的"生"也许可看作形容词。

第八章

多项状语的共现顺序[①]

自刘月华（1983）首次对现代汉语多项状语的共现顺序进行全面描写以来，不少学者亦致力于多项状语的描写和解释工作，并取得相当丰硕的成果，详见第一章。但时下对多项状语的研究多集中在不同次类副词的共现顺序上，对于不同类型状语连用顺序的研究，目前见到的只有刘月华（1983）、金立鑫（1988）和潘国英（2010）。前二者对现代汉语多项状语顺序的描述都是概括性和举例性的，对大量存在的"不合语序"的状语共现现象没有给出解释，但他们的研究是开创性的，尤其是刘月华（1983），对我们进一步探讨多项状语的共现顺序有很大的指导意义。潘国英（2010）一方面从整体上勾勒现代汉语状语的语义序列总貌，一方面对不同状语的语序位置及内部排序作细致描写，并对现代汉语状语的语序作出解释。上古汉语同样有类型多样的多项状语共现现象，共现的状语与现代汉语并不完全相同，到目前为止，尚无人对上古汉语多项状语的共现顺序做过系统研究。本章尝试在详细描写上古汉语多项状语使用情况的基础上，结合前贤已有成果，揭示这一历史平面共现状语的顺序，并对不同状语的共现语序作出解释。

第一节 上古汉语多项状语共现的类型

一 同类形式的状语共现

副词在状语中所占比例最大，因此同类形式状语共现中最常见的是副

[①] 杨荣祥（2005）指出：副词的共现包括相连的和不相连的两种，相连的共现又分为连用和并用（同义连用）两类。我们所说的多项状语共现多指多项状语的连用，也包括少数共现而不连用的情况。

词和副词的共现，如：

(1) 蔓草犹不可除，况君之宠弟乎？（左传·隐公元年）
(2) 乃皆出战，交绥。（左传·文公十二年）
(3) 盍亦反其本矣。（孟子·梁惠王上）
(4) 既得人爵，而弃其天爵，则惑之甚者也，终亦必亡而已矣。（孟子·告子上）
(5) 桓公又亲问焉。（国语·齐语）

例（1）中共现的为时间副词和否定副词，例（2）为时间副词和总括副词，例（3）为情态副词和加复副词，例（4）为三个不同次类副词共现，分别是时间、加复和情态副词，例（5）为加复副词和情状副词共现。各次类副词的共现能力也不同，一般来说，时间副词的成员最多，与其他次类副词共现的能力也最强，共现能力最弱的是程度副词，一般只与否定副词共现，如：

(6) 通小臣，戏殿上，大不敬，当斩。（史记·张丞相列传）

除了副词之外，另有不同介词组的共现，但数量不多，如：

(7) 郑不堪命，故以纪、鲁及齐与宋、卫、燕战。（左传·桓公十三年）
(8) 围人荦自墙外与之戏。（左传·庄公三十二年）
(9) 高祖以亭长为县送徒郦山，徒多道亡。（史记·高祖本纪）
(10) 广陵人召平于是为陈王徇广陵，未能下。（史记·项羽本纪）

以上几例分别为"以~"和"与~"、"自~"和"与~"、"以~"和"为~"、"于~"和"为~"共现。

有时，共现的副词或介词组之间隔有其他状语，如：

(11) 旦日不可不蚤自来谢项王。（史记·项羽本纪）

(12) 月余，魏王豹反，以假左丞相别与韩信东攻魏将军孙遫军东张，大破之。(史记·曹相国世家)

例（11）否定副词"不"和情状副词"自"之间被形容词状语"蚤"（早）隔开，例（12)"以~"和"与~"之间有情状副词"别"。

二　异类形式的状语共现

(一) 副词与介词组共现

上古汉语状语中所占比重最大的是副词和介词组，因此，异类形式状语共现中，副词与介词组的共现最为常见，如：

(1) 晋人不出，遂自茅津济。(左传·文公三年)
(2) 又为臣杀其君，其安庸刑？(国语·周语中)
(3) 自古皆有死，民无信不立。(论语·颜渊)
(4) 昔者孟子尝与我言于宋，于心终不忘。(孟子·滕文公上)
(5) 使我两君匪以玉帛相见，而以兴戎（相见）。(左传·僖公十五年)
(6) 其后既与韩魏共灭智伯，分晋地而有之。(史记·匈奴列传)

以上各例中，例（1）（2）副词在介词组前，例（3）（4）副词在介词组后，例（5）（6）介词组前后都有副词。当二者共现时，哪些副词位置在介词组前，哪些副词位置在后，这是可以细致描写的语言事实，详见第三节。

(二) 副词与其他形式的状语共现

副词与其他形式状语的共现在数量上仅次于副词和介词组的共现，如：

(7) 行之以礼，又焉用质？(左传·隐公三年)
(8) 先者见获必务进，进而遇覆必速奔。(左传·隐公九年)
(9) 必报雠，吾宁事齐、楚，齐、楚又交辅之。(国语·晋语三)

(10) 回也，其心三月不违仁。(论语·雍也)
(11) 而武王亦一怒而安天下之民。(孟子·梁惠王下)
(12) 越之左军、右军乃遂涉而从之，又大败之于没，又郊败之。(国语·吴语)
(13) 逐其故主赵王，乃北居代。(史记·项羽本纪)

以上各例依次为副词和疑问代词、形容词、动词、时间词、数词、名词、方位词的共现。

(三) 介词组与其他形式的状语共现

介词组和其他形式状语共现远不如上面两类数量多，如：

(14) 三以天下让，民无得而称焉。(论语·泰伯)
(15) 善为我辞焉。(论语·雍也)
(16) 遍国中无与（之）立谈者。(孟子·离娄下)
(17) 象日以杀舜为事。(孟子·万章上)
(18) 阳子道与之语。(国语·晋语五)
(19) 沛公曰："君安与项伯有故？"(史记·项羽本纪)

例 (14) — (19) 依次为介词组与数词、形容词、动词、时间词、名词、疑问代词的共现。

(四) 副词、介词组之外的其他形式状语共现

副词、介词组之外的词类作状语本来就不多见，这种组合也是异类形式状语共现中数量最少的，如：

(20) 曾子曰：吾日三省吾身。(论语·学而)
(21) 上愈益贵弘、汤，弘、汤深心疾黯，唯天子亦不说也，欲诛之以事。(史记·汲郑列传)
(22) 昆弟诸子欲厚葬汤，汤母曰："汤为天子大臣，被污恶言而死，何厚葬乎！"(史记·酷吏列传)

例 (20) 为时间词与数词共现，例 (21) 为形容词与名词共现，例 (22) 为疑问代词与形容词共现。

第八章 多项状语的共现顺序

上古汉语共现状语的数目多为两项，但也有三项以上（含三项）状语共现的情况，并且到上古后期逐渐增多。《左传》（前八公）、《论语》《孟子》《国语》四部文献中三项以上状语共现有 20 余例，而《史记》（下）就有 100 余例。可见从先秦到西汉，状语的内容越来越丰富了。三项及三项以上状语共现如：

(23) 旦日不可不蚤自来谢项王。（史记·项羽本纪）
(24) 曾子曰："堂堂乎张也，难与并为仁矣。"（论语·子张）
(25) 何为纷纷然与百工交易？（孟子·滕文公上）
(26) 国无道而年谷龢熟，鲜不五稔。（国语·晋语八）
(27) 项王乃与范增急围荥阳。（史记·项羽本纪）
(28) 其无乃久不竞乎！（左传·宣公十二年）
(29) 月余，魏王豹反，以假左丞相别与韩信东攻魏将军孙遫军东张，大破之。（史记·曹相国世家）

例（23）—（27）为三项状语共现，例（28）和例（29）为四项状语共现。

刘月华（1983）曾指出："多项状语的顺序与充任状语的词语的类别没有直接关系，而与状语所表示的语法意义及在句中的作用有关。"① 故之后对状语共现顺序的研究都遵循按语义排序的做法。从语义的角度观察各项状语和谓语中心关系的远近是可行、有效的方案，但考虑到上古汉语的特殊性，有时同一语义下的状语会因为所属词类不同而导致与谓语中心的位置关系不同，如名词和介词组"以~"作状语都有表凭借的语义，但二者表凭借时与其他状语共现的顺序有差异，名词状语表凭借通常紧靠谓语动词，而"以~"后可以出现其他状语，如此会得出表凭借的状语在共现状语中有不同位置的结论。为避免这种情况，我们在讨论上古汉语多项状语共现顺序时以状语的形式类为纲，按照副词、介词组、名词、时间词、方位词、疑问代词、数词、形容词、动词的顺序，逐一观察它们在共现状语中的位置，力求保证每一种共现事实都不会被掩藏在笼统的语义概

---

① 刘月华：《状语的分类和多项状语的顺序》，载《语法研究和探索》（一），北京大学出版社 1983 年版，第 32—56 页。

括下。同时由于状语的每一个形式类都对应一个或几个固定的语义类，最终排序还将回到各类状语和谓语中心的语义关系上，因此下文按形式类对多项状语共现进行描写并不违背大的语义上的原则。

第二节 副词在多项状语共现中的位置

上古汉语不同次类副词在多项状语共现中的位置如何？目前无人作过研究。相对地，对现代汉语和近代汉语副词共现顺序的研究倒是有很好的成果。我们用袁毓林（2002）和杨荣祥（2005）所得结论验证上古汉语不同次类副词的共现顺序，发现与二人所总结的副词共现规律大致符合。第三、第四节在讨论介词组和其他形式类状语在多项状语中的位置时，会涉及各类状语跟副词的共现，故本节不一一讨论不同次类副词在多项状语中的位置。但是由于有些次类副词内部成员不同质，因此它们在多项状语中的位置也不尽相同。例如，上古汉语总括副词由于语义指向不同，在多项状语中分属两个不同的位置，而据杨荣祥（2005），近代汉语的总括副词在多项副词连用中的位置基本固定，现代汉语亦然，因此有必要对上古汉语总括副词内部各成员在多项状语共现中的位置作详细的比较分析。另外，加复副词本来就是个"大杂烩"，各成员的表现也大不相同，尤其是"又"和"复"，在辞书释义中经常被看作同义词，故本节还将重点对"又"和"复"在多项状语的位置进行比对。

一 总括副词在多项状语中的位置①

上古汉语常见的总括副词有"咸、俱、皆、尽、悉"。"咸"是最古老的总括副词之一，《尚书》中就有20余例，等其他总括副词开始广泛使用时，"咸"已经较少出现了，且一般只出现在"S+咸+VP"格式中，很少与其他状语共现。19部文献中共有"咸"158例，与其他状语共现仅12例。"俱"与其他状语共现也不多见，一般限于情态副词、时间副

---

① 在讨论这一问题时，除"皆"的考察范围保持在既定的5种语料（《左传》和《史记》都考察全书）外，"咸""尽""悉"则扩大到从周至西汉的19种语料，分别是《尚书》《诗经》《仪礼》《周礼》《礼记》《春秋公羊传》《春秋谷梁传》《左传》《国语》《战国策》《论语》《孟子》《墨子》《庄子》《荀子》《韩非子》《吕氏春秋》《淮南子》《史记》。

词、否定副词和"与~","俱"居后。由于"俱"不是典型的总括副词,兼有总括和方式的特征,且语义指向其前的非单一名词性成分,位置也较为固定。本小节我们主要观察不易区分的"皆""尽""悉"在多项状语中的位置,比较三者的异同。

"皆"是上古汉语使用最频繁、用法最广泛的总括副词,因此在多项状语中,"皆"与其他状语共现的能力也最强,几乎所有类型的状语都能和"皆"共现:介词组有"以~""用~""因~""自~""从~""为~""及~"和"与~";副词则涵盖了除限定副词以外所有的副词小类;另外还有名词、时间词、方位词、疑问代词、形容词、动词和数词也能和"皆"共现。

我们搜集到的"尽"与其他状语共现的用例共700余条,范围上不及"皆"广泛。介词组只有"以~""为~""与~"和起关联上文作用的"于是","自~"(与"皆"共现表时间)、"从~"(与"皆"共现表处所)未见与"尽"共现。除程度副词之外的各小类副词都有与"尽"共现的用例,但情状副词只有"相"一见,限定副词也只有"徒"出现1次,相比之下,"尽"与副词共现的能力还是略逊于"皆"。名词、方位词、形容词也能与"尽"共现,未见"尽"与时间词、动词和数词状语共现的用例。

情状副词"各"不能与"尽"共现,但能与"皆"共现,如:

(1) 此三君者,皆各以变古者失其国而殃及其身。(史记·蒙恬列传)

"各"有指代性,指代单个行为主体,而"皆"所在的语义环境要求行为主体是非单一的,"皆""各"连用,一方面表明行为主体具有"非单一"的特征,另一方面强调主体内部的诸个体具有独立性,与"皆""各"的语义特征相符。例(1)中,先由"皆"总括"此三君",随后由"各"分别指代三人。

与"各"共现时,"皆"总括的对象通常是一个封闭的可列举的群体,这个群体由最少两个独立的成员组成。而"尽"所总括的对象是作为一个不可分的整体出现的,其中的成员不具有独立性(详见第七章第二节),这与"各"能够出现的语义环境相悖,因此"各"能跟"皆"

共现，但不能跟"尽"共现。

"悉"在 19 部文献中出现不足 200 次，与其他状语共现的能力最弱，能与之共现的介词组只有"以~"和"于是"，副词只有情态、否定、程度和加复四个小类。

一般在讨论多项状语的位置时，总括副词内部不会再作分析。实际上，不同语义指向的总括副词在多项状语中的位置有不同表现，这是邻近原则（见第六章第二节）和辖域原则竞争的结果。杨荣祥（2005）论及"辖域原则"时指出："袁毓林（2002）用范围原则、接近原则、语篇原则来解释现代汉语副词同现时的先后排列次序……我们认为，范围原则是根本的原则，我们称之为'辖域原则'（scope principle），接近原则、语篇原则都应该说只是用来解释为什么有些副词的辖域（scope）大，有些副词的辖域小。"① 他们提到的"接近原则"即我们所说的"邻近原则"。我们对总括副词"皆""尽""悉"在多项状语中的位置进行仔细观察后发现，邻近原则并不总是辖域原则的补充说明，当总括副词的邻近原则和辖域原则所起作用相反时，二者相互竞争，使得总括副词在多项状语中的位置呈现出复杂的面貌。

(一)"皆""尽""悉"与其他次类副词的共现顺序

"皆""尽""悉"同其他次类副词共现时，情态副词、加复副词中的"亦""又"以及个别有关联上文作用的时间副词（如"乃""遂"等）总是在它们之前，而其他加复副词和情状副词则总是居后，这时作用于总括副词之上的邻近原则服从辖域原则；时间副词、否定副词和程度副词与"皆""尽""悉"共现时位置不固定，这与总括副词不同的语义指向有关，从这些不固定的位置关系中可以看出邻近原则对总括副词在多项状语中位置的影响。

1."皆"

(1)"皆"和时间副词

除"乃""遂"等有关联义的时间副词外，"皆"跟其他时间副词共现时居前，这是因为："皆"在多数情况下是语义前指的总括副词，语义上要求靠近所总括的对象，时间副词修饰谓语中心词，要求靠近谓语中心，这样，"总括→时间"的语序就能使二者各得其所。我们调查的语料

---

① 杨荣祥：《近代汉语副词研究》，商务印书馆 2005 年版，第 259 页。

中与"皆"共现的非关联义时间副词有"已、尝、将、且、终",如:

(2) 周内史叔服曰:不出七年,宋、齐、晋之君皆将死乱。(左传·文公十四年)

(3) 段干木踰垣而辟之,泄柳闭门而不内,是皆已甚。(孟子·滕文公)

(4) 不者,若属皆且为所虏。(史记·项羽本纪)

(5) 及楚之先,皆尝有功于天下。(史记·郑世家)

(6) 燕立昭王,而苏代、苏厉遂不敢入燕,皆终归齐,齐善待之。(史记·苏秦列传)

以上是"皆"前指的用例,"皆"也有少数后指的情况,后指的"皆"和"已"共现,"皆"依邻近原则要求靠近所总括的对象,这就和"已"的要求产生冲突。此时邻近原则失去对"皆"的作用力,服从辖域原则,如:

(7) 项羽闻汉王皆已并关中,且东,齐、赵叛之,大怒。(史记·项羽本纪)

(8) 赵军已不胜,不能得信等,欲还归壁,壁皆汉赤帜,而大惊,以为汉皆已得赵王将矣……(史记·淮阴侯列传)

例(7)(8) 的"皆"分别指向动词的宾语"关中"和"赵王将",依据邻近原则,"皆"应位于时间副词后,从而得以靠近所指对象,但事实上仍然采用了"皆+时间副词"的语序。"皆"后指时,邻近原则之所以不起作用,可能是由于强势语序趋同的作用。"皆"前指远远多于后指,跟"已"共现时,"皆已"是强势语序,所以即使有后指的"皆"和"已"共现,也会因为地位无法和前指的情况抗衡而不足以获得新的语序规则。

另有两例"将皆",时间副词"将"位于"皆"前:

(9) 昔穆王欲肆其心,周行天下,将皆必有车辙马迹焉。(左传·昭公十二年)

(10) 公子亡在外十年矣，今为魏将，诸侯将皆属，诸侯徒闻魏公子，不闻魏王。(史记·魏公子列传)

这两例"皆"语义都前指，在例（9）中总括"天下"，指周穆王打算让整个天下都有他的车辙马迹，例（10）中总括"诸侯"。本应为"皆将"却采用"将皆"，或为例外，暂存疑。

（2）"皆"和否定副词

上古汉语和否定副词共现的"皆"语义都前指，"皆"一定在否定副词前。"皆"位于否定副词前不难解释，一方面"皆"要求靠近所总括的主语，一方面否定副词要求靠近它们所否定的谓语部分。5种语料中"皆""不"共现45例（包括43例"皆不"，1例"皆将不"，1例"皆复不"），"皆非"13例，"皆未"4例，"皆无/勿""皆弗"只见于《史记》，前者4例，后者1例。分别举例如下：

(11) 诸侯皆不欲战，乃许郑成。(左传·襄公九年)

(12) 诸项氏枝属，汉王皆不诛。(史记·项羽本纪)

(13) 宾出，司马侯言于知伯曰："二子皆将不免。……"（左传·襄公二十九年）

(14) 因徙三万家丽邑，五万家云阳，皆复不事十岁。(史记·秦始皇本纪)

(15) 皆昭令德以合好也，皆非使臣之所敢闻也。(国语·鲁语下)

(16) 秦行人夜戒晋师曰："两君之士皆未憗也，明日请相见也。"(左传·文公十二年)

(17) 事在二年前，皆勿听治。(史记·孝武本纪)

(18) 子我归，属徒攻闱与大门，皆弗胜，乃出。(史记·齐太公世家)

"皆"与不同的否定副词共现，所出现的句式也不同：我们共找到13例"皆非"，都处于"NP$_1$皆非NP$_2$"的格式中，"皆"和其他几个否定副词共现，则都出现在"S皆否VP"之中。

"皆"位于否定副词后只找到1例：

(19) 大夫曰："苟有益也，公子则往，群臣之子敢不皆负羁绁以从？"（左传·定公八年）

例（19）"皆"总括前面的主语"群臣之子"。这与否定副词的辖域有关。

（3）"皆"和程度副词

"皆"和程度副词"大"共现居前，共6例，全见于《史记》，如：

(20) 汉将别击布军洮水南北，皆大破之，追得斩布鄱阳。（史记·高祖本纪）

(21) 广之百骑皆大恐，欲驰还走。（史记·李将军列传）

例（20）"皆"前指"破"的受事"布军"，例（21）总括施事主语"广之百骑"。前指的"皆"依邻近原则应靠前，而"大"表示动作行为的程度，要求靠近谓语中心词，故选择"皆大"作为共现语序。

2."尽"

（1）"尽"和时间副词

在我们调查的语料中，与"尽"共现的非关联义时间副词有"已、将、既"，其中"既"和"尽"共现仅1例，为"既尽"，"尽"语义后指：

(22) 燕既尽降齐城，唯独莒、即墨不下。（史记·田单列传）

此例作用于"尽"的邻近原则在与辖域原则的竞争中胜出，使"尽"靠近它总括的对象"齐城"。

"尽"和"已"共现既有"尽已"，也有"已尽"：

(23) 且夫人子尽已死，余庶子无如兰贤。（史记·郑世家）

(24) 休舍，穿井未通，须士卒尽得水，乃敢饮。军罢，卒尽已度河，乃度。（史记·淮南衡山列传）

(25) 今济西河北尽已役矣，封内散矣。（史记·苏秦列传）

(26) 七国已尽破，封婴为魏其侯。（史记·魏其武安侯列传）

(27) 苏秦欲止之，孟尝曰："人事者，吾已尽知之矣；吾所未

闻者，独鬼事耳。"（战国策·齐策三）

这几例"尽"的语义都前指。例（23）—（25）的"尽"指向施事或当事，与"已"共现，语序为"尽已"；例（26）、例（27）的"尽"指向受事，却选择了"已尽"的线性次序。这一语序和前指受事的"皆"不同，可能是因为总括副词前指受事时，虽然受事成分在主语位置上，但谓语中心词之后仍隐含着这个受事的位置，有时这一位置上用指示代词"之"标注，如例（27）。如此一来，"尽"贴近谓语中心词也是为了靠近它所总括的受事。而前指受事的"皆"不会选择"已皆"的语序，应该还是受"皆已"这种强势语序的影响。

"尽"和"将"共现共4例，都采用"将尽"的语序，① 如：

（28）其母曰："子之于学者，将尽行之乎？……"（战国策·魏策三）

（29）襄公立，将尽去缪氏。缪氏者，杀灵公、子公之族家也。（史记·郑世家）

例（28）"尽"总括"行"的受事"学"，"学"在前一分句，"行"后有"之"复指，例（29）"尽"总括"去"的受事宾语"缪氏"。

(2) "尽"和否定副词

"尽"和否定副词共现居后。我们搜集到"不尽"9例，"不必尽"2例，"弗尽"1例，"无尽"1例，"非尽"7例，"未尽"3例，"未必尽"2例。其中除了4例"非尽"和1例"未必尽"之外，其他"尽"都前指。但"尽"的位置不受语义指向的控制，不论前指或后指，"尽"与否定副词共现时都居后。举例如下：

（30）广之将兵，乏绝之处，见水，士卒不尽饮，广不近水，士

---

① 《荀子·解蔽》有"作之：则将须道者之虚则人，将事道者之壹则尽，尽将思道者静则察"。但这句历来有争议，杨倞注："此义未详，或恐脱误耳。或曰此皆论虚壹而静之功也。作，动也；须，待也；将，行也。当为'须道者虚则将，事道者壹则尽，思道者静则察'。其余字皆衍也。"王引之认为应作"作之：则将须道者之虚，虚则人，将事道者之壹，壹则尽，将思道者之静，静则察"。此处不将其看成"尽将"的用例。

卒不尽食,广不尝食。(史记·李将军列传)

(31) 祭服次,散衣次,凡十有九称,陈衣继之,不必尽用。(仪礼·士丧礼)

(32) 晋侯使司马女叔侯来治杞田,弗尽归也。(左传·襄公二十九年)

(33) 曰:"我王来,既爰宅于兹;重我民,无尽刘。……"(尚书·盘庚)

(34) 赵卒反复,非尽杀之,恐为乱。(史记·白起王翦列传)

(35) 高帝先至平城,步兵未尽到,冒顿纵精兵四十万骑围高帝于白登。(史记·匈奴列传)

(36) 且陛下富于春秋,未必尽通诸事……(史记·蒙恬列传)

"尽"和否定副词共现,只有1例"非尽"处于"NP_1 非尽 NP_2"的格式中:

(37) 孟子自范之齐,望见齐王之子,喟然叹曰:"居移气,养移体,大哉居乎!夫非尽人之子与?"(孟子·尽心上)

余皆出现在"S+否定副词+尽+VP"之中。
我们也发现两例"尽不":

(38) 纣为长夜之饮,惧以失日,问其左右尽不知也,乃使人问箕子,箕子谓其徒曰……(韩非子·说林上)

(39) 百事尽不吉。(史记·龟策列传)

例(38)(39)"尽"都指向施事主语,这里"尽"的用法应该是受"皆"的类推而出现的。

3. "悉"
(1) "悉"和时间副词
和"悉"共现的非关联义时间副词只有"已",共现顺序为"已悉",共搜集到3例:

(40) 弊邑虽小，已悉起之矣。(战国策·韩策一)

(41) 谓韩王曰："不谷国虽小，已悉发之矣。……"(史记·韩世家)

(42) 不谷之国虽小，卒已悉起，愿大国之信意于秦也。(韩非子·十过)

这几例"悉"的语义都前指受事，但往往动词后还会出现复指受事的代词"之"。之所以采用"已悉"的语序，除了有与上文前指受事的"尽"相同的原因外，还因为"悉"出现的典型句法结构是"S+悉+发/起/引/举/兴/出+O"，"悉"总括的是O，"悉"与这些含"出现"义的谓语动词之间不能插入其他成分，受这种强势结构的影响，采用"已悉"这一共现顺序也就合理了。

(2) "悉"和否定副词

我们调查的语料中，"悉"与否定副词共现只有1例"不悉"，见于《史记》：

(43) 冒顿乃作为鸣镝，习勒其骑射，令曰："鸣镝所射而不悉射者，斩之。"(史记·匈奴列传)

(3) "悉"和程度副词

"悉"和程度副词亦只有《史记》1例，共现顺序为"大悉"：

(44) 因大悉起兵，使甘茂击之。(史记·樗里子甘茂列传)

此例"悉"语义后指，总括"起"的对象"兵"，"大"和"悉"在语义上都要求靠后，但这里"悉"居后，可能是作用于"悉"的邻近原则高于要求总括副词居前的辖域原则，也可能如上文所说受"悉起"等强势结构的影响。由于19部文献中仅此1例，不能轻易作出结论。

通过以上对比"皆""尽""悉"和几个次类副词的位置关系，我们发现：

上古汉语总括副词在多项状语中的位置有时和各自的语义指向有关，但不完全遵从语义指向的要求。总括副词"皆"无论前指还是后指都居前;"尽"和时间副词共现,前指施事时居前,前指受事和后指时居后,和否定副词共现,无论前指还是后指都位于否定副词之后;"悉"很少与这几个次类副词共现,共现时"悉"都居后,列表8-1:①

表8-1　"皆""尽""悉"和几个次类副词的共现顺序比较

	时间副词	否定副词	程度副词
皆	40∶2	67∶1	6∶0
尽	3∶6	2∶25	
悉	0∶3	0∶1	0∶1

总的来看,"皆"由于主要用于前指,故依邻近原则在共现中居前;"悉"主要用于后指,故在共现中居后;"尽"兼有前指和后指用法,但前指的"尽"和否定副词共现时,邻近原则不起作用。

前指受事的"皆""尽""悉"跟其他状语共现时,位置也不同。"皆"前指受事,位置和前指施事的"皆"相同,"尽"和"悉"前指受事在共现状语中的位置则和后指时相同。"已尽""将尽""已悉"的使用可以证明这一规律。

杨荣祥(2005)的研究表明:近代汉语程度副词和否定副词一定在总括副词之后。这说明了从上古汉语到近代汉语,总括副词在共现状语中的位置逐渐趋同。

(二)"皆""尽""悉"和介词组的共现顺序

"皆""尽""悉"跟介词组"与~""以~"共现时的位置关系也很复杂,既有"皆/尽/悉+介词组",又有"介词组+皆/尽/悉"。

以下分别考察《史记》中"以~""与~"和这三个总括副词共现的情况。

1. "皆""尽""悉"和"以~"的共现顺序

总括副词"皆"和"以~"共现时一律居前,"皆"的语义多指向主语,主语可能是行为主体,也可能是动作行为的承受者,如:

(45) 初,郑文公有三夫人,宠子五人,皆以罪蚤死。(史记·

---

① 表中":"左边的数字表示总括副词在前的数量统计,右边的数字表示总括副词在后的数量统计。

郑世家）

（46）辛巳，高后崩，遗诏赐诸侯王各千金，将相列侯郎吏皆以秩赐金。（史记·吕太后本纪）

（47）故人所善宾客，仰衣食，弘奉禄皆以（之）给之，家无所余。（史记·平津侯主父列传）

例（45）"皆"总括前一分句宾语"三夫人"和"宠子五人"，语义前指当事，"以"的宾语"罪"是"蚤死"的原因，"以罪"是工具语；例（46）"皆"总括受事主语"将相列侯郎吏"，"以秩"是"赐"的工具语；例（47）"皆"语义前指，总括的是受事主语"奉禄"，同时也是"以"的宾语。

"皆"也有个别后指"以"的宾语的，如：

（48）叔孙通出，皆以五百斤金赐诸生。（史记·刘敬叔孙通列传）

例（48）"皆"语义后指，总括的是"以"的宾语"五百金"。

"尽""悉"和"以～"共现，有"尽/悉+以～"和"以～+尽/悉"两种语序。"尽""悉"在前时，总括的对象是"以"的宾语，如：

（49）始大臣诛吕氏时，朱虚侯功尤大，许尽以赵地王朱虚侯，尽以梁地王东牟侯。（史记·齐悼惠王世家）

（50）悉以李敢等为大校。（史记·卫将军骠骑列传）

（51）故齐别郡尽以（之）王悼惠王子……（史记·齐悼惠王世家）

（52）事无小大，上及太后，下至大臣，愿先生悉以（之）教寡人，无疑寡人也。（史记·范雎蔡泽列传）

以上四例"尽"分别总括"以"的宾语"赵地""梁地""李敢等""故齐别郡""事"，例（49）（50）"以"的宾语是新信息，"尽""悉"后指，例（51）（52）中"以"的宾语在"尽"前出现，"以"后空位，"尽""悉"的语义前指。

"尽"居"以~"后，或前指总括"以"的宾语，或后指总括动词的宾语。前指《史记》只1例，"以"的宾语是谓语中心的受事，见例（53）；后指共3例，"以"的宾语是谓语中心的旁格，见例（54）—（56）：

(53) 二岁，徙代王为淮阳王。以代尽与太原王，号曰代王。（史记·梁孝王世家）

(54) 六卿欲弱公室，乃遂以法尽灭其族……（史记·晋世家）

(55) 是时高帝病甚，人有恶哙党于吕氏，即上一日宫车晏驾，则哙欲以兵尽诛灭戚氏、赵王如意之属。（史记·樊郦滕灌列传）

(56) 宣帝初立，推恩宣德，以本始元年中尽复封燕王旦两子。（史记·三王世家）

"悉"位于"以"后的用法在《史记》中仅1例：

(57) 余以弟子名姓文字悉取《论语》弟子问并次为篇，疑者阙焉。（史记·仲尼弟子列传）

2. "皆""尽"和"与~"的共现顺序

《史记》中未见"悉"和"与~"作状语共现例，"皆""尽"有跟"与~"共现的用法，语序比较复杂。"皆"在"与~"前时语义多前指，总括施事主语。《史记》中3例，列举如下：

(58) 故黯时丞相史皆与黯同列，或尊用过之。（史记·汲郑列传）

(59) 其后岁余，骞所遣使通大夏之属者皆颇与其人俱来，于是西北国始通于汉矣。（史记·大宛列传）

(60) 且太子所与俱诸将，皆尝与上定天下枭将也。（史记·留侯世家）

例（58）、例（59）中"皆"的语义分别指向各自所在句子的主语

"故黯时丞相史"和"骞所遣使通大夏之属者",总括的是整体中的全部成员,由于语义前指,要求与主语靠近,故位于"与~"前;例(60)的"皆"一方面由于语义指向主语"诸将"而要求靠前,一方面由于位于判断句中,其辖域是整个命题而不仅限于"尝与天下定",也就是说,该例的"皆"管辖的是其后的整个谓语部分,这也要求"皆"居于谓语中心的所有其他状语之前。

还有1例"皆+与~"的"皆"后指,总括"与"的宾语:

(61) 布已论输丽山,丽山之徒数十万人,布皆与其徒长豪桀交通,乃率其曹偶,亡之江中为群盗。(史记·黥布列传)

"皆"在"与~"后是最常见的用法,此时"皆"的语义前指,指向包括主语(有时不出现)和"与"的宾语在内的两个行为主体,表示主语和协同的一方共同发出某一动作行为或具有相同的状态特征。如:

(62) 赵盾与诸大夫皆患缪嬴,且畏诛,乃背所迎而立太子夷皋……(史记·晋世家)

"尽"和"与~"共现很少,《史记》仅3例。"尽"无论在"与~"前还是后,语义都后指,居前总括"与"的宾语,居后总括动词的宾语。列举如下:

(63) 其所游诸侯,尽与其贤豪长者相结。(史记·刺客列传)
(64) 而又信巫祝,使人祷祠妄言。建又尽与其姊弟奸。(史记·五宗世家)
(65) 襄子立四年,知伯与赵、韩、魏尽分其范、中行故地。(史记·赵世家)

例(63)(64)"尽"在"与~"前,分别总括"与"的宾语"其贤豪长者"和"其姊弟";例(65)"尽"在"与~"后,总括动词"分"的宾语"其范、中行故地"。

表 8-2 《史记》"皆""尽""悉"和"以~""与~"的共现顺序

介词组 总括副词		与~		以~	
		"与~"前	"与~"后	"以~"前	"以~"后
皆	前指	3	6	37	0
	后指	1	0	3	0
尽	前指	0	0	9	1
	后指	2	1	7	3
悉	前指	0	0	3	1
	后指	0	0	8	0

二 "又""复"在多项状语共现中的位置

虽然我们将上古汉语"又"和"复"归入一个次类,统称加复副词,但实际上二者在来源、用法等方面都有很大差异,在多项状语中的位置也不尽相同。除情态副词和有关联作用的时间副词外,"又"同其他次类副词、介词组以及名词、方位词、时间词、形容词等共现皆居前;相比之下,"复"的位置则更靠后。以下主要以《左传》和《史记》为据,分别观察"又""复"与其他状语共现时的位置,必要时补以他书例。

(一)"又"

除情态副词和有关联作用的时间副词外,"又"跟其他次类副词共现都居前,未见加复副词"亦"和限定副词跟"又"共现例;"又"和介词组以及名词、方位词、时间词、形容词等共现亦居前。[①] 例如:

情态副词→又

(1) 对曰:"吾一妇人,而事二夫,纵弗能死,其又奚言?"(左传·庄公十四年)

又→总括副词

(2) 而高帝时大臣又皆多死,余见无可者,乃以御史大夫嘉为

[①] "又""复"跟名词、方位词、时间词、形容词等共现,除个别形容词能位于"复"前(如"急复")外,其他都在"又""复"之后,此不举例。

丞相，因故邑封为故安侯。(史记·张丞相列传)

(3) 建又尽与其姊弟奸。(史记·五宗世家)

又→时间副词

(4) 若犹未也，又将及难。(左传·僖公二十四年)

(5) 吴太子师傅皆楚人，轻悍，又素骄，博，争道，不恭，皇太子引博局提吴太子，杀之。(史记·吴王濞列传)

"又"和时间副词共现，有时居后，如：

(6) 让其弟公子申为王，不可。又让次弟公子结，亦不可。乃又让次弟公子间，五让，乃后许为王。(史记·楚世家)

除了有关联上文作用的"乃"外，时间副词"将"与"又"共现，个别在"又"前。《左传》有"将又"2例，如：

(7) 于是乎克而弗取，将又存之，违天而长寇雠，后虽悔之，不可食已。(左传·哀公元年)

但同时也有"又将"7例，《史记》"又将"2例，无"将又"。其他时间副词都在"又"后。因此我们将"又"排在时间副词前是没有问题的。

又→否定副词

(8) 且寡人出，伯父无里言。入，又不念寡人，寡人憾焉。(左传·庄公十四年)

(9) 且楚韩非兄弟之国也，又非素约而谋伐秦也。(史记·韩世家)

又→程度副词

(10) 人又益喜，唯恐沛公不为秦王。(史记·高祖本纪)

又→复

《史记》有"又"和"复"共现18例，都是"又"在"复"前，其中1例为"又尽复"，余皆为"又复"，如：

(11) 大王事秦，秦必求宜阳、成皋。今兹效之，明年又复求割地。(史记·苏秦列传)

(12) 河南上富人助贫人者籍，天子见卜式名，识之，曰"是固前而欲输其家半助边"，乃赐式外繇四百人。式又尽复予县官。(史记·平准书)

又→数

(13) 由余数谏不听，缪公又数使人间要由余，由余遂去降秦。(史记·秦本纪)

又→情状副词

(14) 宾出，使拘而杀诸外，牛又强与仲盟，不可。(左传·昭公四年)

"又"和介词组共现也多居前，如：

(15) 我先君庄公奉五父而立之，蔡人杀之。我又与蔡人奉戴厉公，至于庄、宣，皆我之自立。(左传·襄公二十五年)

(16) 于是乎又审之以事。(国语·周语上)

(17) 公又为秦求质子于楚，楚不听，怨结于韩。(史记·韩世家)

(18) 今公又以敝聊之民距全齐之兵，是墨翟之守也。(史记·鲁仲连邹阳列传)

(19) 又使布等先从间道破关下军，遂得入，至咸阳。(史记·

黥布列传)

以上几例与"又"共现的介词组分别表示协同、时间、受益者、凭借和方所，除例（16）表时间的"于是乎"由于同时有关联上文的作用而位于"又"前外，其他介词组都在"又"后。

（二）"复"

较比"又"而言，"复"在多项状语中的位置靠后：各次类副词中，情态、加复副词"亦"、总括、时间、否定副词位于"复"前，程度和情态副词位于"复"后，加复副词"数"位于"复"后；"复"和介词组共现位置不定；和名词、方位词、时间词、形容词等共现亦居前。例如：

情态副词→复

（20）居六年，厉公果复入。（史记·郑世家）

亦→复

（21）大臣及袁盎等有所关说于景帝，窦太后义格，亦遂不复言以梁王为嗣事由此。（史记·梁孝王世家）

总括副词→复

（22）汉王之败彭城，诸侯皆复与楚而背汉。（史记·项羽本纪）
（23）齐田单以即墨击败燕军，骑劫死，燕兵引归，齐悉复得其故城。（史记·燕召公世家）

时间副词→复

（24）对曰："吾侪小人所谓'取诸其怀而与之'也。"乃复封陈。（左传·宣公十一年）
（25）陈，颛顼之族也，岁在鹑火，是以卒灭。陈将如之。今在析木之津，犹将复由。（左传·昭公八年）
（26）然君初入关中，得百姓心，十余年矣，皆附君，常复孳孳

得民和。(史记·萧相国世家)

时间副词偶有居"复"后的,《史记》有"复常"4例,皆见于《樊郦滕灌列传》,构成"常VP……复常VP"格式中,这时"常"在"复"的辖域中,是"复"所重复VP的一部分。例如:

(27)(樊哙)常从,沛公击章邯军濮阳,攻城先登,斩首二十三级,赐爵列大夫。复常从,从攻城阳,先登。(史记·樊郦滕灌列传)

例(27)前有"常从",后面再对这一行为进行重复表达时,便在"常从"前加上"复",形成"复常"的语序。

《史记》又有"复稍""复稍稍"各1例,这是由于"稍"是表渐进的,带有情状义,亦有人将其归入情状副词。另有"复卒"1例,可能是例外。列举如下:

(28)于是匈奴得宽,复稍度河南与中国界于故塞。(史记·匈奴列传)
(29)其后门下乃复稍稍来。(史记·平原君虞卿列传)
(30)齐愍王二十五年,复卒使孟尝君入秦,昭王即以孟尝君为秦相。(史记·孟尝君列传)

否定副词→复

(31)昭帝立时,年五岁耳。卫太子废后,未复立太子。(史记·外戚世家)

复→程度副词

(32)坚壁,留二十八日不行,复益增垒。(史记·廉颇蔺相如列传)

复→加复副词"更""数"

(33) 广出猎，见草中石，以为虎而射之，中石没镞，视之石也。因复更射之，终不能复入石矣。(史记·李将军列传)

(34) 十六年，秦复与赵数击齐，齐人患之。(史记·赵世家)

复→情状副词

(35) 牧杜门不出，固称疾。赵王乃复强起使将兵。(史记·廉颇蔺相如列传)

"复"和介词组共现时的位置比较复杂，要依不同介词组的语义而定，即便是同一介词组与"复"共现，也会因句子表达需要的不同而有不同的分布，详见第三节。

综上，"又""复"在多项状语中的位置有如下区别：

1. 总括副词、时间副词和否定副词跟"又"共现时居后，跟"复"共现居前。尤其是总括副词，无论语义指向如何，都遵循"又+总括副词""总括副词+复"的顺序。在本节所举总括副词和"又""复"共现的各例句中，"皆"的语义前指，"尽""悉"语义后指，根据袁毓林提出的语义上的"接近原则"，"皆"在和其他状语共现时应靠前，"尽""悉"应靠后。但例（2）的"皆"位于"又"之后，例（23）的"悉"位于"复"前，打破了"接近原则"的约束。

2. "又"与介词组共现，除表时间的外，其他介词组都居"又"后；"复"与介词组共现时位置不定。

3. "又""复"共现时，"又"总是在"复"前。

"又""复"在多项状语中的位置之所以不同，也是由它们各自的语义决定的。"又"表累加，同时关联前后两项，因此"又"有关联功能。也就是说，"又"总是表示其所在句子中的某个成分是对前面分句中某个成分的累加，而"又"总是在后项所在的句子，被累加的成分总是在前，因此"又"在多项状语中靠前，能位于其前的状语只有表示情态（管辖全句）和原因（含部分表时间的介词组，有关联上文的作用）两类。而"复"是对整个VP的重复，故要求紧靠VP。

第三节　介词组在多项状语共现中的位置

上古汉语常见的介词组有"与~""以~""为~""于~""自~""从~""由~"等，它们都有一种或几种比较固定的语法意义，其中，"与~""以~"跟其他状语共现时的位置关系比较复杂。本节试图详细描写不同介词组与其他状语的共现顺序，以观察它们所代表的语义类在多项状语共现中的位置。我们穷尽调查了《左传》（前八公）、《国语》《论语》《孟子》和《史记》（下），总结得出介词组与其他状语的若干共现类型，下面按照各介词组与副词和其他介词组共现的顺序，对上古汉语介词组的位置逐一进行描述。介词组与其他形式类状语的共现见第四节。

一　"与~"在多项状语共现中的位置

（一）"与~"和副词的共现顺序

"与~"和副词的共现语序不定，但它们的排序并不是随意的，不同次类副词在和"与~"的共现中有不同的位置。总的来说，情态副词、限定副词和加复副词"亦""又"总是在"与~"前，总括副词、时间副词、否定副词、程度副词、其他加复副词和情状副词的位置不固定，但有内在规律。

1. 情态副词、限定副词和加复副词"亦""又"在"与~"前

在我们搜集到的语料中，跟"与~"共现的情态副词有"请""必""殆""固""谨""顾""乃""何苦""独""奈何"10个；① 限定副词有"唯""独"2个。它们跟"与~"共现时，无一例外地居前，下各举1例：

(1) 巴子使韩服告于楚，请与邓为好。（左传·桓公九年）

(2) 夫人事必将与天地相参，然后乃可以成功。（国语·越语下）

(3) 名誉虽高，宾客虽盛，所由殆与大伯、延陵季子异矣。（史

---

① 上古汉语中，"乃"分属情态和时间两类。

记·张耳陈余列传)

(4) 燕王、赵王固与胡王有约……(史记·吴王濞列传)

(5) 臣谨与列侯吏二千石臣婴等四十三人议……(史记·淮南衡山列传)

(6) 且陛下病甚,大臣震恐,不见臣等计事,顾独与一宦者绝乎?(史记·樊郦滕灌列传)

(7) 吾以义兵从诸侯诛残贼,使刑余罪人击杀项羽,何苦乃与公挑战!(史记·高祖本纪)

(8) 今汉虽乏人,陛下独奈何与刀锯余人载!(史记·袁盎晁错列传)

(9) 然款也不敢爱死,唯与馋人钧是恶也。(国语·晋语二)

(10) 少时家贫,好读书,有田三十亩,独与兄伯居。(史记·陈丞相世家)

关于情态副词的位置,袁毓林(2002)和杨荣祥(2005)已有很好的解释。情态副词不仅在"与~"前,跟其他状语共现时,位置也总是靠前。这是因为情态副词是"句子所表达的基本命题之外的模态性成分","往往表示说话人对于句子所表达的基本命题的总体性态度或评价"[①],换句话说,在修饰谓语中心的各项状语中,情态副词的辖域最广,管辖整个句子,故在共现中总是处于最前。需要注意的是例(8),"独"的位置超越了情态副词,实际上,这里的"独"语义已经发生变化,不再表限定,而是表示一种意外的语气,和"奈何"一样,同属情态范畴。

限定副词和"与~"连用,限定的对象是"与"的宾语,又由于限定的对象总是处于限定副词之后,因此限定副词必定位于"与~"前。如上举例(9)(10)。

加复副词"亦"表示动作行为或性质状态的类同,具有句外关联功能,"与~"属于被饰成分的一部分,因此"亦"跟"与~"连用时居前。例如:

---

① 袁毓林:《多项副词共现的语序原则及其认知解释》,载《语言学论丛》第26辑,商务印书馆2002年版,第313—339页。

(11) 主父偃由此亦与齐有郤。(史记·齐悼惠王世家)

加复副词"又"在语义上表示累加,有句外关联功能,"与~"属于被饰成分的一部分,因此"又"跟"与~"连用时亦居前,已见第二节。

观察情态副词、加复副词"亦""又"跟"与~"的共现用例不难发现,它们和"与~"对谓语中心的修饰不在一个层面上,也就是说,二者共现时,两项状语之间是递加关系,先由"与~"修饰中心语,再由副词修饰"'与~'+中心语"。

2. 总括副词跟"与~"共现时的位置

我们搜集到的跟"与~"共现的总括副词有"咸、俱、皆、尽、多"。"皆""尽"和"与~"的共现顺序已见第二节。"俱"和"咸"一样,跟"与~"共现时语义只能前指,总括的对象包括主语和"与"的宾语,位置固定在后,如：

(12) 大王与项王俱列为诸侯,北乡而臣事之,必以楚为强,可以讬国也。(史记·黥布列传)

(13) 兵即度幕,人马凡五万骑,与骠骑等咸击匈奴单于。(史记·卫将军骠骑列传)

"多"作副词表范围,语义指向其前的主语,位于"与~"前。"多"虽然没有"全部""无例外"义,但表示整体中的大多数成员都有相同的动作行为或状态特征,我们将其并入总括副词。目前我们只见到1例"多"和"与~"共现的情况：

(14) 王子宫室、车马、衣服多与人同……(孟子·尽心上)

结合上节可以得出,总括副词和"与~"共现,依总括副词不同的语义指向而有不同的共现顺序。语义指向"与"的宾语时,总括副词一定居前;语义前指时,若仅指向主语,则位于"与~"前,若同时指向包括主语和"与"的宾语在内的两个行为主体,则位于"与~"后,且中间一般不能插入其他状语。这种复杂的共现顺序下隐藏着一个简单的事实：总括副词总括的对象如果是非单一(双方)行为主体,就必须置于"与

~"后；若在"与~"前，则总括的一定是单一（一方）行为主体，或为主语代表的事物，或为"与~"的宾语代表的事物。①

3. 否定副词跟"与~"共现时的位置

第二章说到，否定副词的内部成员不同质，不同小类否定副词在多项状语中的位置也不尽相同。一般来说，表单纯否定和表对已然的否定的位置比较灵活，表示对判断的否定和表示禁止的则须靠前。5 种语料中和"与~"连用的否定副词有"不""弗""无""勿"四个，"不""弗"表单纯否定，"无""勿"表示禁止。它们都有前置用例：

(15) 所不与舅氏同心者，有如河水。（国语·晋语四）
(16) 骂富人，弗与（之）通。诸公闻之，皆多袁盎。（史记·袁盎晁错列传）
(17) 楚人上左，君必左，无与王遇。（左传·桓公八年）
(18) 足下深沟高垒，坚营勿与（之）战。（史记·淮阴侯列传）

后置的只有"不"：

(19) 百姓足，君孰与不足？（论语·颜渊）
(20) 如使口之于味也，其性与人殊，若犬马之与我不同类也。（孟子·告子上）

"不"的辖域可宽可窄，这一点时贤多有论述，因此它才表现出分布上的灵活性；而表示禁止的否定副词则带有祈使语气，特征和功能与表祈使的情态副词相当；5 种语料中未见表示对判断的否定的"非"跟"与~"连用的用例，但"非"跟用于判断句的"皆"一样，由于否定的是整个命题，故若有连用，"非"需靠前。

4. 时间副词、加复副词"复""数"、情状副词同"与~"共现时的

---

① 这里的"单一"和"非单一"与单复概念不同，此处是指句法成分而言。"单一行为主体"指仅由主语表示的行为主体，主语可以是单数概念，如例（12）"大王"，也可以是复数概念词，如"故黯时丞相史皆与黯同列"（史记·汲郑列传）中的"丞相史"；"非单一行为主体"指由主语和"与"的宾语共同表示的两方行为主体，"主语+'与~'"一定是非单数概念。

位置

这几个次类的副词和"与~"的共现顺序不定，然而依然能发现其中的规律，以下条析之。

（1）时间副词

5种语料中跟"与~"共现的时间副词有"尝、因、乃、遂、将、卒、既、新、始、先、初、常、即、方、姑、且、故、素、时、已、竟、时时、倾之"。多数时间副词和"与~"共现时居前，但也有些时间副词居前和居后的情况都有，未见只能居后的时间副词，现将跟"与~"连用时前后置用法都存在的时间副词对比列举如下，它们分别是"先""将""始""因""遂""且"：①

（21）a. 吴王既会，越闻愈章，恐齐、宋之为己害也，乃命王孙雒先与勇获帅徒师，以为过宾于宋，以焚其北郭焉而过之。（国语·吴语）

b. 厉公田，与妇人先杀而饮酒，后使大夫杀。（左传·成公十七年）

（22）a. 将民之与处而离之。（国语·周语下）

b. 郑也与客将行事……（国语·晋语三）

（23）a. 齐人多诈而无情实，始与臣等建此议，今皆倍之，不忠。（史记·平津侯主父列传）

b. 愿得诸侯与（之）始升焉，诸侯皆距，无有至者。（国语·楚语上）

（24）a. 沛公引兵西，遇彭越昌邑，因与（之）俱攻秦军，战不利。（史记·高祖本纪）

b. 齐王与魏勃等因留琅邪王，而使祝午尽发琅邪国而并将其兵。（史记·齐悼惠王世家）

（25）a. 汉王闻之，愈益幸平。遂与（之）东伐项王。（史记·陈丞相世家）

b. 初，吴王之度淮，与楚王遂西败棘壁，乘胜前，锐甚。

---

① 5种语料中未见时间副词"且"位于"与~"后的用例，例（27）b引自《战国策》。又加《经》《传》中《桓公十八年》两例对比。

(史记·吴王濞列传)

(26) a. 十八年春，公将有行，遂与姜氏如齐。(左传·桓公十八年)

b. 公与夫人姜氏遂如齐。(春秋·桓公十八年)

(27) a. 今如此不取，恐为大害，非独楼船，又且与朝鲜共灭吾军。(史记·朝鲜列传)

b. 寡人固与韩且绝矣。(战国策·燕策二)

仔细观察后不难发现，这种位置上的变动不是随意的，时间副词和"与~"的不同位置关系表达不同的语义，总的来说，体现为陈述单一行为主体和陈述非单一行为主体的区别。时间副词首先是表示事件的时间意义，在和"与~"共现时，涉及事件的参与主体是独立主体还是非独立主体（包括协同者）。当时间副词位于"与~"前时，把一个或多个动作行为的发出者限定在主语上，行为主体是单一的，时间概念也仅关联主语，强调相对于时间副词后的所有动作行为而言，主语都是发出者，而"与"的宾语未必是全部动作行为的发出者，或者说话人不关心。例（22）（23）突出体现这一差别："将""始"在前时，"与"的宾语仅参与了前一项行为（"处""建议"），而未参与后一项（"离之""倍之"）。时间副词位于"与~"后时，行为的发出者是包括"与"的宾语在内的非单一主体，时间概念同时关联二者，这时的"与"有点接近连词。

(2) 加复副词"复""数"

"复""数"都既能出现在"与~"（或"及~"）前，又能出现在其后，皆见于《史记》。试比较：

(28) a. 十一年春，故韩王信复与胡骑入居参合，距汉。(史记·韩信卢绾列传)

b. （卢绾、刘贾）与彭越复击破楚军燕郭西，遂复下梁地十余城。(史记·高祖本纪)

(29) a. 开章之淮南见长，长数与（之）坐语饮食，为家室娶妇，以二千石俸奉之。(史记·淮南衡山列传)

b. 十六年,秦复与赵数击齐,齐人患之。(史记·赵世家)①

它们跟"与~"的不同位置关系也体现了所在句子语义的差异。"复""数"和"与~"的语序规律类同前述时间副词的陈述单一行为主体或非单一行为主体的区别。例(28)b 需单独交代:所重复动作行为的共有主体不是"主语+'与~'",而是"与"的宾语。上文有"彭越大破楚军",此处又有"复击破楚军","与"的宾语"彭越"是两次"破楚军"行为的共同主体,"与"前主语却没有参与前一次"破楚军"的行为。不过,也有可能存在另外一种情况,即"复"前的两个行为主体都是所重复的动作行为的发出者,尽管我们暂时还未发现这样的用例。

(3) 情状副词

通常人们认为情状副词与谓语中心词距离最近,实际上上古汉语情状副词和否定副词一样,内部成员不同质,不同小类的成员在多项状语共现中的位置也不尽相同。上古汉语跟"与~"共现的情状副词内部按句法位置的不同大致可分三类,第一类为"共""同""偕""合"等,这些副词有"涵盖所有行为主体"的语义特征,与总括副词类似,黄河(1990)将其从情状副词中独立,称"协同"副词,我们不妨称其为"共"类副词。当它们和"与~"共现时,一般在"与~"后,并紧挨"与~",中间不能插入其他状语,如:

(30) 可与(之)共学,未可与适道。(论语·子罕)
(31) 此无他,不与民同乐也。(孟子·梁惠王下)
(32) 古之人与民偕乐,故能乐也。(孟子·梁惠王上)
(33) 婴留荥阳弗击,与诸侯合谋以诛吕氏。(史记·孝文本纪)

如"与~"后同时出现"共"类情状副词和其他状语,则依照"'与~'+'共'类副词+其他状语"的顺序,如:

(34) 乃相与共阴使人召代王。(史记·吕太后本纪)

---

① 此例引自《史记》(上)。

"共"类副词在极个别情况下亦有居"与~"前的,目前只见到一例:

(35) 废少帝,共与大臣尊立孝文帝。(史记·齐悼惠王世家)

第二类为"相","相"特有的指代性使得它在多项状语共现中有固定的位置,一个谓语中心词前无论有多少项不同类的状语,"相"都紧靠中心语("相与"之"相"除外),且动词后不能再带受事宾语。吕叔湘先生在《"相"字偏指释例》中有精到的论述:"用此相字则宾语可以从略,且非从略不可。由此点观之,此相字不得不谓为具有一种指代作用,而此种指代作用则寻常皆以代词行之者也。(如《庄子·人世间》:'凡交,近则必相靡以信,远则必忠之以言',即以相与之为互文。)苟以此相字列于副词,则应定为代词性副词(pronominal adverb),若不拘动词前后之形式限制,则亦得径视为一种代词也。"①

"相"和"与~"共现的例子很多,此举一例:

(36) 沛公军霸上,未得与项羽相见。(史记·项羽本纪)

情状副词内部最后一小类便是"私""阴""间""寝""盗""肆""强"等描摹动作行为的情状方式的,我们称为"私"类副词。这些副词跟"与~"共现时位置灵活,5种语料中我们发现有"间""阴""私"三个副词既有置于"与~"前、又有置于其后的用法,皆出于《史记》。试比较:

(37) a. 齐初围急,阴与三国通谋。(史记·齐悼惠王世家)
   b. 陈豨降将言豨反时,燕王卢绾使人之豨所,与(之)阴谋。(史记·高祖本纪)
(38) a. 李太后亦私与食官长及郎中尹霸等士通乱……(史记·梁孝王世家)

---

① 吕叔湘:《"相"字偏指释例》,载《汉语语法论文集》(增订本),商务印书馆2002年版,第103—115页。

b. 左将军心意楼船前有失军罪，今与朝鲜私善而又不降，疑其有反计，未敢发。(史记·朝鲜列传)

(39) a. 出入十余年，乃呼扁鹊私坐，间与（之）语曰："我有禁方，年老，欲传与公，公毋泄。"(史记·扁鹊仓公列传)

b. 是时九江王布与龙且战，不胜，与随何间行归汉。(史记·高祖本纪)

从例（30）—（39）可以看出，无条件紧靠谓语中心的情状副词只有"相"；"共"类副词虽在"与~"后，但相比中心语而言，它们和"主语+'与~'"在语义上的距离更近；"私"类副词则前后都有。"私"类副词在情状副词中虚化程度最低，语义较其他情状副词更为实在，用于修饰谓语中心词，表示动作行为的情状方式，具有一定的描摹性，也有人干脆将现代汉语中这类意义的副词称"描摹性副词"（张谊生，2000）。当"私"类副词位于"与~"前时，描摹的是主语的情状，此时动作行为的主体限定在主语上，是单一的；位于"与~"后，描摹的是包括主语和"与"的宾语在内的两个行为主体，是非单一的。

5. 程度副词跟"与~"共现时的位置

程度副词语义上跟动作行为的主体无关，语义仅指向谓语。我们搜集到的和"与~"共现的程度副词有"颇""大"两个，"颇"都位于"与~"前：

(40) 韩生推诗之意而为内外传数万言，其语颇与齐鲁间殊，然其归一也。(史记·儒林列传)

(41) 多奇物，土著，颇与中国同业……(史记·大宛列传)

(42) 其后岁余，骞所遣使通大夏之属者皆颇与其人俱来，于是西北国始通于汉矣。(史记·大宛列传)

"大"居前的有 4 例：

(43) 绛侯得释，盎颇有力。绛侯乃大与盎结交。(史记·袁盎晁错列传)

(44) 及出为侯，大与汤交，遍见汤贵人。(史记·酷吏列传)

（45）身毒在大夏东南可数千里。其俗土著，大与大夏同，而卑湿暑热云。(史记·大宛列传)

（46）上谷至辽东，地踔远，人民希，数被寇，大与赵、代俗相类。(史记·货殖列传)

也有两例位于"与~"后，皆见于《史记·大宛列传》：

（47）康居在大宛西北可二千里，行国，与月氏大同俗。(史记·大宛列传)

（48）九疑、苍梧以南至儋耳者，与江南大同俗，而扬越多焉。(史记·大宛列传)

综上，副词和"与~"共现时，情态副词、限定副词和加复副词"亦""又"的位置固定，总是居前；时间副词、其他加复副词和情状副词中的"私"类副词位置不定，所处的不同位置体现了句子语义上的差别——陈述单一行为主体或陈述非单一行为主体。总括副词依自身语义指向的不同而有不同的位置，而在语义指向的动因下形成的不同语序实际上也有陈述单一行为主体或陈述非单一行为主体的区别，总括副词在"与~"前，无论其语义前指还是后指都只陈述单一的行为主体，只不过前指时陈述的是主语，后指时陈述的是"与"的宾语，陈述"与"的宾语时，总括副词语义所指向的成分必定是集体名词；总括副词在"与~"后，或前指"主语+'与~'"，此时陈述的是两个主体，或后指动词的宾语，此时动词宾语是复数概念。

第六章将"与~"按所修饰 V 的不同分为两类，一类句子的主语和"与"的宾语在语义上是主从关系，"与~"表伴随；一类二者是平等或对立的关系，"与~"修饰的谓语中心为"交互"动词，"与~"表交互对象。不同语义的"与~"在与副词共现时的位置也不同，如下：

$$\frac{(S)}{1} \quad \frac{2}{} \quad \frac{"与~"}{3} \quad 4 \quad \frac{VP}{5}$$

在包含主语、"与~"和谓语中心的线性序列上，若"与~"表伴随，则 2 和 4 都是副词可出现的位置；若表交互对象，则副词的优选位置是 2。

(二)"与~"和其他介词组的共现顺序

不同介词组在谓语中心词前的共现顺序较为简单,多依据各自的语义特征排序。前述上古汉语常用的介词组都有跟"与~"共现的用例,其中只位于"与~"前的有"为~""于~""由~""自~"几个介词组,"为~""自~"各仅一见,"于~""由~"各两见,全部列举如下:

(49) 何为纷纷然与百工交易?(孟子·滕文公上)
(50) 妹喜有宠,于是乎与伊尹比而亡夏。(国语·晋语一)
(51) 于是与平剖符,世世勿绝,为户牖侯。(史记·陈丞相世家)
(52) 主父偃由此亦与齐有郄。(史记·齐悼惠王世家)
(53) 上令公卿列侯宗室集议,莫敢难,独窦婴争之,由此与错有郄。(史记·袁盎晁错列传)
(54) 圉人荦自墙外与之戏。(左传·庄公三十二年)

例(49)"何为"表原因,表原因的状语关联整个谓语代表的事件,辖域较其他状语大,故居前;例(50)—(53)的"于是""由此"兼表时间和原因,同时照应前面的句子,功能相当于关联义副词,这类状语在多项状语中总是居于最前;例(54)的"自~"表处所,指主语所发出动作行为的所在。

既有居"与~"前,又有居其后用法的有"以~""从~"两个介词组:①

(55) (周昌)以六年中与萧、曹等俱封:封周昌为汾阴侯;周苛子周成以父死事,封为高景侯。(史记·张丞相列传)
(56) 而以中国之师与我战。(国语·吴语)
(57) 城阳景王章,齐悼惠王子,以朱虚侯与大臣共诛诸吕。(史记·齐悼惠王世家)

---

① 另有"用""因"词组跟"与~"共现各1例:穆王之后二百有余年,周幽王用宠姬褒姒之故,与申侯有郄(史记·匈奴列传);易牙入,与寺人貂因内宠以杀群吏(左传·僖公十七年)。这两个介词组的语义和表凭借的"以"词组相同,表动作行为的凭借,其和"与"词组的位置关系同于"以"词组和"与"词组的位置关系。

(58) 武帝建元年中，与丞相绾俱以过免。(史记·万石张叔列传)

(59) 程不识故与李广俱以边太守将军屯。(史记·李将军列传)

(60) 朱虚侯欲从中与大臣为应。(史记·吕太后本纪)

(61) 汉王亦与数十骑从城西门出，走成皋。(史记·项羽本纪)

"以~""从~"相对于"与~"的位置不是随意的，同前述位置不固定的几类副词一样，这两个介词组在前或在后有陈述单一行为主体或非单一行为主体的区别。先看"以~"：例（55）的"以~"表时间，可后置，后置语义似无变化，但突出主语的作用消失了；例(56) —（59）的"以~"表凭借，表凭借的"以~"位于谓语中心词前时并未彻底虚化，尚有动词性，尤其是例（56），"以"有"带领"义，动词性更强。"以~"位于"与~"前时，表示行为主体（单一的，作主语）凭借某种条件或采用某种方式实施动作行为，这种条件或方式仅与主语相关，和"与"的宾语没有关系，"以~"不能后移至"与~"后，如例（56）（57）；"以~"在"与~"后时，表示包括主语和"与"的宾语在内的两个行为主体共同凭借某种条件或采用某种方式实施动作行为，这时的"以~"同时与这两个主体相关联，"与"的宾语参与全部动作行为，如例（58）（59）。按"与~"在句中的语义看，"与"表伴随时，"以~"的位置有前有后，但不是随意的，要看"以~"与几个主体相关联；"与~"表交互对象时，"以~"只能进入"与~"前的位置。"从~"除了在句中有陈述单一行为主体和非单一行为主体的区别外，处于不同位置时自身的语义也不一样：例（60）"与~"前的"从~"表动作行为的起点，例（61）"与~"后的"从~"表动作行为所经由的路径，根据时间顺序原则，起点和路径共现，总是起点在前。①

（三）小结

综上所述，"与~"在多项状语中的位置较为靠后。当它和副词共现时，情态副词、限定副词和加复副词"亦""又"总是居其前，情状副词中的"共"类副词一般居"与~"后，"相"则总是在后。当和其他介词

---

① 参见周小兵《表示限定的"只"和"就"》，载《第三届国际汉语教学讨论会论文选》，北京语言学院出版社 1991 年版，第 579—586 页。

组共现时,"为~""于~""由~""自~"几个介词组总是居其前,未见总是在"与~"后的介词组。副词中的总括、时间、加复(除"亦""又")和"私"类情状副词,以及介词组中的"以~""从~"相对于"与~"的位置关系较为复杂,它们所处的不同位置体现了事件的参与者是单一行为主体还是非单一行为主体的差异。"与~"在句中依谓语中心词的不同被临时赋予表伴随或表交互对象两种语义,表伴随时,副词和介词组占据"与~"前后两种可能的位置,而表交互对象时,无论与其共现的副词或介词组表何种语义,优选位置都是"与~"前。

二 "以~"在多项状语共现中的位置

第六章说到,"以~"所表达的语义有凭借和时间两种,其中表凭借是"以~"最主要的用法。故下文将先观察和归纳表凭借的"以~"(以下简称"以$_1$~")在多项状语共现中的位置,随后再交代表时间的"以~"(以下简称"以$_2$~")的位置。

(一)"以$_1$~"与副词的共现顺序

"以$_1$~"在状语位置上跟副词共现时,位置亦不固定,有"副词+'以$_1$~'"和"'以$_1$~'+副词"两种格局。总言之,情态副词、限定副词和加复副词"亦""又"的位置总是在"以$_1$~"前,而总括、时间、程度、否定、其他加复副词、情状副词跟"以$_1$~"共现,各类副词内部成员也呈现出不一致的语序表现。

1. 情态副词、限定副词和加复副词"亦""又"在"以$_1$~"前

5 种语料中搜集到的与"以$_1$~"共现作状语的情态副词有"其、必、请、盍、奈何、岂、诚、谨、几、幸",除"几"和"幸"外,都位于"以$_1$~"前,下各举 1 例:

(1) 天其以礼悔祸于许。(左传·隐公十一年)
(2) 旧令尹之政,必以(之)告新令尹。(论语·公冶长)
(3) 请无以辞却之,以心却之。(孟子·万章下)
(4) 今国病矣,盍以名器请籴于齐!(国语·鲁语上)
(5) 太公曰:"帝,人主也,奈何以我乱天下法!"(史记·高祖本纪)
(6) 今吾三族皆以论死,岂以王易吾亲哉!(史记·张耳陈余

列传)

（7）今诚以吾众诈自称公子扶苏、项燕，为天下唱，宜多应者。（史记·陈涉世家）

（8）臣谨以便宜，持节发河南仓粟以振贫民。（史记·汲郑列传)

情态副词的性质及其在多项状语中的位置已见前文对"与~"的分析，"几""幸"跟"以₁~"共现的用例各1见，位于"以₁~"后，皆出于《史记》：

（9）方以吕氏故几乱天下，今又立齐王，是欲复为吕氏也。（史记·齐悼惠王世家）

（10）臣以肺腑幸得待罪，固非其任，魏其言皆是。（史记·魏其武安侯列传）

情态副词"几"和"幸"在这两例中的位置靠后，同与其共现的"以₁~"含有"原因"义有关。第三章讨论上古汉语名词状语时已指出，名词作状语表"凭借"中有一类便是表示动作行为产生或存在的原因，"以₁~"亦可分出表原因的小类。表原因的"以₁~"形式上可分为有标记和无标记两种，前者用"以……故"表达，后者在形式上则与其他"以₁~"并无二致，需要在具体语境中辨析。例（9）（10）"以₁~"中，"以吕氏故"是有标记的原因状语，是"乱天下"的原因；"以肺腑"是无标记的，指"肺腑"是主语"臣"实现"得待罪"这一状态的原因。在概念域里，原因是事件（或命题）得以成立的前提条件，反映在线性话语结构上，表现为原因在前，事件在后，① 这样使得原因状语有机会位于句首。同时"几""幸"表达一种评注性语气，辖域不如管辖全句的表推测、疑问、祈使等语气的情态副词那样大，故在与原因状语共现时可居后。

---

① 原因在前、事件在后是依据时间顺序原则得出的常态语序，也有原因位于事件后的，此时是为凸显语用上的焦点而将表原因的部分后置，时间顺序原则在语用作用力的干扰下失去效力。

加复副词"亦""又"跟"以$_1$~"共现的用例多见,皆位于"以$_1$~"前,这是"亦""又"的语义特征决定的,已见前文的分析,下为"亦""又"和"以$_1$~"共现例:

(11) 君以此始,亦必以(此)终。(左传·宣公十二年)
(12) 其既不能导,又以不正之法罪之,是反害于民为暴者也。(史记·孝文本纪)

和"以$_1$~"共现的限定副词有"独、徒、特、专",居"以$_1$~"前,如:

(13) 且诸君独以身随我,多者两三人。(史记·萧相国世家)
(14) 此两人非有材能,徒以婉佞贵幸,与上卧起,公卿皆因关说。(史记·佞幸列传)
(15) 王王赵,非楚意,特以计贺王。(史记·张耳陈余列传)
(16) 专以射为戏,竟死。(史记·李将军列传)

2. 总括副词跟"以$_1$~"共现时的位置

5种语料中搜集到的和"以$_1$~"共现的总括副词有"皆、俱、尽、悉、多"。"皆""尽""悉"的位置已见第二节,"俱"和"多"的语义只指向行为主体,居"以$_1$~"前,如:

(17) 武帝建元年中,与丞相绾俱以过免。(史记·万石张叔列传)
(18) 治数岁,其吏多以权富。(史记·酷吏列传)

3. 否定副词跟"以$_1$~"共现时的位置

5种语料中跟"以$_1$~"共现的否定副词有"不、无、未、弗、匪、非、毋"7个:"不"表示单纯否定,跟"以$_1$~"共现时的位置可前可后;"无"和"弗"表示单纯否定,①与"以$_1$~"共现各只见1例,后

---

① "无"还有表示对已然的否定的用法,见第二章。

置;"未"表示对已然的否定,只见后置用例;"匪""非"表示判断,"毋""无"表示禁止,均只能前置,因为判断和情态(祈使)的辖域是其后整个谓语部分所表达的命题。否定副词跟"以$_1$~"共现的前置用例如下:

(19) 富与贵,是人之所欲也;不以其道得之,不处也。……不以其道得之,不去也。(论语·里仁)
(20) 使我两君匪以玉帛相见,而以兴戎(相见)。(左传·僖公十五年)
(21) 岂非以势利交哉?(史记·张耳陈余列传)
(22) 请无以辞却之,以心却之。(孟子·万章下)
(23) 负诫其孙曰:"毋以贫故,事人不谨。事兄伯如事父,事嫂如母。"(史记·陈丞相世家)

后置用例如:

(24) 而以他辞无受,不可乎?(孟子·万章下)
(25) 阳樊怀我王德,是以未从于晋。(国语·周语中)
(26) 夫以吴越之众不能成功者何?(史记·淮南衡山列传)
(27) 滇王始首善,以故弗诛。(史记·西南夷列传)

4. 时间副词、加复副词"复""数"、情状副词跟"以$_1$~"共现时的位置

(1) 时间副词

时间副词跟"以$_1$~"共现,一般处于"以$_1$~"前,根据我们的调查,5种语料中与"以$_1$~"共现并居前的时间副词有"乃、因、辄、即、遂、将、已、既、常(尝)、方、终、竟、卒、姑、且、犹、稍",以《史记》用例为最多,以下依次各举1例:

(28) 上曰:"吾知之矣。"乃各以千金购黄、臣等。(史记·韩信卢绾列传)
(29) 会项伯欲活张良,夜往见良,因以文谕项羽,项羽乃止。

(史记·高祖本纪)

(30) 即不及奏上，辄以便宜施行，上来以闻。(史记·萧相国世家)

(31) 汉定，伏生求其书，亡数十篇，独得二十九篇，即以(之)教于齐鲁之间。(史记·儒林列传)

(32) 及生，有文在其手曰"友"，遂以(之)命之。(左传·闵公二年)

(33) 王怒，将以狄伐郑。(国语·周语中)

(34) 是时章邯已以军降项羽于赵矣。(史记·高祖本纪)

(35) 陈平既多以金纵反间于楚军……(史记·陈丞相世家)

(36) 常以护军中尉从定燕王臧荼。(史记·陈丞相世家)(按："常"通"尝"。)

(37) 张汤方以更定律令为廷尉，黯数质责汤于上前，曰……(史记·汲郑列传)

(38) 治天下终不以私乱公。(史记·韩长孺列传)

(39) 陆生竟以寿终。(史记·郦生陆贾列传)

(40) 孝景时，晁错以刻深颇用术辅其资，而七国之乱，发怒于错，错卒以(之)被戮。(史记·酷吏列传)

(41) 盍姑以违蛮夷为耻乎。(国语·晋语六)

(42) 且以少长先立武臣为王，以持赵心。(史记·张耳陈余列传)

(43) 大夫为政，犹以众克。(左传·成公二年)

(44) 因稍以法诛秦所置长吏，以其党为假守。(史记·南越列传)

(45) 常以身翼蔽沛公，庄不得击。(史记·项羽本纪)

"乃、因、辄、即、遂"用于顺承上文，多用于句首，是关联上下两个句子的中间项，具有语篇联接功能，相对于谓语中心来说，这一小类时间副词是外围状语，而"以$_1$"引介的宾语是谓语动词所代表动作行为的工具论元，属于谓语的核心成分，在线性语序上，这些时间副词在"以$_1$~"前。"将"是表未然的时间副词，"已""既""常（尝）"表已然，对其后面的谓语部分所代表的事件是否已实现作出判断，通常出现在主语（有时隐含）后的位置，其前除了情态、关联等外围成分和部分总括副词、否定副词外，一般不再出现其他成分；"以$_1$~"属于待判断事件的内部成分，在这几个副词的辖域内。"方"用于认定事件处于初始阶段，"终、竟、卒"表事件最终的实现，"姑""且"表示一种权宜，这些时间副词跟现代汉语的"终于"一样，多多少少都包含着说话者的主观态度，带有情态的特征，① 故和"以$_1$~"共现时居前。"犹""稍""常"跟"以$_1$~"共现，在没有其他因素介入的情况下也应居前。

上述跟"以$_1$~"共现的时间副词中，"即、遂、犹、稍、常"又有居后的情况，皆见于《史记》，全部列举如下：

(46) 大臣固争之，莫能得；上以留侯策即止。(史记·张丞相列传)

(47) 尹齐者，东郡茌平人。以刀笔稍迁至御史。(史记·酷吏列传)

(48) 王实不病，汉系治使者数辈，以故遂称病。(史记·吴王濞列传)

(49) 左将军……诛成巳，以故遂定朝鲜，为四郡。(史记·朝鲜列传)

(50) 宪王病甚，诸幸姬常侍病，故王后亦以妒媢不常侍病，辄归舍。(史记·五宗世家)

(51) 宦者赵同以数幸，常害袁盎，袁盎患之。(史记·袁盎晁错列传)

(52) 上以亲故，常宽赦之。(史记·淮南衡山列传)

(53) 夫曾参以布衣犹难之，今陛下亲以王者修之，过曾参孝远矣。(史记·袁盎晁错列传)

这些时间副词的后置用法都是可以解释的。例(46)(47)的"即"和"稍"后置是由于时间副词在不同的位置上凸显不同的语义特征。②

---

① 参见袁毓林《多项副词共现的语序原则及其认知解释》，载《语言学论丛》第 26 辑，商务印书馆 2002 年版，第 313—339 页。

② 同上。

"即"本来是带有关联作用的时间副词,位于"以$_1$~"后时失去关联作用,同时凸显出情状副词的特征,有"立即""马上"的意思,辖域也随之变小,仅修饰谓语中心词。"稍"表渐进,这里用于"以$_1$~"后,由单纯表时间变为带有情状义的副词,强调"迁至御史"的过程是渐进而不是突变的。例(48)—(52)"遂"和"常"后置的原因是与之共现的"以$_1$~"含"原因"义。前文讨论情态副词和"以$_1$~"的位置关系时指出,原因状语的位置总是靠前,故"遂""常"在共现中后置,其中"遂"后置仍然带有关联作用。例(53)"犹"的用例有些特殊:"犹"前的"以$_1$~"在这里虽然也是作为谓语中心词的工具语出现,但由于"以"引介的是主语"曾参"的身份,语义上和主语更靠近,这样一来,虽然"以布衣"和"犹"在句法上都是谓语中心词"难"的状语,但语义上所修饰对象不同,"以"的宾语"布衣"在语义上要求靠近主语,便造成"犹"后置的现象。

另有"先、后、始、尚"仅见后置于"以$_1$~"的用法,如:

(54)鲁人以莒人先济,诸侯从之。(国语·鲁语下)
(55)且以少长先立武臣为王,以持赵心。(史记·张耳陈余列传)
(56)宗正以亲故,先入见,谕吴王使拜受诏。(史记·吴王濞列传)
(57)张负既见之丧所,独视伟平,平亦以故后去。(史记·陈丞相世家)
(58)以是始赏,天启之矣。(左传·闵公元年)
(59)夫以一赵尚易燕,况以两贤王左提右挈,而责杀王之罪,灭燕易矣。(史记·张耳陈余列传)

这些用例也可以解释。例(54)的"先"语义指向包括主语"鲁人"和"以"的宾语"莒人"在内的两个行为主体,故后于二者;例(55)的"先"位于"以$_1$~"后,或为凸显情状的语义特征;例(56)—(58)的"先""后""始"由于和带原因义的"以$_1$~"共现而后置;例(59)"尚"后置则是因为与之共现的"以$_1$~"不是工具语而是句首话题,义为"(仅仅)一个赵国尚且轻视燕国",句首话题不在时间副词的辖域内，故"尚"居后。

总之，时间副词跟"以₁~"共现，多位于"以"前，"以₁~"充当谓语中心词所代表的动作行为或性质状态的工具语，要求靠近谓语中心，在时间副词的辖域内。时间副词居后是由于介入了其他因素，或为"以₁~"的性质有所变化，成为原因状语甚至话题，或为邻近原则干预下的语序调整，另外还有个别副词在靠近谓语中心词的位置上凸显出情状副词的语义特征，辖域也随之变小，从而位于"以₁~"后。

（2）加复副词"复""数"

跟"以₁~"共现的加复副词除上文"亦""又"外，还有"复"和"数"，表示同类动作行为的重复或频数，修饰其后整个被饰成分，"以₁~"修饰谓语中心词，共现时在加复副词的辖域内，居其后。例如：

（60）已而冒顿以鸣镝自射其善马，左右或不敢射者，冒顿立斩不射善马者。居顷之，复以鸣镝自射其爱妻，左右或颇恐，不敢射，冒顿又复斩之。（史记·匈奴列传）

（61）后十四岁，以因杅将军筑受降城。七岁，复以因杅将军再出击匈奴……（史记·卫将军骠骑列传）

（62）高祖为布衣时，何数以吏事护高祖。（史记·萧相国世家）

例（60）"以鸣镝自射"共出现两次，第二次出现时前面用"复"修饰，标识重复的行为。有趣的是例（61），"复"修饰的谓语部分中，工具语"以因杅将军"在上文出现过，而谓语动词却是新信息。重复进行的不是"出击匈奴"的行为，而是发出这一行为所凭借的"因杅将军"这一身份。例（62）"数"后的"以₁~"则未在上文出现，加"数"表示同一动作行为的反复多次。

5种语料中"复"跟"以₁~"共现10见，"数"跟"以₁~"共现8见，除"复"有1例出自《国语》外，其余皆见于《史记》。这些用例中，"复"在前有8例，"数"在前有5例，另有2例"复"、3例"数"跟"以₁~"共现时居后：

（63）其父子、昆弟不相能，夫概王作乱，是以复归于吴。（国语·吴语）

(64) 孝文帝元年，尽以高后时所割齐之城阳、琅邪、济南郡复与齐。（史记·齐悼惠王世家）

(65) 吕媭常以前陈平为高帝谋执樊哙，数谗曰……（史记·陈丞相世家）

(66) 无采及中兄孝少失母，附王后，王后以计爱之，与共毁太子，王以故数击笞太子。（史记·淮南衡山列传）

(67) 陛下以岁时汉所余彼所鲜数问遗，因使辩士风谕以礼节。（史记·刘敬叔孙通列传）

例（63）"复"后置是由于"以$_1$~"属原因小类；例（65）（66）"数"后置也是由于"以$_1$~"表原因；例（67）"数"或为凸显情状的语义特征，强调"问遗"的频繁；例（64）"复"在"以$_1$~"后，是因为"复"的语义与单纯的重复义副词不同，带有"返还"义（可参看第七章第三节）。《史记·齐悼惠王世家》篇首交代了割地的背景：孝惠帝二年，齐王主动献出城阳郡，哀王元年和哀王八年，吕后又先后割济南、琅邪二郡。孝文帝即位后，将之前吕后所割之地悉数还与齐国。三个城郡本来就属于齐国，此时失而复得，故用"复"来表示，而不是重复发生"以城阳、琅邪、济南郡与齐"的行为。

(3) 情状副词

跟"以$_1$~"共现的情状副词同样可以分为三类：一是具有指代主语作用的"亲、各、自"，语义指向主语，居"以$_1$~"前；二是指代性副词"相"，指代宾语，居"以$_1$~"后；三是"私、阴、别、趣、径、横、强"，表示动作行为的情状方式，一般位于"以$_1$~"后，不过它们同时具有描摹主语情状的作用，当需要凸显主语的状貌时，则居"以$_1$~"前。各小类情状副词跟"以$_1$~"共现例如下：

(68) 民乃携贰，各以利退。（国语·周语中）

(69) 孝文帝立，以为太尉勃亲以兵诛吕氏，功多；陈平欲让勃尊位，乃谢病。（史记·陈丞相世家）

(70) 然今范阳少年亦方杀其令，自以城距君。（史记·张耳陈余列传）

(71) 且秦以任刀笔之吏，吏争以亟疾苛察相高，然其敝徒文具

耳，无恻隐之实。(史记·张释之冯唐列传)

(72) 我以货私免，是我会吾私也。(国语·鲁语下)

(73) 觉而之渐台，以梦中阴目求推者郎，即见邓通，其衣后穿，梦中所见也。(史记·佞幸列传)

(74) 以右丞相别定上谷，因攻代，受赵相国印。(史记·樊郦滕灌列传)

(75) 常以太仆奉车从击章邯军东阿、濮阳下，以兵车趣攻战疾，破之，赐爵执珪。(史记·樊郦滕灌列传)

(76) 今陛下起丰沛，收卒三千人，以之径往而卷蜀汉，定三秦。(史记·刘敬叔孙通列传)

(77) 今哙奈何以十万众横行匈奴中，面欺！(史记·季布栾布列传)

(78) 每吴中有大繇役及丧，项梁常为主办，阴以兵法部勒宾客及子弟，以是知其能。(史记·项羽本纪)

(79) 今楚强以威王此三人，秦民莫爱也。(史记·淮阴侯列传)

不过仍有1例"各自"、两例"自"用在"以₁~"后：

(80) (滇王、夜郎) 以道不通故，各自以为一州主，不知汉广大。(史记·西南夷列传)

(81) 已而冒顿以鸣镝自射其善马，左右或不敢射者，冒顿立斩不射善马者。居顷之，复以鸣镝自射其爱妻，左右或颇恐，不敢射，冒顿又复斩之。(史记·匈奴列传)

例(80)"各自"由于和表原因的"以……故"共现而居后；例(81) 的"自"在此不仅指代主语，还指代 V 后宾语的领属性定语"其"，位于"以₁~"后，虽然远离了主语，但同时靠近了另一个它所指代的成分，也是合理的。

跟"与~"共现的协同义情状副词"共""同""偕"没有跟"以₁~"共现的用例，因为"协同"在语义上要求行为主体是双方的，"与~"恰恰有引入协同方主体的功能，因此协同义情状副词出现在"与~"后常见，而"以₁~"没有这一功能，故一般不与它们共现。

5. 程度副词跟"以$_1$~"共现时的位置

我们目前见到的跟"以$_1$~"共现的程度副词有"大、颇、益、愈、痛",位于"以$_1$~"后,皆见于《史记》。各举1例:

(82) 鲁王以故不大出游。(史记·田叔列传)
(83) 以千七百户益封骠骑将军。(史记·卫将军骠骑列传)
(84) 丞相遂发病死。错以此愈贵。(史记·袁盎晁错列传)
(85) 最以父死颇有功,为温阳侯。(史记·朝鲜列传)
(86) 若汤之治淮南、江都,以深文痛诋诸侯,别疏骨肉,使蕃臣不自安。(史记·酷吏列传)

只有1例"痛+'以$_1$~'":

(87) 官吏令丞不得擅摇,痛以重法绳之。(史记·酷吏列传)

(二)"以$_1$~"与其他介词组的共现顺序

5种语料中跟表凭借的"以$_1$~"共现的介词组有"从~""由~""因~""与(及)~""为~","从~""由~""因~"各仅一见,居"以$_1$~"前:

(88) 信乃益为疑兵,陈船欲度临晋,而伏兵从夏阳以木罂缻渡军,袭安邑。(史记·淮阴侯列传)
(89) 魏其、武安由此以侯家居。(史记·魏其武安侯列传)
(90) 佗因此以兵威边,财物赂遗闽越、西瓯、骆,役属焉,东西万余里。(史记·南越列传)

例(88)"从~"表动作行为的起点,例(89)"由~"表动作行为的起始时间,例(90)"因~"表原因。

"为~"和"以$_1$~"共现共4例,"为~"都居后:

(91) 是以为之日惕,其欲教民戒也。(国语·周语下)
(92) 高祖以亭长为县送徒郦山,徒多道亡。(史记·高祖本纪)

（93）高祖之初与徒属欲攻沛也，婴时以县令史为高祖使。(史记·樊郦滕灌列传)

（94）陈平用其计，乃以五百金为绛侯寿，厚具乐饮。(史记·郦生陆贾列传)

例（91）的"为之"表原因，在多项状语中位置应靠前，但与之共现的"是以"同样表原因，同时有关联上文的作用，故能居"为~"前；例（92）—（94）都是"凭借+受益者"的语序。

"与~"和"以$_1$~"共现，位置不定，前文讨论"与~"跟其他介词组共现的顺序时已有详细论述。上古汉语另有"用~"和"因~"表凭借，其在多项状语中的位置与"以$_1$~"相同，但用例很少见，此处从略。

(三) "以$_2$~"的位置

"以$_2$~"多用于指明动作行为发生的时间点。现代汉语研究成果已经表明，时间状语在多项状语中位置靠前，上古汉语也是如此。"以$_2$~"与其他状语共现时，位置多在前。我们搜集到的和"以$_2$~"共现的状语仅有"用~""与~"和时间副词"始""乃"，除"乃"外，其他状语都位于"以$_2$~"后：

（95）以孝景帝前二年用皇子为河间王。(史记·五宗世家)

（96）以六年中与萧、曹等俱封。(史记·张丞相列传)

（97）以高祖十月始至霸上，因故秦时本以十月为岁首，弗革。(史记·张丞相列传)

（98）审食其入言之，乃以丁未发丧，大赦天下。(史记·高祖本纪)

例（98）"乃"位于表时间的"以~"前，是因为它具有关联前文的作用。

(四) 小结

综上，"以~"和副词或其他介词组共现作状语，位置依"以~"所表达语义的不同而不同。"以$_1$~"的位置相较于"以$_2$~"复杂：情态、限定、总括、时间和加复副词多位于"以$_1$~"前；情状副词内部各小类成员跟"以$_1$~"共现有不同的位置，"亲、各、自"居前，"相"居后，

"私"类则根据语境的需要处于不同的位置，以凸显不同的语义特征；表禁止和判断的否定副词居"以$_1$~"前；否定副词中表一般否定和对已然的否定两小类成员的表现跟程度副词一样，位置比较灵活，这和它们的辖域可大可小有关。除"与~"外，其他介词组跟"以$_1$~"共现，位置都较为固定。"以$_2$~"与其他状语共现例很少，一般在前。

"以$_1$~"在多项状语共现中的位置比"与~"固定，具体表现为总括、时间和加复副词"复""数"跟二者共现时的位置关系：它们和"与~"共现时位置有前有后，而和"以$_1$~"共现则多固定在前。"与~""以$_1$~"在位置上的不同是由它们语义的不同造成的，"与~"表协同，由所处语境的不同分为引入动作行为的伴随方（表伴随）和交互方（表交互对象）两类，引入伴随方时，"与~"的位置要依说话者对行为主体的数量的选择而定，如选择单一行为主体，"与~"靠后，选择非单一行为主体，"与~"则靠前，由此在线性话语结构上表现出灵活性。"以$_1$~"（表凭借）中"以"的宾语是谓语中心的工具论元，跟谓语核心关系近，故在共现的多项状语中多后置。靠前出现时都是有其他因素介入：或"以$_1$~"自身语义有所变化，成为原因状语，或为部分副词在不同位置上以凸显不同的语义特征。

三 "为~"在多项状语共现中的位置

依第六章所述，上古汉语"为~"表达的语义可分三种：引出动作行为的受益者或对象，引出发出某种动作行为或致使产生某种结果的主体，引出产生某动作行为或性质状态的原因。以下分别简称"为$_1$~""为$_2$~"和"为$_3$~"。"为$_1$~""为$_2$~"在共现的多项状语中位置靠后，而"为$_3$~"则和带有原因义的"以$_1$~"一样，多居前。

（一）"为$_1$~"的位置

"为$_1$~"是上古汉语"为~"的基本用法。我们调查的5种语料中，"为$_1$~"和各类副词共现居后，如：

情态→"为$_1$~"

（1）夫人深亲信我，我倍之不祥，虽死不易。幸为信谢项王！（史记·淮阴侯列传）

总括→"为₁~"

(2) 天下之君有好仁者，则诸侯皆为之驱矣。(孟子·离娄上)

时间→"为₁~"

(3) 又会诸侯于扈，将为鲁讨齐。(左传·宣公元年)
(4) 勃以织薄曲为生，常为人吹箫给丧事，材官引强。(史记·绛侯周勃世家)

否定→"为₁~"

(5) 非夫人之为恸而谁为！(论语·先进)
(6) 乃悉出珠玉宝器散堂下，曰："毋为他人守也。"(史记·吕太后本纪)
(7) 食时信往，不为(之)具食。(史记·淮阴侯列传)

加复→"为₁~"

(8) 又为臣杀其君，其安庸刑？(国语·周语中)
(9) 滕公曰："布数为项羽窘上，上怨之，故必欲得之。"(史记·季布栾布列传)

情状→"为₁~"

(10) 寡人亲为(之)发丧，诸侯皆缟素。(史记·高祖本纪)
(11) 于是乃召周昌，谓曰："吾欲固烦公，公强为我相赵王。"(史记·张丞相列传)

未见限定、程度副词和"为₁~"共现。"为₁~"后的副词仅见"不"和"分别"：

(12) 此亡秦之续耳,窃为大王不取也。(史记·项羽本纪)
(13) 是时郎中令石建为上分别言两人事。(史记·魏其武安侯列传)

介词组跟"为₁~"共现仅发现6例,皆出《史记》:

(14) 广陵人召平于是为陈王徇广陵,未能下。(史记·项羽本纪)
(15) 高祖以亭长为县送徒郦山,徒多道亡。(史记·项羽本纪)
(16) 高祖之初与徒属欲攻沛也,婴时以县令史为高祖使。(史记·樊郦滕灌列传)
(17) 陈平用其计,乃以五百金为绛侯寿,厚具乐饮。(史记·郦生陆贾列传)
(18) 礼者,因时世人情为之节文者也。(史记·刘敬叔孙通列传)
(19) 吾为公从中起,天下可图也。(史记·淮阴侯列传)

"于~"表时间,"以~"和"因~"表凭借,"从~"表起点,除"从~"外,其他几个介词组跟"为₁~"共现都位于其前。例(19)"从~"居"为₁~"后,是因为"从中起"作为一个事件,这一事件是为"与"的宾语——受益者"公"实施的。

(二)"为₂~"的位置

5种语料跟"为₂~"共现的副词有情态副词"必"、时间副词"乃、尝、已、终、卒"、否定副词"毋、不"和加复副词"亦、又、复、数",介词组只有"为₃~"1例,它们都位于"为₂~"之前,多出于《史记》。举例如下:

(20) 愿君留意臣之计。否,必为二子所禽矣。(史记·淮阴侯列传)
(21) 汉王借兵而东下,杀成安君泜水之南,头足异处,卒为天下笑。(史记·淮阴侯列传)
(22) 必据兵卫宫,慎毋送丧,毋为人所制。(史记·吕太后本

纪)

(23) 用此,其将兵数困辱,其射猛兽亦为所伤云。(史记·李将军列传)

(24) 安国既疏远,默默也;将屯又为匈奴所欺,失亡多,甚自愧。(史记·韩长孺列传)

(25) 留岁余,还,并南山,欲从羌中归,复为匈奴所得。(史记·大宛列传)

(26) 上笑曰:"多多益善,何为为我禽?"(史记·淮阴侯列传)

以上各例依次为情态副词、时间副词、否定副词、加复副词"亦""又""复"和介词组跟"为$_2$~"共现。

(三)"为$_3$~"的位置

上文说到含"原因"义的"以$_1$~"位置较比多数副词和介词组靠前,5种语料中反映出来的"为$_3$~"在多项状语中的位置也一样。我们搜集到的用例不多,副词中位于"为$_3$~"后的有时间副词"乃、即"、限定副词"独"、否定副词"不、弗"、加复副词"数"和情状副词"强"。例如:

(27) 吾何为独不然?(孟子·公孙丑下)

(28) 由此观之,君不行仁政而富之,皆弃于孔子也,况于为之强战?(孟子·离娄上)

(29) 上所为数问君者,畏君倾动关中。(史记·萧相国世家)

(30) 上为其名美,即不诘,拜何为辽东东部都尉。(史记·朝鲜列传)

位于其前的有以下几例:

(31) 夫事君者,不为外内行,不为丰约举。(国语·楚语下)

(32) 且赵王素出将军下,今女儿乃不为将军下车,请追杀之。(史记·张耳陈余列传)

(33) 农夫岂为出疆舍其耒耜哉?(孟子·滕文公下)

(34) 王数使人请相休，终不休，曰："我王暴露苑中，我独何为就舍！"（史记·田叔列传）

(35) 故曰："天下熙熙，皆为利来；天下壤壤，皆为利往。"（史记·货殖列传）

前文多次提到，否定副词"不"由于辖域的变化而位置不定；"乃"则兼属情态和时间两类，这里的"乃"是情态副词，表示强调语气，辖域是整个谓语部分，故可以居前；情态副词"岂"同"乃"；"独"在这里为情态副词；总括副词"皆"因语义指向主语而要求跟主语靠近，因此能够位于"为$_3$~"之前。

位于"为$_3$~"后的介词组有"与~""为$_2$~"各一见，位于其前的介词组有"以~"（原因）一见，皆见于前文。

四　表方所的介词组在多项状语共现中的位置

上古汉语常见作状语表方所的介词组有表动作行为起点或路径的"自~""从~""由~"。表方所的"于~"上古绝大多数位于V后，我们仅搜集到一例"于~"表方所位于V前且有其他状语与之共现的：

(1) 景帝入卧内，于后宫秘戏，仁常在旁。（史记·万石张叔列传）

5种语料中跟表方所的介词组共现的副词不多，就整体分布来看，情态副词、加复副词"亦"、总括副词、否定副词（表判断）、时间副词在其前，加复副词"复"和情状副词在其后。下各举1例：

(2) 夫仁政，必自经界始。（孟子·滕文公上）
(3) 而琅邪王亦从齐至长安。（史记·齐悼惠王世家）
(4) 及楚击秦，诸将皆从壁上观。（史记·项羽本纪）
(5) 仁义礼智，非由外铄我也，我固有之也。（孟子·告子上）
(6) 老父已去，高祖适从旁舍来。（史记·高祖本纪）
(7) 王子带自齐复归于京师，王召之也。（左传·僖公二十二年）

(8) 自雩门窃出，蒙皋比而先犯之。(左传·庄公十年)

《史记》有两例"皆"位于"自~"后：

(9) 夫前日吴、楚、齐、赵七国反时，自关以东皆合从西乡，惟梁最亲为艰难。(史记·韩长孺列传)

(10) 匈奴自单于以下皆亲汉，往来长城下。(史记·匈奴列传)

"自~+以+方位词"是上古汉语即有的固定表达格式，用于划定范围的人或事物，不是谓语中心词的处所论元，而是施事或当事，例(9)(10)"自~"后的"皆"就是对"自~"所限定范围内事物的总括。

只有情状副词"别"跟"从~"共现时居前：

(11) 王恢、李息、李广别从代主击其辎重。(史记·韩长孺列传)

另有时间副词"先"和表方所的介词组共现时既有居前用例，又有居后用例。试比较：

(12) 夏，公伐齐，纳子纠。桓公自莒先入。(左传·庄公九年)

(13) 又使布等先从间道破关下军，遂得入，至咸阳。(史记·黥布列传)

例(12)"先"位于表起点的"自~"后，例(13)位于表路径的"从~"前。

我们调查到的跟表方所的介词组共现的其他介词组有"与~""及~""为$_1$~""以$_1$~"，它们的位置关系已见前文所述。

五 表时间的介词组在多项状语共现中的位置

上古汉语表时间的介词组除前述"以$_2$~"外，还有"于~""自~""从~""由~"的一部分，由它们表方所的本义引申而来。其中，"自~""从~""由~"表示发出某个动作行为或存在某种性质状态的时间起点，

"于~"则有表示时间起点、所在和终点三种语义类型,一部分"于~"表时间的同时兼有"原因"义。它们在多项状语共现中的位置和表时间的"以~"相同,比较靠前。我们收集到的跟表时间介词组共现的各类副词(未见情状副词共现例)和介词组("与~""以~""因~""为~")中,除情态副词"盖"、加复副词"亦"各 1 例在前外,其他副词和介词组都在其后。例如:

(1) 盖自是台无馈也。(孟子·万章下)
(2) 曰:"公等皆去,吾亦从此逝矣!"(史记·高祖本纪)
(3) 主父偃由此亦与齐有郤。(史记·齐悼惠王世家)
(4) 于是乎又审之以事。(国语·周语上)
(5) 自古皆有死,民无信不立。(论语·颜渊)
(6) 礼固自孔子时而其经不具,及至秦焚书,书散亡益多,于今独有士礼,高堂生能言之。(史记·儒林列传)
(7) 郑伯由是始恶于王。(左传·庄公二十一年)
(8) 武安由此滋骄,治宅甲诸第。(史记·魏其武安侯列传)
(9) 杞伯于是骤朝于晋而请为昏。(左传·成公十八年)
(10) 妹喜有宠,于是乎与伊尹比而亡夏。(国语·晋语一)
(11) 魏其、武安由此以侯家居。(史记·魏其武安侯列传)
(12) 于是因鄂君故所食关内侯邑封为安平侯。(史记·萧相国世家)
(13) 广陵人召平于是为陈王徇广陵,未能下。(史记·项羽本纪)

例(2)(3)中加复副词"亦"跟表时间的介词组共现,位置不定,这是由于不同句子中类同的内容不一样。例(2)类同的内容包括"从此"和"逝",表示"吾"的动作行为和发出动作行为的时间都和类同的对象"公等"相同,两项类同的内容必须连在一起,故"亦"居"从此"之前。例(3)的"由此"不是类同的内容,故"亦"居后。

另外,时间副词"乃"的位置也因与之共现的介词组语义的不同而不同。试比较:

（14）是时萧何为相国，而张苍乃自秦时为柱下史，明习天下图书计籍。(史记·张丞相列传)

（15）于是乃分赵山北，立子恒以为代王，都晋阳。(史记·高祖本纪)

"乃"除具时间义外，还有"关联"的语义特征。例（14）中与其共现的"自秦时"单纯表示时间的起点，与上文无关联，故"乃"居前，凸显"关联"义；例（15）"于是"承接上文而言，相比它的时间义外，"于是"的"关联"特征更强，且兼有"原因"义，因此，"于是"和时间副词共现总是居前。另如：

（16）于是乎遂伯。(国语·晋语四)

六 其他介词组在多项状语共现中的位置

这里的"其他"是指表时间和方所义之外的"于~"。除这两种语义外，上古汉语"于~"还可引进动作行为的范围（或关涉）、对象等。5种语料中目前见到的这些"于~"和其他状语共现的用例很少，且仅限副词：

（1）而独于富贵之中有私龙断焉。(孟子·公孙丑下)

（2）予三宿而出昼，于予心犹以为速。(孟子·公孙丑下)

（3）于人心独无恔乎？(孟子·公孙丑下)

（4）于禽兽又何难焉？(孟子·离娄下)

（5）余于伯楚屡困，何旧怨也？(国语·晋语四)

（6）私于下执事曰……(国语·越语上)

（7）寄于上最亲，意伤之，发病而死，不敢置后，于是上（问）[闻]。(史记·五宗世家)

（8）今齐王于亲属益疏。(史记·齐悼惠王世家)

"于~"在例（1）表范围，例（2）—（4）表议论的对象，例（5）表施事对象，例（6）表言说的对象，例（7）（8）表交互对象。"于~"表范围或议论的对象，位置较副词靠前。例（1）"于富贵之中"位于限定副词"独"后，是由于"富贵之中"是"独"限定的内容，而限定的对象总是处于限定副词之后；例（3）的"独"不是限定副词，而是表反诘的情态副词。

七 小结

以上我们分别观察了上古汉语常见作状语的介词组和其他状语（副词和介词组）共现时的位置关系，列表 8-3、表 8-4。①

表 8-3　　上古汉语介词组和副词共现作状语的位置关系

ADV\PP	情态	限定	总括	时间	加复			情状			否定②		程度
					亦	又	其他	共(亲)	私	相	1、2	3、4	
与	+	+	±	±	+	+	±		±	-	±	+	±
以₁	+	+	±	±	+	+	±	+	±	-	±	+	±
以₂				-									
时间	+	-	-	-	±	-		-			-		
方所	+		+	+	+	-		-			+		
为₁	+	+	+	+	+	+	+		+		±	+	
为₂			+		+						+	+	
为₃	+	-	+	-	+	-		-			±		

表 8-4　　上古汉语不同介词组共现作状语的位置关系

	时间	以₂	为₃	方所	与	以₁	为₁	为₂
与	+	+	+	±		±		
以₁	+	+		+	±		-	
以₂								
时间						-		
方所					±		+	
为₁	+			-		+		
为₂			+					
为₃				-				-

---

① 两表中数学符号表示所在列的状语相对于所在行的状语的位置。"+"表示所在列的状语成分在前，"-"表示在后，"±"代表前后皆有。空白处为暂时未发现有共现例。

② 否定（1、2）指第二章否定副词四小类中表示单纯否定的第一类和表示对已然的否定的第二类，否定（3、4）指表对判断的否定的第三类和表禁止的第四类。

上古汉语各介词组中，时间、方所、"以$_2$~"和"为$_3$~"为一类，"与~"和"为$_1$~"为一类，两类介词组内部各成员一般不共现。"以$_1$~"的搭配范围最广，两类介词组都能与之共现。由于所调查语料有限，"为$_2$~"与其他介词组共现例太少，还需进一步扩大语料范围进行观察。综合表8-3、表8-4，我们粗略得出上古汉语介词组作状语和副词共现时的位置关系：

情态副词、否定副词3、4>表时间的介词组（含"以$_2$"）>加复副词（"亦""又"）、总括副词>为$_3$>限定副词、时间副词>表方所的介词组>（否定副词1、2）[①]>与>加复副词（其他）、"共/亲"类情状副词>以$_1$>"私"类情状副词>为$_1$>为$_2$>相。

第四节　其他形式类状语在多项状语共现中的位置

一　普通名词、方位词、时间词在多项状语中的位置

（一）普通名词

第三章第二节提到："当V前（紧靠V）有状语时，一般不能再受N$_{状}$修饰。"也就是说，一般情况下，普通名词作状语只能进入紧靠谓语中心的位置，如：

(1) 孔子先簿正祭器，不以四方之食供簿正。（孟子·万章下）
(2) 宫中之乐，无至酒荒；肆与大夫觞饮，无忘国常。（国语·越语下）
(3) 越之左军、右军乃遂涉而从之，又大败之于没，又郊败之。（国语·吴语）
(4) 魏其、武安由此以侯家居。（史记·魏其武安侯列传）
(5) 其后义渠之戎筑城郭以自守，而秦稍蚕食，至于惠王，遂拔义渠二十五城。（史记·匈奴列传）

[①] 括号内的否定1、2位置灵活，从"为$_3$~"前到"为$_1$~"后均有。

(6) 张苍德王陵。王陵者，安国侯也。及苍贵，常父事王陵。（史记·张丞相列传）

依本书对 $N_{状}$ 的分类，例（1）（2）属 A 类 $N_{状}$，例（3）（4）属 B 类，例（5）为 C 类，例（6）为 D 类，在多项状语中均居后。

$N_{状}$ 紧靠谓语中心，是距离原则在起作用。陆丙甫（2004）提出"距离–标记对应律"，指出："一个附加语离核心越远，越需要用显性标记去表示它和核心之间的语义关系。"① 反之，若无标记，则需紧靠谓语中心词。$N_{状}$ 便是无标记的状语，由于没有用来彰显它跟谓语中心之间语义关系的标记（如介词），故不能远离谓语中心，否则易导致名词的状语身份不明确甚至丢失。试比较以下两组例句：

(7) a. 我以货私免，是我会吾私也。（国语·鲁语下）
    b. 货免之法也。（国语韦昭注）
(8) a. 子高以疾闲居于蔡。（国语·楚语下）
    b. 王陵遂病免归。（史记·吕太后本纪）

例（7）a "以货" 和例（8）a "以疾" 是带标记的状语，故与谓语中心之间能用其他状语隔开，而去掉标记的同时也必须拿掉其后的状语，使之与谓语中心词邻接。

上古汉语有极少数 $N_{状}$ 不紧靠谓语中心词，一般限于 A 类的"法、义"以及有状语"相"出现的句子，如：

(9) 会天大雨，道不通，度已失期。失期，法皆斩。（史记·陈涉世家）
(10) 吾义固不杀王。（战国策·宋卫策）
(11) 吾欲入汉见天子，面相约为兄弟。（史记·匈奴列传）

"法"和"义"作状语跟其他 $N_{状}$ 不同，而"相"与任何状语共现都

---

① 陆丙甫：《共性探索背景下的汉语句法研究——谈谈如何从个性中分解、提取共性规律》，载《语言学论丛》第30辑，商务印书馆2004年版，第74—90页。

居后，紧靠谓语中心，这是由"相"的特殊性决定的。

另外有 1 例"道"作状语位于"与~"前：

(12) 阳子道与之语，及山而还。(国语·晋语五)

例(12)名词"道"作状语表方所，在"与之"前，可能是因为"与"引介的是语义上和主语等立的交互对象，按照本书对"与~"的分类，如有其他状语跟表示交互对象的"与~"共现，优选位置在"与~"前。

(二) 方位词

上古汉语方位词作状语多表示动作行为所朝向的方向，和各类状语共现时多居后，紧靠谓语中心，如：

(13) 君子是以知秦之不复东征也。(左传·文公六年)
(14) 月余，魏王豹反，以假左丞相别与韩信东攻魏将军孙遫军东张，大破之。(史记·曹相国世家)
(15) 幸得罢归，乃益东徙屯，意忽忽不乐。(史记·韩长孺列传)
(16) 汉方复收士马，会骠骑将军去病死，于是汉久不北击胡。(史记·匈奴列传)
(17) 盍姑内省德乎？(左传·僖公十九年)

例(13)—(16)的方位词表朝向，例(17)表所在。例(13)中方位词与否定副词、加复副词"复"共现，例(14)与"以$_1$~"、情状副词、"与~"共现，例(15)与时间副词、程度副词共现，例(16)与形容词、否定副词共现，例(17)与情态副词、时间副词共现，各例中方位词皆居后。5种语料中另有"于~"、情态副词、加复副词"亦"、总括副词、时间副词与方位词共现，方位词亦居后。

只有个别情况下方位词可以位于某项状语前，如：

(18) 然至冒顿而匈奴最强大，尽服从北夷，而南与中国为敌国。(史记·匈奴列传)

(19) 故吴王欲内以晁错为讨，外随大王后车，彷徉天下，所乡者降，所指者下，天下莫敢不服。（史记·吴王濞列传）

(20) 民外不得其利，而内恶其贪，则上下既有判矣。（国语·晋语一）

(21) 故以反为名，西共诛晁错，复故地而罢。（史记·吴王濞列传）

例（18）的"与~"表交互对象，同样要求靠近谓语中心词，此时两项状语依时间顺序原则排列；例（19）"内""外"是对比焦点，这种对比的状语类似话题，故能够位于其他状语前；例（20）是由于否定副词的辖域仅限于中心动词而居方位词后；例（21）暂时找不到方位词居前的原因，存疑。

另发现方位词与"从~"共现两例，方位词表朝向，"从~"表路径，两例语序不同，如：

(22) 项王闻之，即令诸将击齐，而自以精兵三万人南从鲁出胡陵。（史记·项羽本纪）

(23) 沛公之从雒阳南出辊辕，良引兵从沛公，下韩十余城，击破杨熊军。（史记·留侯世家）

(三) 时间词

时间词作状语有几种不同的语义小类，各语义小类在多项状语中的位置也不一样。

1. 时间词作状语表时段在多项状语中的位置

原因→时段

(24) 是晋再克而楚再败也，楚是以再世不竞。（左传·宣公十二年）

表时间介词组→时段

(25) 子重、子反于是乎一岁七奔命。（左传·成公七年）

时段→否定

这种组合在表时段的时间词与其他状语的共现中最多见，如：

(26) 回也，其心三月不违仁。(论语·雍也)
(27) 追北至平城，为胡所围，七日不得通。(史记·樊郦滕灌列传)
(28) 右渠遂坚守城，数月未能下。(史记·朝鲜列传)

时段→数词

(29) 子重、子反于是乎一岁七奔命。(左传·成公七年)

2. 时间词作状语表时点在多项状语中的位置

表时点的时间词状语与其他状语共现的能力最强，位置比较灵活，但总体上靠后。

情态→时点

(30) 陈平固已前谢其兄伯，从少年往事魏王咎于临济。(史记·陈丞相世家)

加复→时点

(31) 薄太后母亦前死，葬栎阳北。(史记·外戚世家)
(32) 前攻秦军蓝田南，又夜击其北，秦军大破，遂至咸阳，灭秦。(史记·曹相国世家)
(33) 于是项伯复夜去，至军中，具以沛公言报项王。(史记·项羽本纪)

总括→时点

(34) 卒皆夜惊恐。(史记·陈涉世家)

限定→时点

(35) 丞相特前戏许灌夫，殊无意往。（史记·魏其武安侯列传）

时间副词→时点

(36) 项伯乃夜驰入沛公军，私见张良，欲与俱去。（史记·留侯世家）

(37) 吕嘉、建德已夜与其属数百人亡入海，以船西去。（史记·南越列传）

(38) 上书愿督国中盗贼。常夜从走卒行徼邯郸中。（史记·五宗世家）

目前只发现3例表时点的时间词位于时间副词前的：

(39) 吴王昏乃戒，令秣马食士。夜中，乃令服兵擐甲，系马舌，出火灶，陈士卒百人，以为彻行百行。（国语·吴语）

(40) 项王即日因留沛公与饮。（史记·项羽本纪）

我们将主谓之间的时间词都处理为状语，但例（39）（40）的时间词"昏""夜中"和"即日"在语义上更像其后谓语部分陈述的对象，像是话题。

否定→时点

(41) 三年，门不夜关，道不拾遗。（史记·循吏列传）

5种语料中否定副词和表时点的时间词状语共现仅见此1例。

"以$_1$~"→时点

(42) 济南王辟光，齐悼惠王子，以勒侯孝文十六年为济南王。（史记·齐悼惠王世家）

"以₁~"位于表时点的时间短语前的用法在《史记》中多见，同时我们也发现 1 例"以₁~"在时点后的：

（43）程不识孝景时以数直谏为太中大夫。（史记·李将军列传）

时点→情状

（44）浞野侯夜自出求水，匈奴间捕，生得浞野侯，因急击其军。（史记·匈奴列传）

"与~"和时点

表时点的时间词作状语和"与~"共现，二者可互为先后，语序依时点状语所陈述的是单一行为主体还是非单一行为主体而定，上节已论及。时点在前的，如：

（45）吕嘉、建德已夜与其属数百人亡入海，以船西去。（史记·南越列传）

时点在后的，如：

（46）陈平乃与汉王从城西门夜出去。（史记·陈丞相世家）

3. 时间词作状语表渐进在多项状语中的位置

表渐进的时间词状语和其他状语共现比较少见，除程度副词"益"外，另有和原因状语、否定副词共现居后。

原因→渐进

（47）尝与主爵都尉汲黯请间，汲黯先发之，弘推其后，天子常说，所言皆听，以此日益亲贵。（史记·平津侯主父列传）

否定→渐进

(48) 是以国家不日引，不月长。(国语·齐语)

渐进→程度

(49) 上日闻所不闻，明所不知，日益圣智；君今自闭钳天下之口而日益愚。(史记·袁盎晁错列传)

表渐进的时间词状语和时间副词共现位置不定。5种语料中共见"日已"2例，"且世"1例，如下：

(50) 民之羸馁，日已甚矣。(国语·楚语下)
(51) 匈奴日已骄，岁入边，杀略人民畜产甚多，云中、辽东最甚，至代郡万余人。(史记·匈奴列传)
(52) 帝告我："晋国且世衰，七世而亡。嬴姓将大败周人于范魁之西，而亦不能有也。"(史记·扁鹊仓公列传)

4. 时间词作状语表重复在多项状语中的位置

表重复的时间词状语位于原因状语、总括、限定和时间副词后，否定、情状副词、数词、状态义形容词前。

原因→重复

(53) 是以为之日惕，其欲教民戒也。(国语·周语下)

总括→重复

(54) 诸大臣皆世官。(史记·匈奴列传)

限定→重复

(55) 中山王徒日淫，不佐天子拊循百姓，何以称为藩臣！(史记·五宗世家)

时间→重复

(56) 犹日怵惕，惧怨之来也。(国语·周语上)

时间副词和表重复的时间词状语共现目前仅见此 1 例。
重复→否定

(57) 子夏曰："日知其所亡，月无忘其所能，可谓好学也已矣。"(论语·子张)

重复→数词

(58) 曾子曰：吾日三省吾身。(论语·学而)

重复→情状

(59) 宾客来者，微知淮南、衡山有逆计，日夜从容劝之。(史记·淮南衡山列传)①
(60) 人与人同畴，家与家同畴，世同居，少同游。(国语·齐语)

例(59)是表重复的时间词"日夜"作状语和状态义形容词"从容"共现，例(60)是表重复的"世"和情状副词"同"共现，时间词居前。

5. "时"在多项状语中的位置

最后一类是时间词"时"作状语，可译为"按时"，后发展为"介词+时间词"的格式。这与普通名词作状语类似，可以看作无标记的状语，根据前述"距离-标记对应律"，它们在多项状语中应居后。目前我们仅发现"时"与否定副词共现 2 例，"时"均居后：

---

① 状态义形容词也属情状范畴，故其与表重复的时间词状语共现例和情状副词放在一起，仅 1 见。

(61)（诸侯）围新密，郑所以不时城也。(左传·僖公六年)

(62)陆生往请，直入坐，而陈丞相方深念，不时见陆生。(史记·郦生陆贾列传)

5种语料中未见"日""月""岁"等表频度的时间词和其他状语共现例。

二 形容词在多项状语中的位置

上古汉语形容词直接修饰谓语中心词作状语，表示动作行为的情状。总的来看，性质形容词和原因状语、情态、总括、限定、时间、程度、加复副词、"以₁~"共现时居后，与N状共现居前，与表协同、引进受益者的介词组以及否定、情状副词共现时语序不定。性质形容词在多项状语中居后的，如：

(1) 成而不知，是以寡败。(国语·晋语一)
(2) 其无乃久不竞乎！(左传·宣公十二年)
(3) 乃驾往，又徐行，灌夫愈益怒。(史记·魏其武安侯列传)
(4) 其吏卒亦辄复盛推外国所有，言大者予节，言小者为副，故妄言无行之徒皆争效之。(史记·大宛列传)
(5) 何徒远走，亡匿于幕北寒苦无水草之地，毋为也。(史记·匈奴列传)
(6) 左右幸臣每毁弘，上益厚遇之。(史记·平津侯主父列传)

居前的，如：

(7) 上愈益贵弘、汤，弘、汤深心疾黯，唯天子亦不说也，欲诛之以事。(史记·汲郑列传)
(8) 愿大王所过城邑不下，直弃去，疾西据雒阳武库……(史记·吴王濞列传)

前后不定的，如：

(9) 留侯曰:"此难以口舌争也。……"(史记·留侯世家)

(10) 曾子曰:"堂堂乎张也,难与(之)并为仁矣。"(论语·子张)

(11) 善为我辞焉。(论语·雍也)

(12) 庆克久不出,而告夫人曰……(左传·成公十七年)

(13) 使治主父偃及治淮南反狱,所以微文深诋,杀者甚众,称为敢决疑。(史记·酷吏列传)

(14) 不速行,将无及也。(左传·僖公三十一年)

(15) 项王乃与范增急围荥阳。(史记·项羽本纪)

(16) 鲁为楚坚守不下。(史记·高祖本纪)

(17) 高帝乃使使间厚遗阏氏,阏氏乃谓冒顿曰……(史记·匈奴列传)

这种看似不固定的语序是有规律可寻的,在我们统计的语料中,"难、易、鲜、久"等倾向于表稳定性质的形容词(下节总结规律称"性质形容词1")与上述几类状语共现时多居前,而"急、疾、早、坚、深、厚"等含情状方式义的形容词(下节称"性质形容词2")多居后,这说明不同形容词作状语,其辖域也不同。

作状语的状态义形容词包括"X+然/如/若/尔"、叠音词和联绵词,一方面,它们修饰谓语中心词表示动作行为的情状,故在多项状语中位置应偏后;另一方面,它们多同时有描述主语的功用,因此能够越过一部分辖域小的状语而居前。通过对5种语料的调查发现:当与情态、原因、时间等辖域较大的状语共现时,状态义形容词居后,而与表频数、程度、情状方式等只修饰谓语中心词的状语共现时可前可后,如:

(18) 何为纷纷然与百工交易?(孟子·滕文公上)

(19) 君何不从容为上言邪?(史记·季布栾布列传)

(20) 上与梁王燕饮,尝从容言曰:"千秋万岁后传于王。"(史记·梁孝王世家)

以上3例分别是状态义形容词和原因、情态、否定、时间状语共现。①

(21) 及立萧何相国，所与上从容言天下事甚众，非天下所以存亡，故不著。(史记·留侯世家)
(22) 上常从容与信言诸将能不，各有差。(史记·淮阴侯列传)
(23) 子思以为鼎肉使己仆仆尔亟拜也，非养君子之道也。(孟子·万章下)
(24) 晁错为太子家令，得幸太子，数从容言吴过可削。(史记·吴王濞列传)
(25) 王曰："吾亦欲东耳，安能郁郁久居此乎？"(史记·淮阴侯列传)
(26) 乃谓窟曰："若归，试私从容问而父曰……"(史记·曹相国世家)

以上是状态义形容词与表协同（交互小类）、频数和情状的状语共现时互为先后的用例。

三 疑问代词、数词、动词在多项状语中的位置

上古汉语常见的能充当状语的疑问代词有"何、焉、安、胡、宁"等，疑问代词作状语表反问语气，属于情态范畴，故在多项状语中位置靠前。但5种语料中的疑问代词与"又""将"共现时，语序为"又/将+疑问代词"，如：

(1) 是皆习民数者也，又何料焉？(国语·周语上)
(2) 君失其官，帅师不威，将焉用之？(左传·闵公二年)

"又"位于疑问代词前，是因为它本来就有关联上文的作用，而否定句和反问句中的"又"同时还有[+语气]的特征。袁毓林（2002）在

---

① 由于否定副词在不同语境中有不同的辖域，故状态词和否定副词的共现语序也不固定。否定副词居后的用法如"慎子勃然不悦曰……"(孟子·告子下)

论及现代汉语副词的语篇应接功能时谈到"又",他说:"'又'最基本的核心意义是累积,当它表示几种相关的状态、情况的累积,特别是当强调这几种情况之间有对立的关系时,就引申出了表示转折的意义;这种包含转折意义的'又'(记作:'又₁')具有较强的语篇关联作用,当它用在否定句和反问句中时,明显地具有加强语气的作用。"① 兼具语气和关联上文作用的"又"和仅表反问语气的疑问代词共现,位于疑问代词前也就合情合理了。

另有"复+疑问代词"1例:

(3) 上宽赦大王,王复安得此亡国之语乎!(史记·淮南衡山列传)

这里的"复"不表相同动作行为或状态的重复,而表示不同事件的累加,用法同"又"。

数词作状语是上古汉语特有的,表示动作行为的次数或频率,在多项状语中的位置同"复""数"类加复副词,比较靠后,如:

(4) 忠之属也,可以(之)一战。(左传·庄公十年)
(5) 敌必三让。(国语·周语中)
(6) 凡周存亡,不三稔矣!(国语·郑语)
(7) 凡六出奇计,辄益邑,凡六益封。(史记·陈丞相世家)
(8) 且臣结发而与匈奴战,今乃一得当单于,臣愿居前,先死单于。(史记·李将军列传)
(9) 校尉李朔,校尉赵不虞,校尉公孙戎奴,各三从大将军获王……(史记·卫将军骠骑列传)

以上分别为介词组、情态副词、否定副词、总括副词、时间副词、情状副词跟数词共现,各类状语都在数词状语前。

数词作状语只有在和通常所谓处置义的"以₁~"和表交互的"与~"

---

① 袁毓林:《多项副词共现的语序原则及其认知解释》,载《语言学论丛》第26辑,商务印书馆2002年版,第313—339页。

共现时才居前，如：

(10) 三以天下让，民无得而称焉。(论语·泰伯)
(11) 一与单于战，收河南地，遂置朔方郡，再益封，凡万一千八百户。(史记·卫将军骠骑列传)

动词直接作状语修饰谓语中心，表示动作行为的情状方式，通常紧靠谓语中心词，如：

(12) 遍国中无与（之）立谈者。(孟子·离娄下)
(13) 信乃仰视，适见滕公，曰……(史记·淮阴侯列传)
(14) 我出师以围许，为将改立君者……(左传·成公九年)
(15) 东从韩信攻龙且、留公旋于高密，卒斩龙且……身生得亚将周兰。(史记·樊郦滕灌列传)

但《史记》中发现动词"生"作状语和"为$_2$~"互为先后的用例：

(16) 吏当广所失亡多，为虏所生得，当斩，赎为庶人。(史记·李将军列传)
(17) 破奴生为虏所得，遂没其军。(史记·卫将军骠骑列传)

这可能是因为"为$_2$~"和动词状语都要求紧靠谓语中心，二者力量相当而产生的语序上的不定。

第五节 上古汉语多项状语共现的基本规律

本章对上古汉语各类状语的共现顺序进行了详细描写，在第三节所总结的介词组与各次类副词位置关系的基础上，加入名词、时间词、方位词、疑问代词、数词、形容词和动词在多项状语中的分布，可以得出上古汉语各形式类状语的大致排序：

情态、疑问代词、否定3、4、表时间的介词组（含"以₂~"）>加复（"亦""又"）、总括（皆、咸）>"为₃~">限定>时间副词、时段、时间词（渐进）、时点、时间词（重复）>表方所的介词组>（否定1、2）①>总括（尽、悉）>（"与~"）>加复（除"亦""又"）、"共/亲"类情状副词>"以₁~">程度副词>（性质形容词1）、（状态义形容词）>"私"类情状副词>"为₁~">性质形容词2、动词、名词、方位词、时间词（"时"）、数词、"为₂~">相

其中，程度副词、性质形容词1和状态义形容词有时可以位于"与~"之前，表伴随的"与~"和否定副词（1、2）的分布范围都很广。

各形式类状语在共现时的语序位置主要还是由其所表示的语义类型决定，同时也与不同状语的话语功能（如语篇关联功能）有关系。自刘月华（1983）以来，学者们研究现代汉语多项状语共现顺序时，多根据各状语表示的语义类型来看多项状语的排序位置，他们的研究成果为我们观察上古汉语多项状语共现顺序提供了很好的参考。本书第二章将状语分为11个语义类型，但语义类型并不是与形式类一一对应的，有的语义类型对应多个形式类，同时，一个形式类可能对应多个语义类。在上面所列各形式类状语在多项状语共现时的大致排序中，我们将部分大的形式类作了下位分类，这是通过对语言事实的描写分析得来的。如果将这个排序中各形式类状语所表示的语义进行归纳，可以得出以下多项状语语义类型的大致排序：

情态>（范围）>时间>方所>（否定）>（加复）>凭借>程度>（协同）、对象>情状、数量

这个排序不是很准确，因为各语义类型的排序还受到其他因素的影响，如范围有总括范围和限定范围，总括范围又分前指总括范围和后指总括范围，时间又分单纯表时间的和兼有原因义的，协同又分伴随和交互，

---

① 括号中的"否定1、2"说明这两小类否定副词在多项状语共现中的位置灵活，同样加（）的"与~""性质形容词1""状态义形容词"与"否定1、2"相同。

加复又分类同、累加和重复，由于语义接近原则的制约，不同语义小类状语在共现中的排序不一样。又如名状、方位词和时间词"时"，由于它们如果不紧靠谓语中心成分，其状语身份有可能不明确，所以它们不受其所属语义类型的制约，在多项状语中排在靠后的位置。

袁毓林（2002）对现代汉语多项副词共现顺序进行研究时，在分析不同副词所表示语义的基础上，进一步提出用"特征"归纳多项副词的排序，即把副词在具体语境中凸显的语义特征作为排序的参考标准，这样既兼顾了副词的不同语义类，又避免了"非此即彼"的生硬的划分方法，可以保证各次类副词中的所有成员在不同语境下都能找到线性序列上的合适位置。参照这种方法，结合上文的形式类排序和语义类排序，可以将上古汉语多项状语的共现顺序重新排序如下：

[+情态]、[+关联] > [+范围] 1 > [+时间] > [+方所] > [+范围] 2 > [+论元成分] > [+情状]①

其中，[+情态] 包括情态副词、疑问代词和否定副词（3、4）；[+关联] 表示在语境中具有关联上文作用的状语，包括加复副词"亦""又"、时间副词"乃、遂"等以及兼表原因的各介词组；范围 1 指"皆、咸"等语义前指或主要用作前指的总括副词以及限定副词；范围 2 指倾向于语义后指的总括副词"尽、悉"等；论元成分指谓语结构中充当状语的论元，包括"与~""以$_1$~"和"为$_1$~""为$_2$~"；[+情状] 的外延最大，除情状副词外，还有形容词、动词，以及程度副词、"复""数"类加复副词和数词。

从上面的序列可以看出，上古汉语状语的语序规则遵照"由虚到实"的规律。虚化程度越高的状语语义越虚，位置越靠前；反之，虚化程度越低，语义越实，位置越靠后。带有"关联"或"情态"特征的状语意义最虚，故在多项状语中最靠前；时间表达是通过空间表达形式隐喻而来的，故时间成分比空间成分虚；这些成分都属于句子的外围结构。指示范围的状语本身语义较虚，依各自的语义（要求靠近其前的成分还是其后

---

① 名词、方位词和表凭借的时间词由于前述原因，不列入这个排序。否定副词（1、2）由于位置很灵活，也不列入这个排序。

的成分）而排序；充当状语的谓语结构各论元是谓语中心词直接关联的相关项，介词后的宾语必定是具有实在意义的事物，它们在句中都不能超过句子的核心结构进入外围结构中，因此相比外围状语来说，位置靠后；情状状语表示动作行为进行的状貌、方式、次数等，很多由实词充当，即使是已经虚化为副词的，也还带有较实在的意义，所以紧靠句子的谓语核心。

这种由虚到实的顺序也符合杨荣祥（2005）所说的辖域原则，即虚化程度越高的成分辖域越大，辖域越大，在线性结构上的位置也就越靠前，虚化程度低的，辖域也小，在线性结构上的位置靠后。

状语的辖域与状语的层级问题也相通。杨荣祥（2005）从辖域角度把近代汉语副词分为"A 管辖句子的副词""B 管辖谓语的副词"和"C 管辖谓词的副词"三大类，三类副词的辖域递减，分别约束整个句子、整个述语部分和被饰谓语中心词，三种辖域就代表了三个不同层级，辖域大的是高层状语，辖域居中的是中层状语，辖域小的是底层状语。上古汉语状语也可仿此分为三类，［+关联］和［+情态］是管辖句子的状语，辖域最大，层级最高；［+范围］、［+时间］和［+方所］是管辖谓语的状语，辖域次之，层级居中；论元成分和［+情状］是管辖谓词的状语，辖域最小，层级最低。A、B 两类状语是外围状语，C 类是核心结构内状语。否定副词的位置比较灵活，与否定焦点有关，袁毓林（2002）有详细论证。

多项状语共现时，各状语跟谓语中心间的关系一般遵循线性序列上"由近及远"的原则，即在"状语1+状语2+状语3……+V"这样的结构中，先由最靠近 V 的"状语3"修饰 V，再由"状语2"修饰"状语3+V"，最后由"状语1"修饰"状语2+状语3+V"。如：

(1) 宫中之乐，无至酒荒；肆与大夫觞饮，无忘国常。（国语·越语下）

(2) 何徒远走，亡匿于幕北寒苦无水草之地，毋为也。（史记·匈奴列传）

例（1）是同一层级状语的共现，作状语的"肆""与大夫"和"觞"都是 C 类状语，共现时依照"觞饮"→"与大夫觞饮"→"肆与大夫觞饮"的顺序；例（2）是不同层级状语的共现，疑问代词"何"是A类状语，限定副词"徒"是B类，形容词"远"是C类，在中心动词"走"前共现，遵循"远走"→"徒远走"→"何徒远走"的顺序。

但是，当总括或限定副词与介词组共现，且副词总括或限定的对象是介词的宾语时，则先由总括或限定副词跟介词组相组合，成为复合状语，再由这个复合状语修饰谓语中心。如：

（3）建又尽与其姊弟奸。（史记·五宗世家）
（4）汉王逃，独与滕公出成皋北门。（史记·项羽本纪）

例（3）为总括副词"尽"和"与~"共现，例（4）为限定副词"独"和"与~"共现，都是B类和C类的共现。但由于"尽"和"独"语义上指向"与"的宾语，因此上面的线性原则在此不起作用，而要根据语义上的邻近原则，先由两项状语组合，再共同修饰谓语中心，其顺序分别是："尽与其姊弟"→"尽与其姊弟奸"，"独与滕公"→"独与滕公出"。

杨荣祥（2005）又提出："A类可以降为B、C类，B类可以降为C类，而C类不能升为A、B类。"[①] 这也可以用于总结上古汉语各级状语，尤其是B、C两类间的关系。如前所述，时间状语、方所状语和总括副词"尽、悉"有时可位于引出论元的介词组后，此时它们只管辖谓词，从外围结构进入核心结构，从而由B类降为C类状语。但C类不能向前进入外围结构，成为外围状语，如表情状的状语有时能居于引出论元的介词组前，但仍在C类状语范围内。

[①] 杨荣祥：《近代汉语副词研究》，商务印书馆2005年版，第262页。

结　语

本书以《左传》(前八公)、《论语》《孟子》《国语》和《史记》(下)为基本语料，参之上古汉语其他典籍，以状位成分的形式类为纲，以能突出上古汉语特点的状语为考察重点，结合语义指向和多项状语共现顺序两个专题，探讨上古汉语状语的面貌。在此将全文内容作简要回顾和归纳，并提出可以继续关注的问题。

一　上古汉语状语整体观照

上古汉语状语包括 9 个形式类，分别是副词、介词组、名词、数词、时间词、方位词、形容词、动词、疑问代词；11 个语义类，分别是方所、时间、范围、协同对象、凭借、情状、程度、情态、否定、数量和加复。形式类和语义类之间不存在明确的对应关系。

从各形式类所占比例来看，状位成员可分为典型成分和非典型成分，典型成分包括副词和介词组，名词、时间词、方位词、代词、数词、动词和形容词是非典型成分。从能进入状位的自由度看，可分为自由成分和非自由成分，副词、介词、方位词、时间词、数词（多为个位数）和疑问代词是自由成分，名词、动词和形容词是非自由成分，它们进入状位要受句法语义上的各种限制。

从各形式类的历时发展来看：副词从古至今都是状位的主要成员，且只能作状语；名词、方位词、数词作状语是上古汉语特有的，名词和方位词作状语中古以降逐渐式微，到六朝时期的《贤愚经》中基本被后起形式所替代，随着中古时期动量词的产生，数词不再能独自作状语，须与动量词同现，且大多数移至谓语动词之后；时间词在上古作状语可以表达多种不同的语义，后语义类型逐渐减少，现汉只剩表时点和时段的时间词可以独立充当状语，其他则须借助标记甚至改变构词形式；形容词状语比后世多，但一样不自由；动词状语和后世一样少；介词组原有居于谓语中心前后两种分布，后来整体前移，使得后世作状语的介词组越来越多，在很大程度上丰富了状语的内容。

二 上古汉语状语专题讨论

1. 名词作状语

上古汉语常见的名词状语可分为四类：A. 表凭借，B. 表方所，C. 表比况性施事，D. 表比况性受事。中古以后，这四类名词状语开始衰微，由"介词+名词"替代，到六朝时期的《贤愚经》中，名词状语基本被后起形式所替代。这一变化过程与介词组的前移、介词系统的发展、名词状语及其修饰的谓语动词复杂化有关，名词状语的衰微符合上古至中古发生的从"隐含"到"呈现"的大规律。

上古汉语 A、B 类名词状语和表凭借、方所的介词组并存，"$N_{状}V$"与"PP+V"的区别并非简单的介词的隐现。"$N_{状}V$"结构适用的语义和句法环境很有限，而且能进入该结构的成分在音节、词性和语义特征上也有较为严格的要求。

通常所谓现代汉语的名词作状语是个杂糅的集合，其中有的是存古或仿古，有的用于特殊语体，有的不是纯粹的名词，还有不少已经进入词汇层面的，真正的名词作状语数量很少，且无论在韵律上还是语义类型上都很受限，组配后的结构由单纯表凭借转为带有分类意义，同时有词汇化倾向。

时间词和方位词在上古汉语作状语可表示多种语义类型，时间词可表示动作行为发生的时点、时段、频度、性状的渐进、动作行为的重复等；方位词除能表示动作行为发生的位置之外，还能表示所从来和朝向的方向。后来这些用法逐渐衰微，现汉只剩表时点、时段的时间词可以独立充当状语，其他则须借助标记实现状语身份。

2. 动词、形容词作状语

状位动词和形容词的研究面临两大难题，一是结构上和连谓的辨析，一是词性上和副词的辨析。前者的鉴别标准是看动词或形容词在语义结构中陈述的是主语还是其后的谓词，后者的鉴别标准是看动词或形容词进入状位后的意义与其他分布上的意义是否具有同一性。

动词和形容词是状语位置上的非典型成员，充当状语也不是它们的典型功能，因此，状位动词和形容词带有标记性，包括频率标记、句法标记、分布标记和语义标记。

　　状语位置对动词和形容词具有选择性。对于动词来说，充当状语的动词须有［+状态］特征，在时间上可持续，不具有这种特征的动词（如"击""杀"等）不能进入该位置。对于形容词来说，首先，状位对形容词的典型性有选择，形容词的典型性越高，充当状语的能力就越强；其次，状位对形容词的语义属性也有选择，饰行形容词是状位形容词的典型成员，饰物形容词是非典型成员，饰物和饰行之间存在转化或兼类关系。

　　一部分状位形容词容易发生去语义化和去范畴化，从而转为副词。由饰物转化或兼类为饰行的形容词进入状位后容易分化出副词用法。不同状位形容词和谓语中心的组合能力也不一样，组合能力最强的容易虚化为副词。

　　3. 介词组作状语及其语序分布

　　上古汉语常用的介词包括虚化（含假借）较早的"于（含'於'）、自、以、与、为"和战国时新兴的"从、由"，带宾语后都有状位分布。介词组的不同分布是有规律的：首先，不同介词组的句法分布与各自的虚化程度有关，带有动词性的由于虚化程度低，以居 V 前充当状语为常，虚化程度较高的则以位于 V 后为常，如"于~"。其次，造成不同分布还有句法、语义、语用等各方面的因素。

　　时间顺序原则、邻近原则和抽象原则是支配介词组句法分布的重要内在机制。上古时期介词组已经开始前移，这是时间顺序原则最终成为控制介词组分布的根本原则的表现。"自"词组的前移最早，战国末期已大致完成。后"以""于"词组亦逐渐完成前移。

　　4. 状语的语义指向

　　总的来看，上古汉语状语的语义指向不如后代那么复杂。单一语义指向的状语最多，副词中的程度、时间、情态次类，加复副词中表重复的（"复""更"等）和表频率的（"数""屡""亟"等）小类，以及名词、时间词、方位词、介词组、数词、疑问代词、动词（除"生"外）作状语，只能指向谓语中心词或其后整个谓语部分；总括副词中表统计的只能指向其后的数量成分。复杂语义指向的状语包括所指方向单一、但所指目标成分复杂和所指方向、目标成分都复杂两类。限定副词和形容词属第一类，总括副词（除"凡"）和加复副词中表类同的"亦"、表累加的

"又"属第二类。

总括副词的语义指向要比后世复杂得多。"皆""咸"多前指,"尽"前指和后指的情况大致相当,"悉"多后指。不同的语义指向是由它们各自的词义基础决定的。

C、D两类名词状语的语义指向并不像之前学者所说那样特殊,名词状语和主宾语之间不存在类比关系,相类比的是句子深层语义结构中的两个事件。因此名词状语的语义指向和大多数其他状语一样,指向其后的谓语部分。

形容词有指向谓语中心和指向宾语两种语义指向,我们不承认上古汉语形容词和动词能够指向主语,因为它们在句法上能够陈述主语,承认其能够前指会带来结构分析上的困扰。

5. 多项状语共现顺序

上古汉语状语语序的总体规则与后世大致相同,主要遵照"由虚到实"的规律。虚化程度越高的状语语义越虚,位置越靠前;反之,虚化程度越低,语义越实,位置越靠后,这种顺序也符合"辖域原则"。谓语中心前的各类状语按各自的辖域分属不同层级,[+关联]和[+情态]是管辖句子的状语,属第一层级,[+范围]、[+时间]和[+方所]是管辖谓语的状语,属第二层级,论元成分和[+情状]是管辖谓词的状语,属第三层级。不同层级状语共现时先由低层状语修饰谓语中心,再由较高层状语修饰"低层状语+谓语中心"。"邻近原则"等也在多项状语共现中起到一定作用。

相比后世而言,上古汉语多项状语共现又有其独特之处。如:上古总括副词有不同的语义指向,故在共现序列中占据不同的位置,而后代总括副词在共现序列中只占一个位置;名词和时间词作状语由于无标记,因此不论它们充当的状语是何种语义类型,在共现状语中都要求紧靠谓语中心,而表示相同语义的介词组则更靠前些,等等。

三 有待继续关注的问题

1. 状语的历时演变

本书对上古汉语部分状语作了历时观察,如普通名词作状语在中古的表现。但上古汉语充当状语的成分以及各形式类在状位的比重跟后世都有不同,如:随着新兴介词的大量使用和介词组分布的整体前移,介词组在中心语前作状语越来越多,很大程度上丰富了状语的内容;形容词作状语越来越少,到现代汉语中,能作状语的单音节形容词只有"多""少""早""晚"等几个。这些变化过程应该给予关注。又如:数词后来从状位消失,这涉及汉语词类系统和句法系统的变化。中古时期新增动量词,此后数词须与动量词组配修饰谓语中心,但当时的"数词+动量词"有两种句法分布,既可在 V 前,也可在 V 后。约从唐宋起,"数词+动量词"的位置逐渐固定在 V 后。其中的代偿变化究竟如何,是值得深入研究的课题。

2. 状位与实词虚化

汉语中实词虚化很多是在状位完成的,上古汉语名词、时间词、数词、形容词、动词进入状位后都程度不同地发生了虚化。形容词最多,动词次之,其他几类较少。动词和形容词虚化为副词已见第四章和第五章,对动词在状位的虚化,只略举几例,对形容词的虚化问题,虽然第四章设专节讨论,但仅限上古汉语,上古以后形容词在状位的虚化情况如何,本书并未论及。数词虚化的典型是"一",可参见第二章。名词在状位的虚化问题,王克仲(1988)曾作过简要说明,如"手战"和"手刃",前一个"手"保持本义,表示"用手",是工具格,后一个"手"则强调"亲自",是情状副词,"手"的词汇意义在状位发生了变化。个别时间词也能在状位虚化为副词,如"时":

(1)秋水时至,百川灌河。(庄子·秋水)
(2)即阴作兵器,而时佩其父所赐将军印,载天子旗以出。(史记·五宗世家)

状位上的两个"时"词义不同,例(1)的"时"是时间词,可译为"按时",例(2)的"时"是时间副词,表经常。

状位实词向副词的虚化反映出句法位置对实词词汇意义的影响,这个问题尚有待于进一步探讨。

3. 同一成分作状语和作谓语(或补语)的比较

上古汉语各状位成分中,形容词、数词和时间词还能充当 VP 主语句的谓语,介词组还能充当中心语的补语,它们在状语和谓语(或补语)上的不同分布与陈述性等级、上古汉语的焦点表达等因素有关。不同句法位置的陈述性等级有差异，谓语的陈述性最高，其后依次为补语、状语、定语，主宾语的陈述性最低。前面说到，谓词性状语是降级谓语，因此形容词、数词、时间词作谓语时陈述性高于作状语，介词组作补语时陈述性高于作状语。

"焦点"即传统语法所说的语义表达的"侧重点"，根据"尾重心原则"，"靠近句子末尾的部分往往是句子的语义重心所在。语义重心实质就是常规焦点"①。介词组作补语时靠近句末，是常规焦点，形容词和数词作 VP 主语的谓语应该也起到凸显焦点的作用。当然，焦点不是造成以上成分不同句法分布的唯一原因，还有其他句法语义上的因素制约着它们的分布。介词组在动词前后的分布规律已见第六章；数词在状位是自由的，在谓语位置则要受其他条件的约束，殷国光（2002）有专门讨论；状位形容词也不能全部自由转化为 VP 主语句的谓语，其中的规律尚无人研究；表时段的时间词具有一定的陈述性，因此也能作 VP 主语句的谓语，试比较："四日不食"（左传·成公十六年）和"不食三日矣"（左传·宣公二年），但详细情况还不甚明了，这都是可以详细考察的问题。河洪峰（2006）曾对现代汉语方式状语和谓语之间的转换关系作过解释，可以用来帮助我们观察上古汉语的这一现象。

状位名词和方位词不能转换成 VP 主语句的谓语，除了因为它们是无标记状语而受限外，更跟这两类词自身的陈述性很低有关。

限于个人水平和精力等原因，本书没能对以上几个问题进行充分论述，特归纳于此，望日后能够得到更深入的探讨。

---

① 洪波：《上古汉语的焦点表达》，载《21 世纪的中国语言学》（二），商务印书馆 2006 年版，第 36—51 页。

引用文献目录

《尚书》,《十三经注疏本》,中华书局1980年版。
《诗经》,《十三经注疏本》,中华书局1980年版。
《周易》,《十三经注疏本》,中华书局1980年版。
《周礼》,《十三经注疏本》,中华书局1980年版。
《礼记》,《十三经注疏本》,中华书局1980年版。
《仪礼》,《十三经注疏本》,中华书局1980年版。
《公羊传》,《十三经注疏本》,中华书局1980年版。
《谷梁传》,《十三经注疏本》,中华书局1980年版。
《左传》,《春秋经传集解本》,上海古籍出版社1997年版。
《论语》,杨伯峻译注本,中华书局1980年版。
《孟子》,杨伯峻译注本,中华书局2005年版。
《国语》,上海古籍出版社1988年版。
《墨子》,《新编诸子集成本》,中华书局2006年版。
《庄子》,《新编诸子集成本》,中华书局2006年版。
《荀子》,《新编诸子集成本》,中华书局1988年版。
《韩非子》,《新编诸子集成本》,中华书局1998年版。
《战国策》,上海古籍出版社1985年版。
《吕氏春秋》,《新编诸子集成本》,中华书局2009年版。
《老子》,《新编诸子集成本》,中华书局1984年版。
《商君书》,《新编诸子集成本》,中华书局1986年版。
《管子》,《新编诸子集成本》,中华书局2004年版。
《晏子》,《新编诸子集成本》,中华书局1982年版。
《孙子》,《新编诸子集成本》,中华书局2012年版。
《大戴礼记》,《〈大戴礼记〉汇校集解本》,中华书局2008年版。

《史记》，中华书局1982年版。

《淮南子》，《新编诸子集成本》，中华书局1990年版。

《汉书》，中华书局1962年版。

《论衡》，《新编诸子集成本》，中华书局1989年版。

《世说新语》，徐震堮校笺本，中华书局1984年版。

《道行般若经》，《中华大藏经》第七卷，中华书局1996年版。

《修行本起经》，《中华大藏经》第三十四卷，中华书局1996年版。

《贤愚经》，《中华大藏经》第五十一卷，中华书局1996年版。

参考文献

专著

C. J. Fillmore：《"格"辨》，胡明扬译，商务印书馆1968/2005年版。

Comrie Bernard：《语言共性和语言类型》，沈家煊译，华夏出版社1989年版。

Leech, Geoffrey N.：《语义学》，李瑞华等译，上海外语教育出版社1987年版。

陈承泽：《国文法草创》，商务印书馆1957年版。

程工：《语言共性论》，上海外语教育出版社1999年版。

崔应贤等：《现代汉语定语的语序认知研究》，中国社会科学出版社2002年版。

丁声树等：《现代汉语语法讲话》，商务印书馆1980年版。

高鸿缙：《中国字例》，三民书局2008年版。

高育花：《中古汉语副词研究》，黄山书社2007年版。

管燮初：《〈左传〉句法研究》，安徽教育出版社1994年版。

郭锐：《现代汉语词类研究》，商务印书馆2002年版。

何乐士：《〈左传〉虚词研究》，商务印书馆1989/2004年版。

何乐士：《〈左传〉范围副词》，岳麓书社1994年版。

何乐士：《古汉语语法研究论文集》，商务印书馆2000年版。

何乐士：《〈史记〉语法特点研究》，商务印书馆2005年版。

何乐士：《汉语语法史断代专书比较研究》，河南大学出版社2007年版。

黄河：《常见副词共现时的顺序》，载《缀玉集》，北京大学出版社1990年版。

蒋绍愚：《近代汉语研究概要》，北京大学出版社2005年版。

康瑞琮：《古代汉语语法》，上海古籍出版社 2008 年版。
李杰：《现代汉语状语的多角度研究》，上海三联书店 2008 年版。
李宗江：《汉语常用词演变研究》，汉语大词典出版社 1999 年版。
刘丹青：《语序类型学与介词理论》，商务印书馆 2003 年版。
刘景农：《汉语文言语法》，中华书局 1994 年版。
刘振平：《单音形容词作状语和补语的对比研究》，商务印书馆 2015 年版。
陆俭明、马真：《现代汉语虚词散论》，北京大学出版社 1985 年版。
吕叔湘：《汉语语法分析问题》，商务印书馆 1979 年版。
吕叔湘、朱德熙：《语法修辞讲话》，中国青年出版社 1979 年版。
吕叔湘：《中国文法要略》，商务印书馆 1982 年版。
吕叔湘、王海棻：《〈马氏文通〉读本》，上海教育出版社 1986 年版。
马建忠：《马氏文通》，商务印书馆 1983 年版。
潘国英：《汉语状语语序研究及其类型学意义》，中国社会科学出版社 2010 年版。
[加] 蒲立本：《古汉语语法纲要》，孙景涛译，语文出版社 2006 年版。
沈家煊：《不对称和标记论》，商务印书馆 2015 年版。
石锓：《汉语形容词重叠形式的历史发展》，商务印书馆 2010 年版。
史冬青：《先秦至魏晋方所介词研究》，齐鲁书社 2009 年版。
宋绍年：《〈马氏文通〉研究》，北京大学出版社 2004 年版。
孙良明：《古代汉语语法变化研究》，语文出版社 1994 年版。
孙良明：《中国古代语法学探究》，商务印书馆 2005 年版。
王建军：《汉语存在句的历时研究》，天津古籍出版社 2003 年版。
王珏：《汉语生命范畴初论》，华东师范大学出版社 2004 年版。
王力：《中国现代语法》，商务印书馆 1943/1985 年版。
王力：《中国语法理论》，中华书局 1954 年版。
王力：《汉语史稿》，中华书局 1957/2004 年版。
王力：《汉语语法史》，商务印书馆 1989 年版。
吴福祥：《敦煌变文语法研究》，岳麓书社 1996 年版。
邢福义：《现代汉语语法知识》，湖北人民出版社 1980 年版。
杨伯峻、何乐士：《古汉语语法及其发展》（修订本），语文出版社

2001 年版。

杨伯峻：《文言语法》（修订版），中华书局 2016 年版。

杨荣祥：《近代汉语副词研究》，商务印书馆 2005 年版。

杨树达：《马氏文通刊误》，中华书局 1962 年版。

易孟醇：《先秦语法》，湖南大学出版社 2005 年版。

殷国光：《〈吕氏春秋〉词类研究》，商务印书馆 2008 年版。

张赪：《汉语介词词组词序的历史演变》，北京语言文化大学出版社 2002 年版。

张国宪：《现代汉语形容词功能与认知研究》，商务印书馆 2006 年版。

张敏：《认知语言学与汉语名词短语》，中国社会科学出版社 1998 年版。

张谊生：《现代汉语副词研究》，学林出版社 2000 年版。

赵元任：《汉语口语语法》，吕叔湘译，商务印书馆 1979 年版。

周小兵：《谓语前介词结构的同现顺序》，载《语法研究和探索》（七），商务印书馆 1995 年版。

朱德熙：《现代汉语语法研究》，商务印书馆 1980 年版。

朱德熙：《语法讲义》，商务印书馆 1982 年版。

论文

E. Zürcher：《最早的佛经译文中的东汉口语成分》，蒋绍愚译，载《语言学论丛》第 14 辑，商务印书馆 1984 年版。

艾彦：《形容词作状语的语义指向研究》，硕士学位论文，北京大学，2005 年。

白银亮：《〈史记〉总括范围副词研究》，《燕山大学学报》2000 年第 3 卷第 4 期。

陈一：《形容词作状语问题再探讨》，《北方论丛》1987 年第 5 期。

陈一：《试论专职的动词前加词》，《中国语文》1989 年第 1 期。

陈一：《形动组合的选择性与形容词的下位类》，《求是学刊》1993 年第 2 期。

程小巧：《名词作状语表比喻格式的历史变迁》，硕士学位论文，湖北大学，2005 年。

楚安然：《释"方将"》，《中国语文》1981年第4期。

戴浩一：《现代汉语处所状语的两种功能》，载《语言学译丛》第1辑，南开大学出版社1984年版。

戴浩一：《时间顺序与汉语的语序》，黄河译，《国外语言学》1988年第1期。

戴浩一：《以认知为基础的汉语功能语法刍议》，叶蜚声译，《国外语言学》1990年第4期。

董金环：《形容词状语的语义指向》，《吉林大学社会科学学报》1991年第1期。

［日］渡边丽玲：《副词的修饰域与语义指向》，硕士学位论文，北京大学，1991年。

高增霞：《从语法化角度看动词直接作状语》，《汉语学习》2004年第4期。

郭锡良：《介词"于"的起源和发展》，《中国语文》1997年第2期。

郭锡良：《介词"以"的起源和发展》，《古汉语研究》1998年第1期。

郭锡良：《先秦汉语名词、动词、形容词的发展》，《中国语文》2000年第3期。

何洪峰：《汉语方式状语研究》，博士学位论文，华中师范大学，2006年。

何洪峰、彭吉军：《指宾状语的历时考察》，《语言研究》2009年第4期。

何洪峰：《状态性指宾状语句的语义性质》，《语言研究》2010年第4期。

何金松：《释"良"》，《中国语文》1985年第3期。

何乐士：《〈左传〉〈史记〉名词作状语的比较》，《湖北大学学报》（哲学社会科学版）1997年第4期。

何乐士：《〈世说新语〉的语言特色——〈世说新语〉与〈史记〉名词作状语比较》，《湖北大学学报》（哲学社会科学版）2000年第6期。

贺阳：《性质形容词作状语情况的考察》，载胡明扬主编《词类问题考察》，北京语言文化大学出版社1996年版。

洪波：《汉语处所成分的语序演变及其机制》，载《纪念马汉麟先生学术论文集》，南开大学出版社 1998 年版。

洪波：《上古汉语的焦点表达》，载《21 世纪的中国语言学》（二），商务印书馆 2006 年版。

胡敕瑞：《从隐含到呈现（上）——试论中古词汇的一个本质变化》，载《语言学论丛》第 31 辑，商务印书馆 2005 年版。

胡敕瑞：《从隐含到呈现（下）——词汇变化影响语法变化》，载《语言学论丛》第 38 辑，商务印书馆 2008 年版。

黄增寿：《〈贤愚经〉状语研究》，博士学位论文，南京大学，2005 年。

蒋绍愚：《"抽象原则"和"临摹原则"在汉语语法史中的体现》，《古汉语研究》1999 年第 4 期。

蒋绍愚：《受事主语句的发展与使役句到被动句的演变》，载《意义与形式——古代汉语语法论文集》，Lincom Gmbh 2004 年版。

金立鑫：《成分的定位和状语的顺序》，《汉语学习》1988 年第 1 期。

金立鑫：《英汉时地状语语序的一致性》，《语言教学与研究》1990 年第 5 期。

金允廷：《现代汉语介词结构和否定词之间的语序关系》，《中国语文》2002 年第 3 期。

赖先刚：《副词的连用问题》，《汉语学习》1994 年第 2 期。

李海霞：《先秦 ABB 式形容词组》，《古汉语研究》1991 年第 4 期。

李杰群：《"甚"的词性演变》，《语文研究》1986 年第 2 期。

李劲荣：《指宾状语句的功能透视》，《中国语文》2007 年第 4 期。

李晋荃：《试谈非时地名词充当状语》，《苏州大学学报》1983 年第 4 期。

李立：《简评〈马氏文通〉状字章》，《语文研究》1999 年第 1 期。

李临定：《"判断"双谓语》，《语法研究与探索》（一），北京大学出版社 1983 年版。

李泉：《单音形容词原型性研究》，博士学位论文，北京语言大学，2005 年。

李珊珊：《〈史记〉名词作状语研究》，硕士学位论文，暨南大学，2008 年。

李行健：《〈世说新语〉中副词"都"和"了"用法的比较》，载《语言学论丛》第 2 辑，商务印书馆 1959 年版。

李佐丰：《〈左传〉以宾结构作状语和补语的用法》，《内蒙古大学学报》（哲学社会科学版）1986 年第 3 期。

刘慧清：《名词作状语及其相关特征分析》，《语言教学与研究》2005 年第 5 期。

刘凯鸣：《〈世说新语〉里"都"字的用法》，《中国语文》1982 年第 5 期。

刘牧：《关于副词能否修饰副词的问题》，《天津师范大学学报》（社会科学版）1984 年第 6 期。

刘宁生：《句首介词结构"在……"的语义指向》，《汉语学习》1984 年第 2 期。

刘宁生：《汉语偏正结构的认知基础及其在语序类型学上的意义》，《中国语文》1995 年第 2 期。

刘永耕：《〈马氏文通〉的"状字"和"状词"、"状语"、"转词"、"加词"、"状读"》，《福建师范大学学报》1998 年第 3 期。

刘月华：《状语与补语的比较》，《语言教学与研究》1982 年第 1 期。

刘月华：《状语的分类和多项状语的顺序》，载《语法研究和探索》（一），北京大学出版社 1983 年版。

刘振平：《近 20 年来形容词作状语研究述评》，《滁州学院学报》2010 年第 3 期。

鲁国尧：《〈孟子〉"以羊易之"、"易之以羊"两种结构类型的对比研究》，载《先秦汉语研究》，山东教育出版社 1982 年版。

陆丙甫：《共性探索背景下的汉语句法研究——谈谈如何从个性中分解、提取共性规律》，载《语言学论丛》第 30 辑，商务印书馆 2004 年版。

陆丙甫：《汉语语序的总体特点及其功能解释：从话题突出到焦点突出》，载《庆祝〈中国语文〉创刊 50 周年学术论文集》，商务印书馆 2004 年版。

陆丙甫：《作为一条语言共性的"距离—标记"对应律》，《中国语文》2004 年第 1 期。

陆丙甫：《语序优势的认知解释（上）：论可别度对语序的普遍影响》，《当代语言学》2005 年第 1 期。

陆俭明：《关于定语和状语的区分》，《汉语学习》1983年第2期。

陆俭明：《关于语义指向分析》，载黄正德编《中国语言学论丛》第1辑，北京语言文化大学出版社1997年版。

吕叔湘：《单音形容词用法研究》，《中国语文》1966年第2期。

吕叔湘：《"相"字偏指释例》，载《汉语语法论文集》（增订本），商务印书馆2002年版。

马景仑：《古汉语范围副词"举"、"毕"、"胜"词义辨析》，《镇江师专学报》（社会科学版）1987年第4期。

马庆株：《能愿动词的连用》，《语言研究》1988年第1期。

马庆株：《自主动词和非自主动词》，《中国语言学报》1988年第3期。

马庆株：《顺序义对体词语法功能的影响》，《中国语言学报》1991年第4期。

马悦然：《关于古代汉语表达情态的几种方式》，《中国语文》1982年第2期。

马真：《关于"都/全"所总括的对象的位置》，《汉语学习》1983年第1期。

莫彭龄、单青：《三大类实词句法功能的统计分析》，《南京师范大学学报》（社会科学版）1985年第2期。

彭利贞：《论情态与情状的互动关系》，《浙江大学学报》（人文社会科学版）2007年第5期。

［日］青野英美：《现代汉语描写性状语研究》，博士学位论文，华东师范大学，2005年。

裘锡圭：《谈谈殷墟甲骨卜辞中的"于"》，复旦大学出土文献与古文字研究中心网站论文，原载余霭芹、柯蔚南主编《罗杰瑞先生七秩晋三寿庆论文集》，香港中文大学中国文化研究所吴多泰中国语文研究中心，2010年。

任鹰：《主宾可换位动结式述语结构分析》，《中国语文》2001年第4期。

邵敬敏、饶春红：《说"又"——兼论副词研究的方法》，《语言教学与研究》1985年第2期。

邵敬敏：《副词在句法结构中的语义指向初探》，载《汉语论丛》，华东师范大学出版社1990年版。

邵永海：《〈韩非子〉中"多"的语义与句法》，载宋绍年等编《汉语史论文集》，武汉出版社2002年版。

申红玲：《〈史记〉中"皆"的语义指向》，《贵阳师专学报》（社会科学版）1999年第2期。

沈家煊：《句法的象似性问题》，《外语教学与研究》1993年第1期。

沈家煊：《形容词句法功能的标记模式》，《中国语文》1997年第4期。

沈培：《殷墟甲骨卜辞语序研究》，博士学位论文，北京大学，1991年。

史金生：《情状副词的类别和共现顺序》，《语言研究》2003年第4期。

税昌锡：《简论隐性语法关系和语义指向分析》，《广西师范大学学报》（哲学社会科学版）2002年第1期。

税昌锡：《论语义指向的内涵》，《语言科学》2003年第5期。

宋亚云：《汉语作格动词的历史演变及相关问题研究》，博士学位论文，北京大学，2005年。

宋亚云：《上古汉语性质形容词的词类地位及其鉴别标准》，《中国语文》2009年第1期。

苏颖：《古汉语名词作状语现象的衰微》，《语文研究》2011年第4期。

苏颖：《上古汉语"N$_{状}$ V"与介词组作修饰语的比较分析》，《吉林师范大学学报》（人文社会科学版）2012年第1期。

苏颖、杨荣祥：《上古汉语状位形容词的鉴别》，《语言研究》2014年第1期。

苏颖：《〈左传〉"又""复"辨析》，《北方工业大学学报》2015年第4期。

苏颖：《上古汉语状位动词鉴别》，《汉语学报》2015年第2期。

苏颖：《上古汉语状语位置对形容的选择》，《古汉语研究》2015年第2期。

苏颖、吴福祥：《上古汉语状位形容词的用法及其虚化》，《语言研究》2016年第4期。

孙德金：《现代汉语名词做状语的考察》，《语言教学与研究》1995年第4期。

孙德金：《现代汉语动词做状语考察》，《语言教学与研究》1997年第3期。

孙良明：《古籍译注表现语义关系的古代范例》，《古籍整理研究学刊》1990年第3期。

孙良明：《关于建立古汉语教学语法体系的意见》，《中国语文》1995年第2期。

汤建军：《古汉语名词作状语的语义指向问题》，《江西大学学报》（社会科学版）1990年第3期。

汤建军、廖振佑：《古汉语某些状语的语义指向研究》，《内蒙古师大学报》（哲学社会科学版）1996年第4期。

王俊毅：《陈述性和描写性——形容词状语的分类》，《世界汉语教学》2006年第4期。

王克仲：《上古汉语"再"字的调查报告》，《辽宁大学学报》1982年第4期。

王克仲：《古汉语的"NV"结构》，《中国语文》1988年第3期。

王小溪：《现代汉语非时地名词作状语微探》，《河北师范大学学报》（哲学社会科学版）2003年第5期。

魏培泉：《东汉魏晋南北朝在语法史上的地位》，《汉学研究第18卷特刊》，2000年。

魏培泉：《介词组语序的演变》，《2009年全国暑期语言学高级讲习班讲义》，2009年。

文炼：《论名词修饰动词》，《上海师范大学学报》1994年第3期。

吴福祥：《汉语伴随介词语法化的类型学研究——兼论SVO型语言中伴随介词的两种演化模式》，《中国语文》2003年第1期。

吴可颖：《汉语处所结构的位移及其底蕴》，硕士学位论文，北京大学，1988年。

解惠全、洪波：《"于""於"介词用法源流考》，载《语言研究论丛》第5辑，南开大学出版社1988年版。

谢质彬：《古代汉语否定性范围副词》，《社会科学战线》1982年第3期。

邢福义：《现代汉语的特殊格式"V 地 V"》，《语言研究》1991 年第 1 期。

熊文华：《汉英定语、状语、宾语的位置》，《世界汉语教学》1996 年第 4 期。

杨建国：《先秦汉语的状态形容词》，《中国语文》1979 年第 6 期。

杨荣祥：《论上古汉语的连动共宾结构》，《中文学刊》2005 年第 4 期。

杨荣祥：《"两度陈述"标记：论上古汉语"而"的基本功能》，载《历史语言学研究》第 3 辑，商务印书馆 2010 年版。

杨荣祥：《论"词类活用"与上古汉语"综合性动词"之关系》，《第七届海峡两岸汉语语法史研讨会论文集》，2011 年。

杨晓敏：《古代汉语中的副词》，《新疆教育》1980 年第 3 期。

姚振武：《关于中古汉语的"自"和"复"》，《中国语文》1993 年第 2 期。

殷国光：《上古汉语中数词计动量的两种位置的比较》，《古汉语研究》2002 年第 1 期。

俞咏梅：《现代汉语处所状语的语义特征》，《东北师大学报》1993 年第 3 期。

俞咏梅：《论"在+处所"的语义功能和语序制约原则》，《中国语文》1999 年第 1 期。

喻芳葵：《普通名词能否作状语》，《南昌大学学报》（人文社会科学版）1984 年第 4 期。

袁本良：《从"$N_{状}·V·之$"看古汉语语义结构分析问题》，《语言科学》2004 年第 5 期。

袁毓林：《定语顺序的认知解释及其理论蕴涵》，《中国社会科学》1999 年第 2 期。

袁毓林：《多项副词共现的语序原则及其认知解释》，载《语言学论丛》第 26 辑，商务印书馆 2002 年版。

张国宪：《现代汉语形容词的典型特征》，《中国语文》2001 年第 5 期。

张力军：《论"$NP_1+A+VP+NP_2$"格式中 A 的语义指向》，《烟台大学学报》（哲学社会科学版）1990 年第 3 期。

张亚茹：《试论古汉语中的"共同"类总括范围副词》，《语言应用研究》2008年第5期。

张谊生：《状词和副词的区别》，《汉语学习》1995年第1期。

赵大明：《汉语处所介词的发展——兼论"介词+处所"短语在句中位置的历史演变》，硕士学位论文，山西师范大学，1987年。

赵大明：《〈左传〉中率领义"以"的语法化程度》，《中国语文》2005年第3期。

周国光：《试论语义指向分析的原则和方法》，《语言科学》2006年第4期。

周小兵：《表示限定的"只"和"就"》，载《第三届国际汉语教学讨论会论文选》，北京语言学院出版社1991年版。

朱德熙：《现代汉语形容词研究》，《语言研究》1956年第1期。

朱德熙：《定语和状语的区分与体词和谓词的对立》，载《语言学论丛》第13辑，商务印书馆1984年版。

朱德熙：《定语和状语》，载《朱德熙文集》第1卷，商务印书馆1999年版。

外文论著

Bhat, D. N. S. The Adjectival Category: Criteria for Differentiation and Identification. Amsterdam/Philadelphia: John Benjamins, 1994.

Chao, Yuen Ren. A Grammar of Spoken Chinese. Berkeley: University of California Press, 1968.

Deng, X. Wang, Q. and Li, J. A statistical study of special adjectives. In Pan-Asiatic Linguistics: Proceedings of the Fourth International Symposium on Languages and Linguistics (Vol. Ⅰ). Salaya, Thailand: Institute of Language and Culture for Rural Development, Mahidol University at Salaya, 1996.

Hilde Hasselgård. Adjunct Adverbials in English. New York: Cambridge University Press, 2010.

Hockett, C. F. A Course in Modern Linguistics. New York: Macmillan, 1958.

Lyons, John. Introduction to Theoretical Linguistics. Cambridge: Cambridge University Press, 1968.

Li, Charles N. and Thompson, Sandra A. Mandarin Chinese: A Functional Reference Grammar. Berkeley, Los Angeles and London: University of Californian Press, 1981.

Payne, Thomas E. Exploring Language Structure: A Student's Guide. New York: Cambridge University Press, 2006.

R. M. W. Dixon. Adjective classes in typological perspective. In R. M. W. Dixon and Alexandra Y. Aikhenvald (eds.), Adjective Classes: A Cross-Linguistic Typology. Oxford: Oxford University Press, 2004.

Schachter, Paul. Parts-of-speech systems. In Timothy Shopen (ed.), Language Typology and Syntactic Description (2nd edition) Vol. Ⅱ: Clause Structure. Cambridge/New York: Cambridge University Press, 2007.

Thompson, S. A. A discourse approach to the cross-linguistic category "Adjective", In John Hawkins (ed.), Explaining Language Universals. Oxford: Basil Blackwell, 1988.

Traugott, Elizabeth C. Grammaticalization and lexicalization. In Brown and Miller (eds.), Concise Encyclopedia of Syntactic Theories. Oxford: Pergamon, 1996.

Whaley, Lindsay J. Introduction to Typology: The Unity and Diversity of Language. Thousand Oaks: Sage Publications, 1997.

工具书

许慎:《说文解字》,中华书局1963年版。

《辞源》(合订本),商务印书馆1998年版。

《汉语大字典》(第2版),四川出版集团、湖北长江出版集团、四川辞书出版社、崇文书局2010年版。

《汉语大词典》,上海辞书出版社2011年版。

吕叔湘主编:《现代汉语八百词》(增订本),商务印书馆1999年版。

王凤阳:《古辞辨》,吉林文史出版社1993年版。

王力主编:《王力古汉语字典》,中华书局2000年版。

后　记

　　本书稿是在我博士学位论文的基础上修改而成的。

　　我于2008年考入北京大学攻读博士学位，主攻汉语语法史方向，由于此前并未接受过语法方面的系统训练，所以严格来讲，当时还是个门外汉，而我的语法学习之路也是从那时开始的。本书稿的选题缘起于博士导师杨荣祥老师开设的《汉语语法史专题研究》课程，在课程学习过程中，我对上古汉语的名词作状语现象产生了兴趣，写成一篇小文作为期末报告，在得到老师的初步肯定和鼓励后，萌发了观察和描写上古汉语状语面貌的念头。在整个博士论文选题和写作过程中，中文系古代汉语教研室的老师们提出了很多指导性意见，毕业答辩时，答辩委员会的各位委员也对论文的进一步修改提出了中肯的建议。博士毕业后，我有幸获批国家社科基金项目，结合课题研究和答辩委员会的意见，对博士论文的结构进行了调整，对论文的内容进行了修订和充实，最终形成本书稿。书稿中某些章节曾以单篇论文的形式发表，这在一定程度上使我有勇气将其全貌呈现出来。限于个人精力和学术能力，书中还有很多问题，在惭愧之余也求教于大方之家。

　　回顾这些年的学习经历，我首先要感谢我的博士导师杨荣祥老师，杨老师是我求学道路上的引路人，他不嫌弃我天资驽钝，从零教起，在学业上一直给予我极大的耐心和鼓励，我在专业上前进的每一步都凝聚着杨老师的心血。我工作后曾到中国社会科学院语言研究所跟随吴福祥老师（现已调到北京语言大学）访学，在此期间开拓了学术视野，并确定了下一阶段的研究方向，感谢吴老师给我的启发和指导。

　　中国社会科学出版社的责任编辑任明先生为书稿的顺利出版做了大量工作，谨此向任明先生致以谢意！

　　在本选题开启之时，我心里带着一个美好的愿景，想要把上古汉语的整个状语系统描绘出来，对其中一些专题进行历时研究，将其置于不同阶段语法系统的背景下，挖掘背后的代偿关系，怎奈志大才疏，最终也未能完成这一目标。现在回过头看，对书中很多地方都很不满意，但目前也没有更多机会继续深入修改了，只能留下一个遗憾，同时鞭策自己努力提升学术能力。

这本内容浅薄的小书是我学术道路上的第一只小板凳，我私心里想以此为参照点，见证自己今后的点滴进步。"驽马十驾，功在不舍"，希望将来某一天，我能在专业上做出一点成绩，再向精心培育我的多位老师交上一份相对满意的作业。